国家出版基金项目
NATIONAL PUBLICATION FOUNDATION
“十三五”国家重点图书出版规划项目
城市安全风险管理丛书
编委会主任：王德学　总主编：钟志华　执行总主编：孙建平

城市非传统风险管理

Management of Non-traditional Risk in Urban Areas

鲍荣清 主编　王成宝 翁小丹 副主编

同济大学出版社
TONGJI UNIVERSITY PRESS

图书在版编目(CIP)数据

城市非传统风险管理/鲍荣清主编. —上海:同济大学出版社, 2021.6
(城市安全风险管理丛书/钟志华总主编)
"十三五"国家重点图书出版规划项目
ISBN 978-7-5608-8594-0

Ⅰ.①城… Ⅱ.①鲍… Ⅲ.①城市管理—风险管理—研究—中国 Ⅳ.①C912.81

中国版本图书馆CIP数据核字(2021)第116276号

"十三五"国家重点图书出版规划项目
城市安全风险管理丛书

城市非传统风险管理

Management of Non-traditional Risk in Urban Areas

鲍荣清 主编 王成宝 翁小丹 副主编

出 品 人: 华春荣
策划编辑: 高晓辉 吕 炜 马继兰
责任编辑: 胡晗欣
责任校对: 徐春莲
装帧设计: 唐思雯

出版发行 同济大学出版社 www.tongjipress.com.cn
(地址:上海市四平路1239号 邮编:200092 电话:021-65985622)
经 销 全国各地新华书店、建筑书店、网络书店
排版制作 南京文脉图文设计制作有限公司
印 刷 上海安枫印务有限公司
开 本 787mm×1092mm 1/16
印 张 14
字 数 349 000
版 次 2021年6月第1版 2021年6月第1次印刷
书 号 ISBN 978-7-5608-8594-0
定 价 76.00元

内容简介

本书涉及一个全新领域——城市非传统风险管理。面对非传统风险凸显于城市、但不仅仅局限于城市的现状，作者阐释和界定了伴随工业化、现代化、城市化而产生的非传统风险，针对互联网时代新生的网络安全风险和影响人类生存发展的人口、资源、环境、公共卫生、社会安全等主要风险的当代变化，选取城市非传统风险管理需要重点关注的领域，结合案例解析和相关定量分析方法，从风险识别、评估、预警和防控维度，系统论述了如何通过政府、市场和民众力量对城市非传统风险进行全面管理，包括从横向和纵向维度探索保险在城市非传统风险管理中的运用。

本书通过对领域中已有较丰富研究和较成熟理论支撑的代表性非传统城市风险管理成果进行系统的梳理、总结，探索了城市非传统风险管理的前沿科学问题，为城市管理者、相关从业人员和学者提供了此领域的初步理论框架、实务参考和前瞻性研究基础。

作者简介

鲍荣清

男，上海环亚保险经纪有限公司董事长兼总经理，上海保险同业公会副会长，上海保险同业公会中介专业委员会主任，上海市黄浦区政协委员，全国保险系统劳动模范。长期从事保险管理、风险管控和相关理论研究工作，在风险预警和信息化风险管控方面有先进理念和丰富经验。曾担任众多大型保险项目和团队主要负责人，如2010年上海世博会保险咨询团队、上海迪士尼川沙A-1地块场地形成建筑工程一切险项目、2008年奥运会上海参赛选手综合保险项目、上海市水务局防汛责任保险综合项目、上海市黄浦区巨灾保险项目等，并带领专业团队在全国范围内搭建了"交通运输行业第三方安全监控平台"和"建筑工程质量第三方安全监控平台"。

王成宝

男，上海环亚保险经纪有限公司副总经理，同济城市风险管理研究院专家，2010年上海世博会展品与艺术品保险方案主要起稿人，曾任中国人民财产保险股份有限公司上海市分公司团险业务管理部总经理。长期从事财产保险管理和产品开发工作及相关理论研究，对城市风险管理，特别是城市非传统风险与保险有独到的见解。曾作为2010年上海世博会保险顾问团队主要技术负责人，代表公司主持上海世博会保险顾问工作，使保险方案圆满获得国务院批准；代表公司参加上海市金融服务办公室牵头的"上海区域再保中心"等课题。主编或参编《中国2010年上海世博会财产保险方案汇编》《百年梦想　共创和谐——上海世博会保险管理与实践纪实》等书籍。

翁小丹

女，上海对外经贸大学经济学教授，硕士研究生导师，中国保险学会理事，上海市保险发展项目办委员，上海对外经贸大学保险与风险管理研究所所长。曾担任国家级精品课程负责人，兼获LIMA(美国)培训师、保险公估师等实务证书。主要研究领域为应用经济、社会学，尤专精保险与风险管理、社会保险与公共管理等，近几年主持了"复杂国际形势下的'一带一路'投资贸易国别风险评估与保险应对研究"等国家和省部级项目，出版专著《医疗保险的基础风险与医疗保障制度建设》《中国保险逆周期监管理论与实证研究》《人身意外伤害和健康保险》等，公开发表专业论文20多篇。

“城市安全风险管理丛书”编委会

《城市非传统风险管理》编委会

主　　编　鲍荣清

副 主 编　王成宝　翁小丹

编　　委　（按姓氏笔画排序）

王成宝　王一备　伍　馨　刘　凌

张怡萱　赵　蕾　翁小丹

总序

浩荡40载，悠悠城市梦。一部改革开放砥砺奋进的历史，一段中国波澜壮阔的城市化历程。40年风雨兼程，40载沧桑巨变，中国城镇化率从1978年的17.9%提高到2017年的58.52%，城市数量由193个增加到661个(截至2017年年末)，城镇人口增长近4倍，目前户籍人口超过100万的城市已经超过150个，大型、特大型城市的数量仍在不断增加，正加速形成的城市群、都市圈成为带动中国经济快速增长和参与国际经济合作与竞争的主要平台。但城市风险与城市化相伴而生，城市规模的不断扩大、人口数量的不断增长使得越来越多的城市已经或者正在成为一个庞大且复杂的运行系统，城市问题或城市危机逐渐演变成了城市风险。特别是我国用40年时间完成了西方发达国家一二百年的城市化进程，史上规模最大、速度最快的城市化基本特征，决定了我国城市安全风险更大、更集聚，一系列安全事故令人触目惊心。北京大兴区西红门镇的大火、天津港的"8·12"爆炸事故、上海"12·31"外滩踩踏事故、深圳"12·20"滑坡灾害事故等等，昭示着我们国家面临着从安全管理1.0向应急管理2.0乃至城市风险管理3.0的方向迈进的时代选择，有效防控城市中的安全风险已经成为城市发展的重要任务。

为此，党的十九大报告提出，要"坚持总体国家安全观"的基本方略，强调"统筹发展和安全，增强忧患意识，做到居安思危，是我们党治国理政的一个重大原则"，要"更加自觉地防范各种风险，坚决战胜一切在政治、经济、文化、社会等领域和自然界出现的困难和挑战"。中共中央办公厅、国务院办公厅印发的《关于推进城市安全发展的意见》，明确了城市安全发展总目标的时间表：到2020年，城市安全发展取得明显进展，建成一批与全面建成小康社会目标相适应的安全发展示范城市；在深入推进示范创建的基础上，到2035年，城市安全发展体系更加完善，安全文明程度显著提升，建成与基本实现社会主义现代化相适应的安全发展城市。

然而，受制于一直以来的习惯性思维，当前我国城市公共安全管理的重点还停留在发生事故的应急处置上，突出表现为"重应急、轻预防"，导致对风险防控的重要性认识不足，没有从城市公共安全管理战略高度对城市风险防控进行统一谋划和系统化设计。新时代要有新思路，城市安全管理迫切需要由"强化安全生产管理和监督，有效遏制重特大安全事故，完善突发事件应急管理体制"向"健全公共安全体系，完善安全生产责任制，坚决遏制重特大安全事故，提升防灾减灾救灾能力"转变，城市风险管理已经成为城市快速转型阶段的新课题、新挑战。

理论指导实践，"城市安全风险管理丛书"(以下简称"丛书")应运而生。"丛书"结合城市安全管理应急救援与城市风险管理的具体实践，重点围绕城市运行中的传统和非传统风险等热点、痛点，对城市风险管理理论与实践进行系统化阐述，涉及城市风险管理的各个领域，涵盖城市建设、城市水资源、城市生态环境、城市地下空间、城市社会风险、城市地下管线、城市气象灾害以及城市高铁运营与维护等各个方面。“丛书”提出了城市管理新思路、新举措，虽然还未能穷尽城市风险的所有方面，但比较重要的领域基本上都有所涵盖，相信能够解城市风险管理人士之所需，对城市风险管理实践工作也具有重要的指南指引与参考借鉴作用。

“丛书”编撰汇集了行业内一批长期从事风险管理、应急救援、安全管理等领域工作或研究的业界专家、高校学者，依托同济大学丰富的教学和科研资源，完成了若干以此为指南的课题研究和实践探索。“丛书”已获批“十三五”国家重点图书出版规划项目并入选上海市文教结合“高校服务国家重大战略出版工程”项目，是一部拥有完整理论体系的教科书和有技术性、操作性的工具书。“丛书”的出版填补了城市风险管理作为新兴学科、交叉学科在系统教材上的空白，对提高城市管理理论研究、丰富城市管理内容，对提升城市风险管理水平和推进国家治理体系建设均有着重要意义。

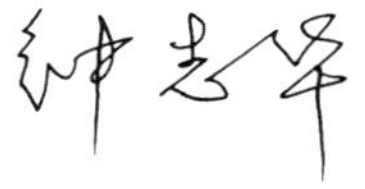

中国工程院院士

2018 年 9 月

前言

城市是人类社会发展的缩影。每一座城市的地理位置、气象气候、自然生态、人口规模、人口密度、历史文化、资源禀赋、产业结构以及社会经济发展水平都各不相同。作为复杂且内部要素紧密关联的系统，城市乃至整个人类社会在动态运行中面临着不断更替、叠加的各类风险。

城市风险并不是一个狭义的定义，由于城市财富价值积累水平、人口密集程度和经济社会发展程度相对较高，因此城市风险突出表现在城市这一区域范围内，尤其是资源高度密集、人口高度集中和经济高度发达的大型、特大型和超大型城市。然而，由于人类社会中矛盾产生的共性和城市化、全球化趋势的不断演进，城市风险的踪迹遍布人类踏足的所有地方。

相对于传统风险，城市非传统风险是城市现代化发展带来的新风险因子所导致的风险。首先，城市非传统风险是在城市现代化和科技化已经发展到较高水平后才集中显现出来的；其次，部分城市非传统风险并不具有突发性，而是在潜移默化中给人类社会带来多层次、易叠加的负面影响；最后，城市非传统风险并不一定是全新诞生的风险，更多的是传统城市风险在嵌入了新因素后衍生出来的次生风险，也可以称为传统风险在新时代下的演化。

为全面梳理城市非传统风险、在新的时代背景下为解决城市非传统风险提供初步思路，环亚保险经纪有限公司牵头，联合上海对外经贸大学保险与风险管理研究所共同编写了本书。编撰人员由从事风险管控及保险研究、管理、实操等各方面的专家、学者和一线技术人员组成。

本书阐释和界定了伴随工业化、现代化、城市化而产生的非传统风险，选取城市非传统风险管理需要重点关注的领域，如互联网时代新生的网络安全风险和影响人类生存发展的人口、资源、环境、公共卫生、社会安全等主要风险的当代变化，结合案例解析和相关定量分析方法，从风险识别、评估、预警和防控维度，系统论述了如何通过政府、市场和民众力量对城市非传统风险进行全面管理，包括从横向和纵向维度探索保险在城市非传统风险管理中的运用。

对城市非传统风险这一前沿概念，本书基于在各领域已有较丰富研究和较成熟理论支撑的代表性非传统城市风险管理成果，进行系统的梳理、总结，探索了城市非传统风险管理的前沿科学问题，为城市管理者、相关从业人员和学者提供了此领域的初步理论框架、实务参考和前瞻性研究基础。

保险作为金融防范工具之一，在城市非传统风险的管理中起到了不可替代的作用。在全球每年发生的地震、海啸、台风、暴雨、火灾、爆炸等重特大灾害中，保险都在为城市的安全运行起到保驾护航的作用。而面对诸如老龄化、资源枯竭等城市非传统风险，保险也可以从涉事的人、物和场景以及其他关联方面着手，充分利用保险产品和保险技术进行风险防范和应对。比如在面对能源短缺风险时，保险可以为新能源的开发、生产、运输和储存各个环节提供保障，不但承保这些环节中出现的机器设备等财产、相关工作人员和产生的费用等损失，还可以为其中可能产生的侵权责任提供保障，保证各个环节的安全和顺利进行，从而规避、预防、抑制和转移该风险对城市造成的威胁。

本书把城市活动各领域具有代表性和普遍性，并对城市影响较大的非传统风险分类阐述，供大家探讨，起到抛砖引玉的作用，但由于时间原因，仍有许多不足之处，敬请读者不吝指正。

感谢陈欣、李健阳、黄金来等诸位专家在本书撰写过程中给予的帮助。衷心感谢同济大学出版社对本书出版发行给予的支持。

编者

2021 年 4 月

目录

1 绪　　论

1.1 城市非传统风险概述

目前城市非传统风险已逐渐成为城市安全运行的重要威胁。城市风险的研究方向已逐步从城市传统风险向城市非传统风险转移，本节将从概念、分类和特征三个方面对城市非传统风险进行概述。

1.1.1 城市非传统风险的概念

1. 城市风险

城市是人们集聚、生活之地，也是经济、社会活动的重要场所，人类的发明创造、艺术人文、科技浪潮和哲学思潮在其中孵化、演绎、积淀、传承和创新。但与此同时，城市又在自然灾害和人类自身活动引发的各种突发事故中遭受毁坏和损失。这促使人们关注城市风险，并尝试采取种种应对措施将损失降到最低，从而保障居民的生命财产安全和城市的正常运行。

全世界有大小城市2万余座，这些城市除了所处的地理位置不同，其气象环境、人口规模、人口密度、民族宗教状况、历史文化、资源禀赋、产业结构以及社会经济发展水平也各不相同，因此不同的城市所面临的城市风险致灾因素、表现形式、损失大小和叠加程度也存在差异。荷兰鹿特丹四面环水且地势低洼，城市内涝每年造成千万欧元以上的损失，且随着全球气候变暖，海平面抬升，其洪涝风险也不断增加；加拿大东部部分城市全年遭大雪覆盖的时长可达半年之久，尽管配备了专业高效的除雪清障力量，每年仍发生不计其数的冻伤和摔伤事件；日本地处地震带上的城市不仅遭受着地震带来的巨大破坏，还需面对地震引发的海啸等次生灾害的侵袭；美国路易斯安那州易遭夏季飓风袭击，每年风灾、洪灾都对其造成巨大损失；我国东南沿海福建、浙江等省份也常年遭受着台风、暴雨的威胁。

除了自然灾害直接带来的损失，地理和气候环境还在一定程度上影响和决定着城市的产业结构，并由此造成城市的兴衰。譬如，我国东北蕴藏着丰富的煤炭资源，为解放初期我国钢铁工业的发展提供了充足的能源。20世纪五六十年代，东北以煤炭和钢铁为支柱产业的资源依托型经济兴起，以钢铁为核心的产业链也逐渐形成。然而，伴随着煤炭资源的枯竭以及东部先进钢铁业的发展，加之挖煤炼钢造成的优质土地荒芜和环境破坏，东北地区的钢铁产业由兴转衰，倒逼其走上转型道路。部分欧美、日本等其他地区的资源型城市也经历过由于资源枯竭而引发经济结构转型，进而导致城市人口外流、失业率骤升和社会治安问题频发等众多对城市运行和发展具有负面影响的不稳定因素。

伴随着城市经济社会发展阶段的变化，城市风险因素也在变化。在落后的欠发达城市中，由于卫生设施简陋和医疗人员短缺导致居民死亡率高居不下，由于工业生产和废料排放不符合排放标准导致严重的水土污染现象比比皆是。而在经济高度发达的城市中，大量城市居民渐渐远离了辛苦的制造业，从事金融证券等更为“轻松”的行业。他们一方面由于热衷各种投资投机活动，赚得盆满钵满；另一方面则因过度投机、滥用“信用”和超倍使用“杠杆”，导致房市、股市、汇市崩盘，进而引发经济金融危机。

从蒸汽机到电力技术，从互联网到人工智能，每次工业革命和科技发明无不发生在城市。但科技也是人类社会发展的“双刃剑”，人们在享受新科技带来成果的同时，也在“品尝”它所带来的“副产品”。目前，全球各国从金融系统、能源供应、交通运输到国防安全等重要领域都实现了网络化和数字化，使人们的生产生活更加方便、工作效率更高，但如若遭到入侵和破坏，后果将不堪设想。

城市完整的生活配套设施、便捷的交通、充足的就业机会、丰富多彩的社交活动和良好的教育环境无不吸引人口聚集在城市，但城市中人与人的频繁交流以及摩天大楼、商品市场等高密度空间环境也增加了各种疾病的传播概率，使城市居民受到流感等各类传染病的袭扰。

在城市中，风险与现代化相伴相生，风险概念更是随社会的发展而演变。正如塞缪尔·亨廷顿在《变化社会中的政治秩序》一书中提到：“现代化孕育着稳定，而现代化的实现过程中却滋生着动乱。”随着现代社会的各类文明成果与财富都汇聚到现代城市中来，新技术革命的风暴也呼啸而来，日常生活的网络化和智能化、交通方式的便利化和迅捷化以及医疗领域的新疗法和新型特效药等时时刻刻都在颠覆性地改变着我们过往的思维认知、生活形态和发展方式。城市的迅速发展带来了人口和财富的聚集，也在聚集的过程中带来了物质结构、空间结构和经济社会结构的改变。在城市内部，这些有形与无形的城市要素相互交织；在城市之间，这些要素的流动随着全球化和信息化的到来日益频繁。人流、物流、资金流、技术流和信息流在城市中的流动也造成城市要素的不稳定性和不确定性。正是这种不稳定性和不确定性，塑造了城市的内在风险属性。

在新技术革命的推动下，人类社会的生产方式和生活方式都更为便利和高效，全球化和城市化的发展趋势更是大大促进了人类的文化交往和经济交往。但人们交往方式的多元化和交往范围的全球化，也使得城市风险超越地区、国家和民族边界的限制，逐渐发展成为一种覆盖全球的风险。城市风险包括但不限于各类与城市的诞生、运行和发展紧密联系在一起的风险。地铁运营风险、高楼垮塌风险、大客流风险等城市风险通常仅仅体现在城市这一区域范围内，生态环境风险等城市风险则并不仅仅发生在城市这一区域范围内，而同样发生在城市以外的乡村、集镇和其他人类聚落。与此同时，由于城市是经济和社会发展的重要载体和核心，一旦发生重大自然灾害等任何导致城市运行受阻的意外事故，就会导致极为重大的生命和财产损失，因此城市风险最为集中地表现在高密度人群聚集的超大型城市中。

2. 城市传统风险与非传统风险

1）城市传统风险

传统的风险概念最早诞生于16世纪，用于描述海上贸易过程中发生的意外事件所导致的损失，而自然灾害是导致意外事件的最主要原因。在工业革命之后，传统风险的概念由最初的自然灾害性风险扩大为某一区域内发生的并可以通过经济来补偿损失的风险，例如，车辆行驶中的碰撞事故、工程建设中的垮塌事故和各类管线发生的泄漏事故等。

风险的初步定义诞生于19世纪，西方古典经济学认为生产经营活动在产生收益的同时也会产生风险。1901年，美国学者A.H.威雷特（Allan H. Willett）将风险定义为“关于不愿发生的事件发生的不确定性之客观体现”，这一定义明确了风险的客观性和不确定性，成为后续风险相关研究理论的基础。1921年，美国学者奈特（F. H. Knight）也强调了风险的不确定性，但同时也提出了风险具有可测定性的理论。随后，大量学者对风险及其管理进行了深入研究，其研究体系日益系统化和专业化。

在城市化进程日益加快的趋势下，城市风险成为众多风险的重要表现形式之一。其中，城市传统风险有两层含义。

一是时间概念上的传统风险，指的是早已引起城市管理者和城市居民高度重视的风险，乃至从城市诞生之初就与之俱来的风险。这类城市传统风险既威胁着管理手段较为落后的欠发达城市和国家，也威胁着人口高度密集、财富高度集中、产业高度发展的发达城市和国家。

二是致损概念上的传统风险，指的是在灾害或意外事件发生的当下就会对城市的生命或财产造成损失的硬性风险，这类风险往往较容易计算其发生概率，可通过技术或改善管理方式来规避，并通过经济来补偿损失。

城市传统风险（图1-1）包括但不限于城市交通事故风险、城市建筑工程风险、城市自然灾害风险、城市管道运输风险和城市环境污染风险，等等。值得注意的是，城市传统风险和城市非传统风险之间并不存在绝对的界限，城市传统风险在时代变革和科技发展的背景下，也会引发非传统的城市派生风险，并且造成系统性更强且影响更广泛的灾难。

(a) 城市交通事故风险　(b) 城市建筑工程风险　(c) 城市自然灾害风险

图1-1　城市传统风险

2）城市非传统风险

风险概念的演绎是随社会的发展而发展的。伴随着生产力发展、工业大规模生产、科技力量逐步提升和城市化程度加深，城市对纯自然属性风险的防控能力得以提高，而城市现代化带来的新型风险却在逐渐显露，对城市的运行和发展构成了巨大的威胁。德国人类学家和社会学家乌尔里希·贝克(Ulrich Beck)于1986年在其著作《风险社会》中首次提出了“风险社会”这个概念，他认为随着科学技术生产力的蓬勃发展，其衍生的不可再生资源枯竭、地球生态环境恶化、新科技运用隐患、经济金融危机和民族矛盾冲突等风险也在不断累积。

相对于城市传统风险，城市非传统风险首先在时间概念上较新，多为随城市现代化和新科技、新业态出现而伴生的风险，一般在城市发展到较高水平后才集中显现，如网络安全与信息风险、经济风险、恐怖主义风险、跨国犯罪风险、难民风险等，其中经济风险以金融风险、财政风险、贸易风险等较为多见，部分发展较为滞后的国家或城市即使当下并未遭遇此类风险，但在不远的将来也难免面临城市非传统风险的挑战。其次，城市非传统风险更具复杂性，可由城市软环境和某些社会矛盾激化造成，以致难以管控。最后，它造成的损失可能是极大的、无法弥补的，甚至造成的灾难是毁灭性的；同时，其不良影响不完全表现为对财产的物理损毁和对人员的身体伤害，还包括但不限于对城市运行以及未来发展形成干扰和阻碍的潜在风险，且难以预防。国际知名保险和再保险组织劳合社2015年发布的《2015—2025年城市风险指数研究报告》显示，市场崩盘等非传统风险给城市带来的经济损失每年将超过千亿美元，且需要数年之久才能得以复苏。

1.1.2 城市非传统风险的分类

业内对城市非传统风险的划分没有固定统一的标准。人们通常在城市发展的不同阶段根据需要采取不同的划分方式。

从城市非传统风险的表现形式来看，城市非传统风险可分为新型风险、软性风险和派生风险等。

1. 新型风险

人们在享受科技革命带来成果的同时，也在面临它所带来的“副产品”。随着互联网技术日新月异的发展及其在城市生活各领域应用范围和应用深度的不断拓展，这些技术被越来越广泛地应用到社会各个行业和各个层面中。在给城市生活带来便利的同时，城市也因此面临着前所未有的风险(图1-2)。例如，电脑病毒、黑客攻击和网络金融犯罪等网络安全风险；智能医疗和无人驾驶等人工智能带来的事故风险；对自然发展规律和伦理道德造成威胁的克隆等生物技术风险，等等。

(a) 网络安全风险　(b) 无人机事故风险　(c) 智能机械事故风险

图1-2　城市新型风险

2. 软性风险

相对于造成设施破坏和人员伤亡的自然灾害、工程建设事故、交通运输事故等传统硬性风险，老龄化和市场崩盘等软性风险在短时间内并不一定会造成财毁人亡的事故，但往往会在城市经济发展和社会稳定等方面带来“看不见”的连锁性和系统性的负面影响。例如，老龄化会造成适龄劳动力的缺乏和城市养老负担的增加，削弱城市的竞争力（图 1-3a）；市场崩盘会造成居民失业、企业倒闭、金融系统崩溃，乃至国家的政治动荡（图 1-3b）；资源和能源的短缺会对城市的产业结构和经济结构造成巨大的冲击（图 1-3c）。

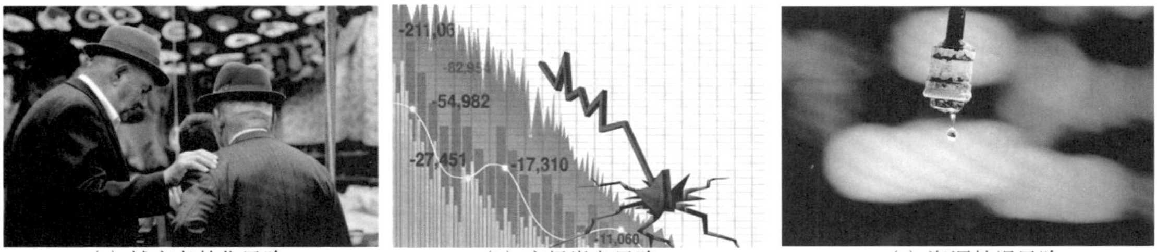

(a) 城市老龄化风险　(b) 市场崩盘风险　(c) 资源枯竭风险

图 1-3 城市软性风险

3. 派生风险

派生风险是指传统城市风险在嵌入了新因素后衍生出来的风险，其产生原因、影响途径和致损形式与城市传统风险不完全相同，因此也可以称为在新时代下更新的传统风险。例如，由于城市中的高楼大量使用电器和保温材料，使得火灾发生概率提高并可能在火灾过程中助长火势（图 1-4a）；由于人口流动速度不断加快、交通便利程度不断提高和城市化水平不断加深等新时代特征，增加了影响突发公共卫生事件等传统风险的新因素，进而导致这些在人类历史中存在已久的风险更新和扩大（图 1-4b，c）。

(a) 城市高楼派生风险　(b) 城市高密度人口派生风险　(c) 城市现代交通派生风险

图 1-4 城市派生风险

1.1.3 城市非传统风险的特征

城市非传统风险与传统风险具有共通性，除了同样具有客观性、普遍性、偶然性等特性之外，城市非传统风险还具有如下五个特征。

1. 长周期性

现代社会在创造繁荣与进步的同时，也在创造着毁灭这种繁荣与进步的因素。城市非传统风险以一种变化的形态，贯穿人类社会发展的始终，需要城市管理者以更长远的眼光对其进行评估和防控。与气象灾害、交通事故和意外伤害等传统城市风险相比，人口老龄化风险、资源枯竭风险和能源短缺风险等非传统风险的形成过程和影响过程往往周期更长。例如，人口老龄化自 20 世纪就已经引起各国的重视，该问题当下仍是全球共同关注的重大风险之一，并且在生育意愿不断下降和人均寿命不断增长的背景下，未来这一问题还将在很长一段时间内严重影响人类社会的运行发展；资源枯竭在城市诞生之初就埋下了隐患，并在每座城市经济结构转型的每一重点阶段都会集中凸显出来；能源短缺风险则随着能源储量、科技发展水平、国家政策安排和国际政治状况的变化而变化。

2. 阶段性

城市非传统风险是城市区位、政治、经济、民族、宗教等因素的集成与反映，由于城市非传统风险显著的现代化特征，其具体表现形式与城市的发展水平相联系，即城市正在面临或将要面临的风险挑战与该城市的经济社会发展程度相对应。例如，由网络直接或间接引发的各类网络安全风险更密集地发生在网络技术应用更为广泛的地区，因此网络安全事件对北美和欧洲发达城市的负面影响会远远超过其对科技和经济欠发达的大部分非洲城市造成的影响；突发公共卫生事件的发生往往与当时的自然环境和社会环境息息相关，在城市发展的不同阶段迸发出不同的新因素；以老龄化风险为代表的人口风险的阶段性特征相当显著，不同城市由于生育意愿、医疗条件和经济发展水平的不同而有较大差异。

3. 关联性

当下人们的交往方式更加复杂，交往范围不断扩大，因此人们在交往过程中所依赖的中间环节逐渐增多并逐渐复杂化。在交往过程中，一个环节的风险很容易引起其他领域的连锁反应，甚至在整个社会链中掀起轩然大波。物质领域的风险逐渐向非物质领域的风险发展；自然领域的风险逐渐向经济、文化、政治领域的风险发展；区域风险则发展为区域风险与全球风险的混合体。风险的类型不仅发生了改变，其数量和性质也相应发生了改变。同时，传统风险和非传统风险之间存在渗透性，各类非传统风险之间又存在叠加性，它们之间的相互关联产生了峰值叠加和共振效应，使得风险的内容不断深化，影响范围进一步扩大。例如，网络的发展使金融违法犯罪出现了新的形式，洪涝灾害会助推新型传染病的爆发，人口老龄化风险和市场崩盘风险共同对就业市场产生负面影响。

4. 潜隐性

由于城市非传统风险形成于庞大而复杂的城市系统中且其风险成因具有时代因素，因此，大部分非传统风险在其漫长的形成过程中往往难以识别，加之缺少完善统一的预警措施，其在集中爆发之前经常被城市居民和城市管理者忽视。城市非传统风险典型的时代特征直接导致了城市居民和城市管理者在应对之时缺乏经验，尤其在爆发的初期难以及时应对。相对于其他类型的城市非传统风险，软性风险具有显著的隐蔽性特征。与此同时，这一特征也是城市非传统风险对城市经济发展和社会稳定产生巨大威胁的原因之一。

5. 多变性

高新科技的不断涌现、全产业链的融合细化、道路交通的日益立体等趋势都使得城市以令人震惊的发展速度不断成长和扩张，城市发展速度的不断加快也伴随着城市风险的不断演变。以网络安全风险为例，由于P2P、网约车、社交电商、生物支付技术等新产业、新业态和新商业模式飞速诞生，加上网页浏览、网络办公、网络游戏等早期网络功能的不断升级，网络安全风险也已经与互联网刚刚诞生时相比有了显而易见的变化。近年来，网络产业正迎来新的一轮爆发期，这意味着网络安全风险的种类和表现形式正难以避免地变得更为复杂多变。

1.2 城市非传统风险管理

越来越多非传统风险的发生、演化和蔓延都与城市联系在一起，当代城市像是一个巨大的机器，外界投入各种资源，诸如食品、建材、水资源等，创造出种种宜居环境和产出（教育、科学、文化、卫生等），也产生众多负面效应（光污染、垃圾、雾霾等）。可以说，城市既是非传统风险问题的根源，又是问题解决的关键所在。

我国城市化逐步推进，城市化率不断提高，同时各种自然灾害、环境污染、传染疫情及不安定因素等传统风险由于产生的原因、传播路径、造成的后果在城市化的大背景下发生了根本变化，对城市非传统风险防控带来严峻的挑战，所以必须树立“风险意识”和“底线思维”，充分保障基本民生，而有效的风险治理机制尤为必要和重要。推进非传统风险管理，包括上海在内的特大型城市不仅要扮演倡议者的角色，还应该主动实践，为其他城市作出表率。

1.2.1 城市非传统风险管理的必要性

1. 城市化水平不断攀升

1) 全球城市化水平不断攀升

联合国经济和社会事务部（United Nation Department of Economic and Social Affairs,

DESA)公布的《2018 年世界城市化趋势》(2018 *Revision of World Urbanization Prospects*)报告显示:如今全球约 55%的人口居住在城市中,2050 年全球城市化水平将高达 68%,全球城市化水平最高的地区,如北美洲、拉丁美洲和加勒比地区,其城市化水平都将超过 80%。除了非洲以外,其他地区的城市化水平也都将超过 50%。图 1-5 为 1950—2050 年全球各区域城市化水平发展趋势。

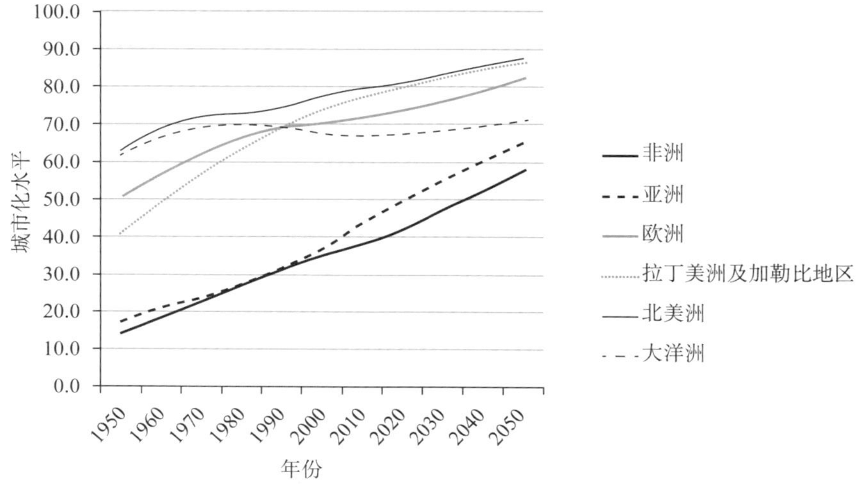

图 1-5　1950—2050 年全球各区域城市化水平发展趋势

2) 我国城市化水平不断攀升

国家统计局统计数据显示,自 1949 年新中国成立至今,我国城镇常住人口数量和城市数量显著攀升,城市面积迅速扩张,城镇化水平不断提高。其中,我国城镇常住人口数量从 1949 年的 5 700 余万人增长至 2017 年的 81 347.48 万人;城市总数从 1949 年的 136 个增长至 2017 年的 699 个(包括港澳台地区);城市建设面积从 1949 年的 0.37 万平方公里(548 万亩)扩张至 2017 年的 5.52 万平方公里;城镇化水平从 1949 年的 10.64%提高至 2017 年的 58.52%。

截至 2016 年年末,我国地级以上城市实有公共汽(电)车营运车辆 47.7 万辆,出租车 95.4 万辆。截至 2017 年年末,我国共有 32 个城市开通了轨道交通,车站 3 040 个,运营线路达 149 条,运营线路总里程达 4 484 km。我国城市公共服务和基础设施建设不断优化。此外,2017 年年末全国城镇就业人员达 42 462 万人,城镇居民人均可支配收入达 36 396 元,我国城市人民生活水平与 1949 年相比明显改善。

2. 城市非传统风险随着城市发展不断演变和升级

城市的形成归根结底来自人类社会从农业社会向工业社会的转变,城市的发展史也是由农业、加工制造及建筑业、现代服务及商业组成的三大产业发展史。

随着社会分工的不断扩大和完善,商品市场、农产品集散地和贸易中心逐渐演变为早期的城市，初期的城市风险也已逐渐显露。此时的城市风险多表现为城市地理环境带来的自然灾害问题、城市道路的公共卫生问题、城市人口初步聚集而导致的疫病问题以及城市交通运输带来的噪声和拥堵问题，等等。

在经历工业革命后，城市化进程进一步提速，城市及其风险也发生了变化。城市化的过程同时也是城市结构、城市关系、城市文化、城市经济乃至每个市民思维及心理状态的变化与转型过程。随着城市人口密集度、城市产业生产效率及城市产业布局数量大幅提升，人为风险在城市风险中所占的比例也在飞速增加。以上海为例，根据国际知名保险和再保险组织劳合社2015年发布的《2015—2025年城市风险指数研究报告》，金融市场风险是上海面临的最重大的人为风险。

20世纪中叶以来，政治、经济、人口流动上的全球化以及信息技术等新型技术的持续创新又再次对城市的运行模式和城市风险的演变造成了巨大影响，激发出现代化引致的城市非传统风险，人类面临着更严峻的贫穷、疾病、国际恐怖主义肆虐、环境退化和南北差距扩大带来的挑战。首先，信息技术等新型技术的持续创新在提高生产效率、方便居民生活和增强城市安全性的同时，也增加了城市的脆弱性。其次，全球化加速了城市风险的激化和城市风险的蔓延。一个游客就可以将病菌带往世界各地；一个城市的灾祸就会引发难民危机向周边区域蔓延；一个国家的市场崩盘就会成为全球经济危机的导火索。

3. 人们对城市非传统风险的认识还不够深刻

城市非传统风险中的风险个体在各自领域已有较为丰富的研究成果和较成熟的理论支撑，但都作为单独个体而未形成统一的概念和体系。将城市非传统风险作为一个整体进行研究和管理十分具有必要性。

首先，城市非传统风险管理这一概念的提出能够引起城市居民和城市管理者的高度重视，城市现代化带来的非传统风险正逐渐显露，新科技和新业态导致的城市风险已经对城市的当下运行及未来发展形成干扰和阻碍，并且这些风险如果不加以预警和防范，还将对城市造成更大的负面影响。

其次，城市非传统风险管理这一概念的提出能够为城市非传统风险研究平台的搭建提供依据。搭建城市非传统风险研究平台能够帮助相关学者、专家和城市管理者在城市风险的视角下对其进行综合全面的研究分析（而不是单独地对每一风险个体进行研究），以便更加深刻了解非传统风险对城市发展的影响广度和影响深度，更好地对城市非传统风险进行识别、评估、预警和防控。

最后，由于城市非传统风险具有长期性、阶段性、关联性和隐蔽性的特征，提出城市非传统风险的统一概念，有利于形成可复制、可推广的城市非传统风险管理经验，使城市管理者在城市规划和城市应急方案的制订中，汲取其他城市运行和发展过程中的经验教训，针对城市发展下一阶段的潜在风险进行预警和防范，做到城市风险管理措施更具有前瞻性，城市风险管理方案更加全面和完善。

直至今日，人类应对城市非传统风险挑战的经验尚不丰富，实践案例也相当有限，因此，应对城市非传统风险需要在形成统一概念的基础上得到城市管理者和城市居民的重视，需要来自实践中的概括总结以及综合创新。

1.2.2 城市非传统风险管理的可行性

城市非传统风险具有长期性、阶段性、关联性和隐蔽性等特征，这些特征决定了仅仅通过传统手段难以全面地针对城市非传统风险进行识别、评估、预警和防控。随着互联网、物联网、大数据和云计算等新一代信息技术的出现和迅速发展，以全面覆盖的网络技术和全面感知的监测技术为依托的城市风险管理手段应运而生，城市居民的风险管理意识和可持续发展观念也在不断强化，大大提高了城市非传统风险的管理能力。

城市非传统风险管理的可行性从硬件条件来说，可应用的技术力量不断增强，相关基础设施建设也更为完善。首先，通过网络可以向公众赋权授能，鼓励公民利用微博、博客、论坛、贴吧等社交工具参与城市风险管理，并可通过移动通信网络、互联网、广播电视网进行城市非传统风险科普和预警；其次，依托物联网可以通过计算机视觉和生物特征识别实现城市风险的智能化感应、识别、定位、跟踪和监管；再次，依托大数据和云计算可以增强数据的获取能力和数据的加工处理能力；最后，依靠人工智能可提高对信息的决策判断能力和对未来风险的预测能力，为城市非传统风险的管理赋能。

城市非传统风险管理的可行性从软件条件来说，城市管理者的管理理念和整个社会的价值观、道德准则、思维方式等多种因素都会影响城市非传统风险的进程。一方面，在现代城市中，人本思想、和谐理念、可持续发展理念和系统化管理理念都已深入人心；另一方面，现代城市的组织基础也在风险管理上形成了规范化、科学化、一体化的管理体制，并形成了较为完善的标准规范、应急预案、法律法规和相关政策。

1.2.3 城市非传统风险的管理原则

1. 精细化

城市非传统风险既涵盖了城市的“硬件”组成部分，也涵盖了城市的“软件”组成部分。城市的“硬件”小到一草一木，大到覆盖全城的交通系统；城市的“软件”小到一个城市居民的就业状况，大到决定城市未来命运的人口结构和经济结构。因此，针对城市非传统风险的管理应当在明确各管理环节关键节点的基础上，通过管理的细化和深化，建立起合理且精准有效的管理流程。

2. 动态化

过去由于技术条件和人们认知的限制，城市居民、企业和管理者在面对非传统风险时既无法及时地进行风险识别、风险预警和风险防控，也无法实时了解整个城市的动态情况，因此其管理方式主要为静态管理。而在技术条件和研究高度大大提升的当今社会，物联网将实时获取和记录城市每一部件的运行情况，城市管理已由被动转为主动，由静态转为动态，由事后补救转变为事前预防和事中控制。

3. 民主化

城市非传统风险渗透在社会的各个行业和各个层面中，仅仅依靠政府的努力难以覆盖风险管理的所有方面。同时，新的技术革命在给市民和企业参与城市管理提供有效的实现途径的同时，也降低了市民、企业和政府共同讨论决策的成本。

4. 事前化

风险管理要旨是风险最小化，最佳的风险管理是将风险消除于未形成之前。在城市非传统风险的管理中，提高管理预见性极为重要。通过加强城市非传统风险评估、预警并建立以风险预防为导向的管理机制，能够在城市非传统风险形成之前或形成早期及时遏制风险的扩大化，减少灾难的发生对城市运行和发展造成的不良影响，有效保护公众和企业的切身利益。

5. 整合化

整合化即城市非传统风险的管理是整合在城市管理的总体框架之中的。城市非传统风险管理不是一个孤立的活动，不能脱离群众工作生活、企业经营规划和城市运行发展的每一过程。城市非传统风险管理并不是目的，而是通过风险管理强化城市运行安全保障，有效防范事故发生，推进城市安全运行和发展，因此城市非传统风险管理应当协同群众、组织和管理者，将风险管理融入运行管理和战略规划的过程中。

1.2.4 城市非传统风险的管理手段

在现代城市风险的高发时期，面对城市运行形式、生产方式、生活方式和城市管理模式变革风暴，既要保障城市居民和企业不受自然灾害、意外事故和犯罪事件等的外力侵害，也要保证城市居民生活和企业生产的健康良好运行。针对新型城市风险、软性城市风险和派生城市风险等城市非传统风险的管理，不仅需要采取那些已经被实践证明行之有效的传统手段，还需要结合技术创新与制度创新对风险管理的事前预防、事中控制和事后恢复三个阶段进行新的探索。城市非传统风险的管理手段主要包括公共行政手段、经济金融手段、科技工程手段和宣传教育手段，但由于城市非传统风险类型的广泛性，针对特定风险的管理手段之间存在较大差异。

1. 公共行政手段

城市非传统风险管理的公共行政手段主要有以下四种方式。

1）建立和完善城市非传统风险管理体系

首先，确立统领性的城市非传统风险管理总战略是进行城市非传统风险管理的首要任务，它可以引领风险管理的发展方向，提供风险管理体系的整体标准。只有建立起全面覆盖所有非传统风险的宏观管理战略，并且把非传统风险管理纳入城市发展的总体战略中，实时更新城市非传统风险预警系统并提供给城市和组织层面的管理者，才能高屋建瓴地统筹城市非传统风险的管理体系，把非传统风险管理全方位地渗透到城市经济与社会发展的各个层面。

其次，要建立城市非传统风险管理部门并明确各管理部门的职能。在宏观的国家层面，要建立指导性的管理队伍，制定相关法律法规、应急方案和行动标准，监督各个城市非传统城市风险管理工作的具体落实情况。在中观的城市层面，每个城市都应当在市政府的统一领导下，成立由公安、市政、科技和信息办等相关部门共同组成的市级风险管理组织领导机构，因地制宜地提供市级管理政策并贯彻落实国家有关法律法规。在微观的个人和组织层面，企业等社会组织应当根据自身风险防范需求定期地进行安全检查等。

最后，着重建立和完善风险管理整体框架下的应急管理体制，包括制定合理有效的应急管理规划和成立专业的应急管理队伍等，将应急规划的实施落到实处。

2）提高相关法律法规的完善性及其制定的及时性

法制即法律制度以及据其所确立的统治秩序，包括立法、执法、司法、守法和对法律实施的监督等方面。加快完善风险管理各环节的法律法规体系，能够保证法律法规覆盖风险管理全过程，使风险从事前预防、事中控制到事后恢复都有法可依，灾难一旦发生，能最大限度地减少对城市造成的不利影响。

伴随城市风险的更新，城市风险管理法律法规也应当进行相应调整，以更好地利用法律手段保障城市建设和运行的安全，特别是对于较为陌生的城市非传统风险领域。要做到这一点，需要根据新的致险因素和威胁对象及时地完善现有法律法规。例如，城市是新技术应用最广泛的地方，因此防范以网络攻击为代表的新技术安全风险已然成为城市风险防控的重点之一。由于新技术安全风险具有致险因素更新快等特点，及时地完善相应的管理法律法规是极为重要的。例如，引发全球各国网络借贷平台倒闭潮的其中一个重要原因就是网络借贷平台的各种造假行为，而信息披露相关法律法规的不完善给了造假行为可乘之机。

3）加大城市公共设施建设投资

加大城市公共设施建设投资是防范城市非传统风险的重要手段之一。网络安全风险的管理需要加强关键信息基础设施安全保护，组建关键信息基础设施保护中心；股票市场崩盘、汇率市场崩盘和房地产市场崩盘等市场崩盘风险的管理可以通过大力发展基础设施建设来刺激内需，避免市场崩盘对社会经济带来冲击；资源枯竭风险的管理需要加快对厂区、厂房、办公、住宅和机器设备等老矿区工业遗存的改造；能源短缺风险的管理和应对需要建设风能、水能和核能等新能源产业的基础设施；人口老龄化风险的管理需要建设老年人宜居环境体系，完善养老配套服务设施，改造和优化适老型住宅的内外部环境以及提高城市中无障碍道路的比例；公共卫生事件风险的管理则需要加大对医院、研究机构、医疗卫生设备和垃圾处理设备的投入;等等。

4) 促进跨域交流合作

城市非传统风险的危害性不仅仅局限于孤立的一座城市之内,而是由于全球化和信息化的发展,具有跨地域性的巨大风险。因此,以行政权威为背景,以各级政府为主体,综合运用各种行政手段,促进城市间和国家间的跨域交流合作,建立跨地域的应急联动系统,实现不同部门、不同层级和不同地域之间的协调联动,有助于探索城市非传统风险管理的新模式,并能有效提高城市非传统风险的管理水平。建立跨区域的合作体系,需要在统一城市非传统风险治理价值观的基础上,通过沟通、交流、谈判或协作来协调利益冲突和权力关系,加强互相监督并分担巨额的风险管理成本,统筹区域发展规划,消除由于经济外部性问题、搭便车问题和信息不对称引起的信任问题,从资源整合的角度搭建各地区应急管理部门和人员相互协作的平台,促进各城市、各国家之间的风险资讯交流和信息共享。

2. 经济金融手段

城市非传统风险管理的经济金融手段,主要有以下三种方式。

1) 为城市经济结构转型提供金融支持

人口问题和资源枯竭等城市非传统风险都会对城市的可持续发展造成压力,从而推动城市经济结构转型的加速。在这一过程中,为保证金融资金的持续增加及合理配置,高效的金融运行和充足的信用政策支持是不可或缺的。因此,应当进一步研究和明确适合城市经济结构转型的金融支持模式,加强金融手段在城市经济结构转型中的运用,从而实现城市经济社会的稳定发展。金融手段在城市经济结构转型中的运用包括:扩大经济发展的资金来源;提供资金援助及最低基本生活保障;推出相应的货币政策以稳定经济增长;针对地区发展特点设定不同的准备金率;通过政府信用为企业提供担保等方式,支持中小企业发展和保障人民基本生活等。

政府财政资金由于预算限制,无法实现对城市经济结构转型给予无限制支持。因此,除了政府给予的资本以外,民间资本作为另一资金来源,也能够为经济转型地区的发展提供有效支撑,助推城市经济结构的调整。例如,医药研发、网络安全技术开发和老年用品生产等企业通过上市融资方式来筹集资金,助推自身发展,将直接或间接促进城市非传统风险的有效管理,通过市场的手段减弱城市非传统风险的不利影响。鉴于城市经济结构转型所需资金量非常大,国外资本甚至国际金融组织的资本也都可以成为城市经济结构转型资金链中重要的一环。通过积极改善外商投资环境、降低准入门槛、制定优惠政策等方式吸引外资,可以有效消除资金的地方保护主义,促进转型城市经济的国际化发展。

2) 利用保险产品转移和分散风险

保险的基本职能是转移风险和补偿损失,以减少被保险人在事故或灾害中的经济损失,帮助被保险人在事故或灾难发生之后恢复正常的生产和生活。在比较成熟的保险市场上,通过合理的制度设计及政府支持,保险还可能具备减灾功能。特别是对于一些低频高值的损失风险而言，风险防范的重要性要远远超过损失补偿，这是因为，如果进行了科学的风险防范，事故发生的概率就会大大下降，经济损失也大为减少，这种现象明显地存在于巨灾保险、环境污染责任保险、劳工补偿保险等领域。需要指出的是，保险制度不是天生的防灾减灾工具，保险制度中防灾减灾激励机制的设计和实施，不仅需要保险行业的努力，也需要政府的推动和社会其他部门的配合，只有谨慎合理的制度设计才能够提高社会的防灾减灾积极性。例如，可以通过风险因子调整保险费率在不同被保险人之间的浮动以调动各方的防灾减灾积极性等。

(1) 保险在网络安全风险管理中的应用。

网络安全风险管理主要是通过保障网络系统及其运行风险的网络安全保险产品来实现的，网络安全保险的保险范围涵盖数据事故、网络破坏和网络欺诈等。网络安全保险作为运用市场运作手段以转移并分散网络安全风险的方式，是减少网络安全事件损失、提高网络安全水平、加快网络发展的重要的风险管理和风险转移机制。目前，网络安全保险是全球企业及特殊风险保费规模增长最快的险种之一，其保障范围不断扩大，产品种类不断丰富，服务深度不断拓展，已探索出个人账户安全保障保险、网络特殊风险保障（如虚拟财产保险）和移动支付安全保险等新型网络安全保险。

(2) 保险在市场崩盘风险管理中的应用。

保险在市场崩盘风险管理中的应用包括金融保险、信用保险和保证保险等，除此之外，保险连接证券也是应对市场崩盘风险的重要手段之一。

(3) 保险在资源枯竭风险管理中的应用。

保险在资源枯竭风险管理中的应用包括国家社保、企业福利保障和个人商业保险等，主要用于预防资源型城市以及城市中从事资源型产业的企业及个人在转型过程中面临的风险。其中，国家社会保障包括基本养老、基本医疗、失业、工伤和生育保险等；企业商业保险包括购买商业保险公司的投资理财产品和互保组织的运用等；个人商业保险包括商业健康保险、子女教育保险、商业养老保险、意外伤害保险和人寿保险等。

(4) 保险在老龄化风险管理中的应用。

人口老龄化导致的老年人口数量的上升，会直接导致城市养老负担和家庭养老负担的加重，不利于城市的健康稳定和谐发展。因此，如何在老年人退休后使其生活品质有保障，同时又能缓解社会养老支出方面的压力，是应对老龄化风险的关键所在。世界各国一直在探索建立可持续的养老保险体系，以减轻个人、家庭和社会的养老负担。目前，各国推行的养老保险制度主要由国家强制的社会养老保险、非强制的私人养老金计划以及个人商业养老保险计划等组成。

(5) 保险在能源短缺风险管理中的应用。

保险在能源短缺风险方面的管理主要应用在新能源的研发、勘探、使用和回收的过程中，包括建筑工程一切险、核能保险、核电站责任保险和新能源汽车保险等。另外，再保险、多风险产品、保险连接证券、应急资本工具和保险衍生品等也是实现能源短缺风险管理的重要产品。

(6) 保险在公共卫生事件风险管理中的应用。

为保障医疗保险在紧急处理公共卫生事件，特别是突发公共卫生事件过程中的有效性，政府、医院和相关单位可以通过适当放宽住院审查和医院选择等方面的条件，适当扩大诊疗、药品和医疗服务设施的医疗保险支付范围，减少中间环节，以确保患者得到及时治疗，对疫情起到控制作用。例如，酌情在疫情暴发时期将口罩和消毒液等预防性医疗器械纳入医疗保险覆盖范围等。除此之外，保险在公共卫生事件风险管理中的应用还包括医责险、重疾险、临床试验责任险及食品安全责任险等险种。

3）根据经济金融市场状况调整避险方式

市场崩盘是指突然间市场价格剧烈下跌，席卷整个市场并给投资者造成极大财富损失的事件。市场崩盘一般是由某些影响市场的基础经济因素变化造成的恐慌推动而成的。针对市场崩盘这一由于经济金融市场状况变动而产生的特定城市非传统风险，其风险管理方式依其类型不同有较大区别。例如，在面对股票市场崩盘时，投资者通常可以利用做空高崩盘系统性风险的股票、做空股指期货、买入看跌股指期权和卖出看涨股指期权进行避险；在遭遇外汇市场崩盘时，个人投资者可以利用外汇期货和外汇期权进行避险；在面临房地产市场崩盘时，个人投资者可利用融券做空房地产企业和银行股票等手段对冲风险。

3. 科技工程手段

城市非传统风险管理的科技工程手段主要有以下两种。

1）依托新科技实现政府风险管理的跨越式发展

现代科学技术在城市非传统风险管理中的运用包括计算机技术、遥感技术、地理信息系统、全球定位系统、生物识别技术、多媒体及虚拟仿真等。这些技术能够在城市生产、生活和管理的各个层次中对大量的风险相关主体和数据进行实时监控和分析，其运用领域涵盖城市地理、资源、生态、环境、人口、经济和社会等各方面，能够有效提升城市非传统风险的识别、评估、预警和防控等各方面的水平。

对于科技工程手段在城市非传统风险领域的运用，在针对网络金融风险的管理方面，可以通过建立基于大数据的数字化监控系统、智能监控预警系统、信息披露系统、数据共享机制、社会评价体系和征信体系，实现金融风险的实时监管，增加行业自律性，提高管理效率；在针对人口老龄化风险的管理方面，可以开发智能养老系统，即通过信息化手段实现物联网、互联网、智能化服务从个体、家庭至社区的全面覆盖，大到对楼宇的智能监管，小到个体监护、个人健康设备的连接，等等。

2）通过网络为社会公众的参与赋权授能

网络为城市非传统风险的管理提供了新途径、新方式和新渠道，城市管理者可以通过网络与城市居民共同参与城市非传统风险管理，密切联系群众，缓解管理压力，从而加速推进政府治理模式和职能的转变，有效提升城市风险治理的精细化和准确化水平。

城市管理者应当提高城市居民在城市非传统风险中的参与度，可以通过建立居民、企业等社会组织和政府共享的风险数据库，在系统、全面识别风险和致险因素的基础上，录入和储存相关数据，并通过局域网和广域网实现信息的传递，从而支持从社会公众到城市管理者的决策和风险控制。

城市管理者应当鼓励城市居民通过网络社交媒体建言献策。在传统城市中，政府在风险识别和风险预警等方面掌握了主要的信息，但在现代化城市中，社会环境更为复杂，仅仅通过政府单方面的努力，效率较为低下。我们应鼓励城市居民利用微信、微博、论坛和贴吧等网络社交工具参与到城市风险管理中来，运用社会大众的力量，及时并迅速地反映风险信息，为政府的风险管理决策建言献策。同时，也可以通过建立风险沟通和互动平台，实现风险资讯在组织内部和组织之间的共享。

4. 宣传教育手段

城市非传统风险管理的宣传教育手段主要有以下三种。

1）形成城市非传统风险管理文化

防控风险的理念虽然已经渐入人心，但由于城市非传统风险的涉及领域较新，故而非政府组织和社会公众往往仅是被动参与城市非传统风险的管理。因此，通过开展主题宣传周等活动提高公众在城市非传统风险领域的风险意识，为公众提供参与城市非传统风险管理的新渠道，鼓励公众参与城市非传统风险管理并形成城市非传统风险管理文化，是提高风险管理效率和管理水平的有效手段。

提高公众在城市非传统风险领域的风险意识有助于实现风险管理的关口前移，从根本上消除或减少部分风险的发生概率和影响范围，而鼓励公众参与城市非传统风险管理则有助于加速推进政府职能的转变和政府治理模式的升级，可以有效提升城市风险管理的精细化和精准化水平。

2）加强城市非传统风险管理人才培养

城市非传统风险管理未来发展的关键是培养各方面、各层次的研究人员和管理人员。这一领域的专业人才只有熟练掌握和运用相关技能、具有较高的安全事件应对能力，才能够在非传统风险管理的过程中及时地处理较为复杂的安全保障问题。

加强城市非传统风险管理人才培养，可以通过立足于当前城市非传统风险人才培养短板，通过加快相关领域学科和院系建设，创新人才培养机制，加强教材建设，优化人才培养结构，强化相关科系师资队伍建设，推动跨学科交叉和校企联合培养为特色的创新人才培养模式，加强从业人员在职培训，开展优秀人才培养、教育管理研究和办学成果推广示范等工作实现。

3）重视媒体的角色定位与功能发挥

随着城市非传统风险更甚以往，“触角灵敏”的媒体在风险的识别、预警和分析中承担起了更重大的责任。媒体既是风险事件发生前的预警者，也是风险事件发生过程中的信息发布者，更是风险事件发生后的总结者。作为城市非传统风险管理的重要参与部分，媒体的角色定位与功能发挥都应受到城市管理者的重视。作为独立的社会公共机构，媒体承担着信息传递、舆论引导、监督社会其他组织部门的责任，同时媒体还为各个社会组织及公众提供风险资讯，在法律和制度之外对城市非传统风险管理进行有效监督。

目前，国内外的不少媒体都存在建设运营不规范、信息发布不严谨和监督管理不到位的突出问题。因此，城市管理应当更重视媒体的角色定位和功能有效发挥，在城市非传统风险的管理过程中，提高媒体在相关报道中的预见性、及时性、准确性和指导性。

本章参考文献

[1] CAVAN G, KINGSTON R. Development of a climate change risk and vulnerability assessment tool for urban areas[J]. International Journal of Disaster Resilience in the Built Environment, 2012, 3(3): 253-269.

[2] HENCEROTH J, FRIEND R M, THINPHANGA P, et al. Lessons from self-assessments within urban climate resilience programs[J]. International Journal of Disaster Resilience in the Built Environment, 2015, 6(1):86-101.

[3] SERRE D, BARROCA B, LAGANIER R. Resilience and Urban Risk Management[J]. CRC Press, 2012.

[4] PEPTENATU D, PINTILII R D, DRAGHICI C. Environmental risk management of urban growth poles regarding national importance[J]. International Journal of Environmental Science & Technology, 2011, 8(4):737-746.

[5] DICKSON, ERIC, BAKER, et al. Urban Risk Assessments[R].Washington, DC: World Bank, 2012.

[6] HASTAK M, BAIM E J. Risk factors affecting management and maintenance cost of urban infrastructure[J]. Journal of Infrastructure Systems, 2001, 7(2):67-76.

[7] WAMSLER C, LAWSON N. The role of formal and informal insurance mechanisms for reducing urban disaster risk: A south—north comparison[J]. Housing Studies, 2011, 26(2):197-223.

[8] GENCER E A. The interplay between urban development, vulnerability, and risk management[J]. Springerbriefs in Environment Security Development & Peace, 2013.

[9] LINDLEY S J, HANDLEY J F, THEURAY N, et al. Adaptation strategies for climate change in the urban environment: Assessing climate change related risk in UK urban areas[J]. Journal of Risk Research, 2006, 9(5):543-568.

[10] YU A T W, WU Y, ZHENG B, et al. Identifying risk factors of urban-rural conflict in urbanization: A case of China[J]. Habitat International, 2014, 44:177-185.

[11] QIE Z, RONG L. An integrated relative risk assessment model for urban disaster loss in view of disaster system theory[J]. Natural Hazards, 2017, 88(1):1-26.

[12] LLOYDS. University of Cambridge, Lloyd's City Risk Index[EB/OL].[2019-01-08]. https://cityriskindex.lloyds.com/.

[13] DICKSON E, BAKER J L. Urban Risk Assessments: An Approach for Understanding Disaster and Climate Risk in Cities[M]. 2012.

[14] 余潇枫，潘临灵.智慧城市建设中“非传统安全危机”识别与应对[J].中国行政管理，2018，400(10)：129-135.
[15] 马建珍.有效治理南京城市风险的对策建议[J].江苏政协，2014(2)：33-34.
[16] 刘建军.创新做好城市突发事件应急管理工作[J].中国应急救援，2014(3)：42-44.
[17] 张婷婷.论非传统风险转移方式[J].经营管理者，2010(21)：11-11.
[18] 汪权.亚洲基础设施投资的非传统风险与应对[J].国际经济合作，2015(8)：84-88.
[19] 王波，胡伟益.非传统风险转移市场的载体概述及对我国的启示[J].商场现代化，2007(2)：161-161.
[20] 严励.城市公共安全的非传统影响因素研究[M].北京：法律出版社，2015.
[21] 贺丹.非传统安全视角下我国现阶段人口社会风险[J].中国党政干部论坛，2017(3)：91-94.
[22] 崔小璐，陈小琼.增强市民防灾能力推进城市安全发展[J].党政论坛，2018，405(12)：51-53.
[23] 郭叶波.特大城市安全风险防范问题研究[J].中州学刊，2014，210(6)：70-76.
[24] 卢文刚，田恬，舒迪远.非传统安全视角下的城市地铁系统脆弱性应急治理——以广州城市地铁系统突发事件为例[J].行政论坛，2016，23(3)：103-106.
[25] 吴志敏.新媒体视域下城市突发公共事件的风险治理[J].甘肃社会科学，2017(5)：208-213.
[26] 金磊.中国城市致灾新风险及综合对策研究[J].中国减灾，2013(9)：43-45.
[27] 朱志萍.城市社会公众安全感的衡量指标与风险沟通——基于上海治安现状的分析数据[J].上海城市管理，2016(2)：54-57.
[28] 卢文刚，黄小珍.超大型城市公共安全治理：实践、挑战与应对——基于深圳市的分析[J].中国应急救援，2015(2)：7-12.
[29] 吴昊.城市突发公共事件中的政府应急管理问题比较研究——以北京、上海、广州、柳州四城市为例[D].苏州：苏州大学，2010.
[30] 向尚，邹凯，蒋知义，等.基于随机森林的智慧城市信息安全风险预测[J].中国管理科学，2016(s1)：277-281.
[31] 李友梅.特大城市基层社会治理创新需要突破两个维度[J].党政视野，2016(5)：35-35.
[32] 吴淑娴，李琴，彭毅.城市安全管理中的政府职能偏差及纠正[J].安全，2007，28(11)：6-9.
[33] 张明顺.芝加哥东南地区城市大气污染风险评价[J].国外环境科学技术，1993(1)：48-54.
[34] 陈相屹.城市突发公共事件应急联动系统的设计与实现[D].上海：上海交通大学，2009.
[35] 顾定国.特大城市社会安全管理——以上海市为例[J].江南社会学院学报，2010，12(1)：6-10.
[36] 田玲.城市公共危机管理体系的比较与构建——以“网络治理”为视角[D].重庆：西南政法大学，2008.
[37] 周兆君.城市危机管理及其中国实践[D].济南：山东大学，2007.
[38] 金磊.城市综合减灾评价方法及防灾文化建设[J].科技通报，1991(3)：137-140.
[39] 上海公安学院智慧公安研究课题组.“智慧公安”背景下上海城市轨道交通安检工作创新研究[J].上海公安高等专科学校学报，2018，28(4)：39-47.
[40] 王莹.城市公共安全协同治理的模式构建与路径探索[D].徐州：中国矿业大学，2017.
[41] 袁建华.伦敦劳合社特种风险承保纵横谈[J].保险职业学院学报，1996(4)：44-46.
[42] 乔纳森.构建更大的应变力：劳合社城市风险指数[J].上海城市发展，2018(2)：38-43.
[43] 陆刃波.中国城市保险市场需求亟待开发[J].金融博览，2002(10)：34-35.
[44] 董惠臣，杨金凯.城市保险与城市功能[J].城市问题，1993(3)：37-40.

[45] 陆刃波.谁需要保险？——中国46城市保险市场消费特征与预期需求[J].银行家，2002(9)：60-63.
[46] 吴启恒.配合城市体制改革大力发展城市保险[J].当代财经，1989(9)：53-55.
[47] 冯晓增.城市保险减灾[J].中国减灾，2005(6)：13-14.
[48] 蔡景华.入世后城市保险业面临的挑战与对策[J].金融发展评论，2002(2)：36-38.
[49] 史培军.论综合风险防范体系中的保险功用[J].保险研究，2014(11)：7-12.

2 网络安全风险

2.1 网络安全风险概述

计算机和网络自诞生至今，其成长一直伴随着大大小小的隐患。进入 21 世纪以后，网络技术发展日新月异，在城市生活各领域的应用范围和应用深度不断拓展，被越来越广泛地应用到社会各个行业和各个层面中。这在给城市生活带来极大便利的同时，也给城市的稳定和发展带来了不容忽视的风险，尤其是对经济社会高度发达和人口高度集中的大型城市和特大型城市而言。

2.1.1 网络安全风险定义

网络安全风险有两方面的含义，一是指会对计算机及网络硬件自身安全构成威胁的不稳定因素，二是指会对个人、群体、地区、国家乃至全球构成威胁的不稳定因素。导致这些网络安全风险的因素既包括行为人运用计算机技术进行的犯罪，也包括相关硬件发生的故障等。

2.1.2 网络安全风险分类

网络安全风险的分类目前国内外暂时未有统一的标准。

网络安全风险若按照影响的对象分，主要可分为以下四类：一是对计算机和网络硬件设施及软件系统造成的安全风险，主要包括硬件设施的损坏和失灵，软件程序的故障和崩溃等；二是对网络空间内数据造成的安全风险，主要包括数据泄露、个人隐私泄露、身份盗窃（如账户和密码盗窃）、商业机密泄露和间谍行为等；三是对网络用户造成的安全风险，主要包括有害信息传播等人身安全风险以及金融诈骗等财产安全风险；四是对网络秩序造成的安全风险，主要包括对相关法律体系造成的冲击等。

网络安全风险若按照针对对象的不同层面分，主要可分为以下三类：一是个人网络安全风险；二是企业等社会组织的网络安全风险；三是国家级政府机关的网络安全风险。

2.1.3 网络安全风险特点

除了具有传统风险的共性外，网络安全风险还具有如下特点：

（1）网络安全存在风险的环节点多面广，从主机系统到众多客户端，从网络设施到网络空间内的信息和用户，从人民群众到国家政府机关，网络安全风险存在于众多不同的领域，涵盖了各式各样的主体。

(2) 导致网络安全风险的网络犯罪形式和作案手段的针对程度高且翻新速度快。随着计算机和网络技术的迅猛发展，网络安全漏洞的数量也无可避免地相应增长，不少网络犯罪分子的计算机技术和水平也在与时俱进。

(3) 导致网络安全风险的网络犯罪成本低且传播速度快。不法分子的犯罪成本极低，其犯罪行为的实施有时候仅需要一台电脑和一根网线。同时，由于网络的传播速度极快，网络犯罪的实施可以瞬间完成。

(4) 导致网络安全风险的网络犯罪隐蔽性高，其犯罪行为往往难以识别。网络是一个虚拟空间，其本质是无穷的数据，对网络中财产和信息等数据的控制权往往通过密码来获取。同时网络的数据传播具有双向性和多向性，并且不存在空间的界限和阻隔。在犯罪的实施过程中，犯罪分子可以隔着网络这一道"透明的隔离器"进行非接触性的远程犯罪。

(5) 网络安全风险与众多其他领域的风险存在交互性。由于计算机和网络技术在多领域广泛应用，如金融、军事、政治以及新兴的人工智能和大数据等领域，网络安全风险牵连着众多领域的安全与稳定。

(6) 网络安全风险事故一旦发生，就具有严重的社会危害性。如今，全球各国从金融系统、能源供应、交通运输到国防安全等重要领域都实现了网络化和数字化，虽然拥有极其严密的安防系统，但如若出现漏洞并遭到入侵和破坏，后果将不堪设想。

2.1.4 国内外网络安全事件典型案例

根据劳合社建模计算，一场重大的全球网络安全事件带来的经济损失量约等于一场超级风暴带来的经济损失量，其平均经济损失量可高达 530 亿美元。在上述模型中，云服务领域的网络安全事件巨灾效应明显，这类网络安全事件可能造成的直接经济损失在极端情况下甚至超过 1 000 亿美元，相当于中国汶川地震带来的直接经济损失。网络安全风险不仅在社会层面上对城市安全有着深远的影响，也在整个国家层面上与城市的经济发展、社会稳定、政治方向和意识形态导向息息相关。网络作为保障经济发展和社会稳定的重要平台、舆论引导和思想传播的关键阵地、维护人民权利和政权稳定的新领域以及军事科技力量角逐的特殊战场，全球都在争夺其控制权和主导权。

1. WannaCry 勒索病毒事件

WannaCry(比特币勒索病毒)是一种由不法分子利用美国国家安全局(National Security Agency, NSA)(以下简称美国国安局)泄露的危险漏洞"Eternal Blue"(永恒之蓝)进行传播的"蠕虫式"勒索病毒软件。电脑一旦被该病毒感染后，文件会被加密锁定，用户只有支付黑客赎金后才能解密、恢复电脑的运行。WannaCry 勒索病毒在城市间和城市内的广泛传播对居民的生命财产安全以及大中小型企业、政府部门和铁路、医院、学校、银行、电信系统等基础部门的正常运行都带来了极大的不良影响，严重干扰了城市的稳定和发展。

欧洲刑警组织表示，2017 年的 WannaCry 勒索病毒事件“达到史无前例的级别”。据相关风险建模公司估计，该事件导致了全球超过 100 个国家的 30 余万台设备受到攻击，造成的经济损失超过 80 亿美元。表 2-1 展示了受 WannaCry 勒索病毒威胁的主要国家及其影响。

表 2-1　　受 WannaCry 勒索病毒威胁的主要国家及其影响

国家	影响情况
美国	部分关键基础设施运营商的计算机系统受感染
德国	病毒使火车站电子显示牌出现故障
英国	多家医疗机构无法使用电脑信息；北部的桑德兰日产工厂也受到病毒感染
法国	雷诺汽车公司暂停了数家分支机构的工作
西班牙	能源公司 Iberdrola、Gas Natral 以及电信运营商 Telefornica 受病毒感染
印度	警方电脑系统遭病毒侵袭后瘫痪
俄罗斯	内务部、铁路公司、各大银行和一批运营商电脑系统均遭到攻击
中国	病毒侵袭了中石油公司的支付系统，中国西部的加油站无法处理支付卡信息；全国共有 3 万多家组织和机构受影响
韩国	该国最大的影院公司 CJ CGV 服务器受感染
日本	600 多家公司的 2 000 多台电脑遭到攻击
澳大利亚	3 家中小型企业受感染
印度尼西亚	病毒将雅加达两家医院的病例转换为密码，严重影响医院的正常运行

资料来源：《商业标准日报》、《南华早报》、英国广播公司门户网站等。

2. “棱镜门”数据泄露事件

2013 年 6 月，美国中央情报局(Central Intelligence Agency，CIA)(以下简称中情局)前职员爱德华·斯诺登向国际媒体披露了以“棱镜”项目(PRISM)为代表的美国政府秘密监控行为。这一项目的监控和入侵对象不仅包括美国的竞争对手和敌对国家，还包括法国等盟友国家。

“棱镜门”数据泄露事件的曝光引发了全球多国对美国的谴责，严重降低了美国在该领域的话语权和主导权。尽管美国在本国国内和国际社会的舆论压力下采取了一系列措施以挽回这一事件的负面影响，但其影响短时间内难以消除。除了政治层面的影响，该事件还侵犯了美国和其他国家公民的隐私权，引发了社会舆论，在社会稳定方面加重了当前城市安全的新挑战和新压力。同时，美国国安局的监听和情报搜集范围覆盖大型企业的商业机密，从而引发了全球经济层面的波动。美国国内、其他国家和国际组织对“棱镜门”事件的反应如下：

(1) 联合国。联合国就“棱镜门”事件与美国方面进行了接触并责令其停止监听行为。联合国秘书长发言人内西尔基表示，美国应恪守国际法准则。同时，针对该事件，联合国还通过了

《数字时代的隐私权》决议，旨在呼吁各国遵守相关国际法规定，保护公民和政府的隐私权。

(2) 美国国内。“棱镜”项目受到了来自各方的谴责和批评，影响了美国的政局和社会稳定。例如，在美国媒体方面，《纽约时报》批评奥巴马政府“在此问题上失去了所有信誉”；在非政府组织方面，美国公民自由联盟对美国国安局提起了诉讼，表示“该项目严重违反了美国宪法关于言论自由权、隐私权等权利的条款”；在国会议员方面，部分议员也对该行为提出了异议；在社会公众方面，据盖洛普咨询公司的调查，有超过半数的民众不支持美国的这项举措。除此之外，该项目的曝光还影响了美国国内经济发展。据美国信息技术和创新基金会(Information Technology and Innovation Foundation, ITIF)统计，这一事件的曝光给美国国内所有云服务供应商造成的经济损失总量超过了 200 亿美元。

(3) 欧盟。美国对欧盟外交使团和布鲁塞尔欧盟总部进行情报收集的消息曝光，成为欧美自由贸易谈判中负面影响因素之一。同时，欧盟还通过了《网络监控罚款》提案，并加速了《欧盟个人数据保护指令》的修改进程，宣布将对侵犯个人网络隐私的跨国企业予以高额罚款，并对传输目的地为美国的数据进行限制。

(4) 法国。法国时任总统奥朗德针对美国对法国使馆进行监听这一行为表示了“强烈谴责”，要求美国进行详细解释，停止间谍活动，并提出欧美贸易区协定谈判可能因此受阻。同时，法国电信运营商巨头橙子(Orange)公司也针对美国的网络入侵发布了公告，表示将对美国国安局提起民事诉讼。

(5) 德国。“棱镜门”事件爆发后，德国政府对默克尔总理遭到美方监听这一情况启动了刑事调查，并强调这是“严重背弃信任”之举。同年，德国和巴西起草的《数字时代的隐私权》草案在联合国大会上通过，要求禁止美国电子间谍活动。此后，德国还在加强技术防备方面推出了多项重大举措，如建立欧洲独立的通信网络等。

(6) 巴西。美国针对巴西的情报搜集活动，包括窃取私人通信资料、入侵巴西国家石油公司(Petrobras)内部网络和针对巴西总统的监控活动等行为引发了巴西政府的强烈不满。时任总统罗塞夫对此强烈要求美方采取具体行动，彻底消除监视的可能性，并由于美国未就该事件进行回应而推迟了访美行程。同时，为防止机密泄露，巴西与欧盟已达成协议，将在巴欧之间铺设专用的海底光缆。

(7) 印度。印度是美国的重点监控对象。通过以“棱镜”项目为代表的一系列秘密监控行为，美国从印度收集到大量数据，仅 2013 年 3 月一个月就达 63 亿份。针对此事，印度多家人权组织表示，此举严重侵犯了印度人民的隐私权。与此同时，印度政府还计划禁止官方使用美国的电子邮件服务。

(8) 俄罗斯。针对“棱镜门”事件，俄罗斯要求美国立刻停止实施其间谍行为并为爆出该事件的美国中情局前职员爱德华·斯诺登提供了政治避难。

3. P2P 网贷“爆雷”事件

P2P，即 Peer-to-peer Lending，指的是个体之间通过网络借贷信息中介进行的民间借贷活动。P2P在英国兴起，随后发展到其他国家。在进入中国后，由于贷款流程简单、投资门槛较低和借款收益较高，P2P展现出其增强金融功能和践行普惠金融的特点和优点，成为帮扶个人创业、解决小微企业融资难题以及服务三农的重要渠道。

但是在我国P2P网络借贷初期的“野蛮生长”过程中，相关立法的不完善、中介平台的不合规建设和投资人风险意识的缺乏，致使风险不断积聚，进而导致近年来P2P行业的持续“爆雷”，如图2-1所示。

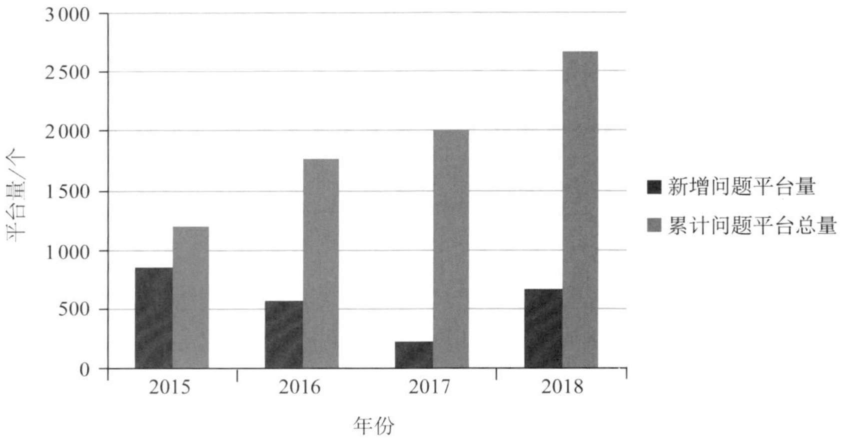

图2-1　我国网络借贷问题平台新增量与累计总量

（数据来源：网贷之家[DB/OL].[2019-03-01].https://shuju.wdzj.com/problem-1.html.）

首先，“爆雷潮”的出现会导致投资人的信任危机，进而对网贷行业的发展乃至城市经济的发展造成不利影响；其次，平台卷款跑路或倒闭破产，会导致投资人的经济利益受损，甚至可能成为城市发展的不稳定因素；最后，因为网络金融的不断创新和普及，P2P行业已经渗入城市发展的各个领域，其问题的集中爆发有可能导致城市中全行业的震荡。

2.1.5　国内外网络安全风险治理现状

1. 全球网络安全治理水平现状

根据联合国国际电信联盟(International Telecommunication Union, ITU)发布的《2017年全球网络安全指数》(Global Cybersecurity Index, GCI)对全球193个国家在应对网络安全问题上的承诺和行动的统计，可以较为全面地衡量各国对网络安全风险防控现状。该指数旨在衡量联盟成员国对网络安全的承诺，以提升网络安全意识，降低网络安全风险发生的概率。

《2017年全球网络安全指数》是一个由全球网络安全议程(Global Cybersecurity Agenda, GCA)支持并基于五大核心指标下共25个子指标整合成的综合指数。五大核心指标及其子指标的具体内容如图2-2所示。

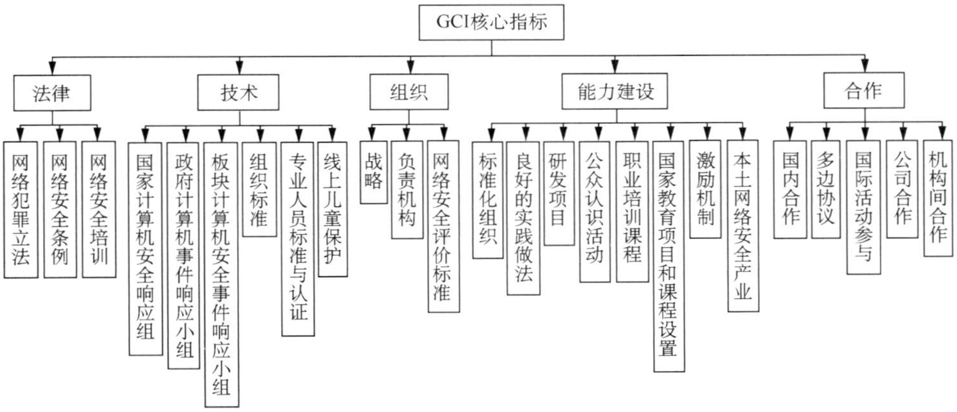

图 2-2 《2017 年全球网络安全指数》核心指标和子指标

（资料来源：国际电信联盟.国际电联网络安全指数[EB/OL].[2019-12-12].https://www.itu.int/dms_pub/itu-d/opb/str/D-STR-GCI.01-2017-R1-PDF-E.pdf.）

总体来说，联盟内近 200 个国家和地区从法律、技术、组织、能力建设和合作五个方面的网络安全都得到了改善和加强，但全球仅有不到 40%的国家发布过网络安全战略，有 10%左右的国家的网络安全战略仍在完善中，另有约 50%的国家仍未制定网络安全战略。这意味着全球大多数国家仍未建立健全的网络安全风险应对策略，不利于网络安全风险的防范。同时，国家和地区之间的合作交流等方面也还存在着很大的提升空间。

分区域而言，不同国家和地区之间在网络安全参与水平上的差距仍然存在且可见，而各核心指标的发展水平因地区而异，其中非洲和南美洲地区的网络安全形势较为严峻。

目前，联合国国际电信联盟国家按照分数的高低可分为领先阶段、成熟阶段和模仿阶段三类，详情见表 2-2。

表 2-2 联合国国际电信联盟领先阶段、成熟阶段和模仿阶段国家

所处阶段	国　　家
领先阶段	新加坡、美国、马来西亚、澳大利亚、格鲁吉亚、法国、阿曼、瑞士、芬兰、俄罗斯、毛里求斯、爱沙尼亚、日本、韩国、荷兰、挪威、埃及、瑞典、英国、加拿大、新西兰
成熟阶段	南非、西班牙、葡萄牙、卡塔尔、秘鲁、菲律宾、波兰、罗马尼亚、卢旺达、斯洛伐克、斯洛文尼亚、斯里兰卡、沙特阿拉伯、坦桑尼亚、塞内加尔、塞尔维亚、中国、阿拉伯联合酋长国、北马其顿、泰国、乌干达、乌克兰、突尼斯、委内瑞拉、乌拉圭、土耳其、意大利、比利时、德国、立陶宛、卢森堡、捷克、朝鲜、丹麦、哥伦比亚、哥斯达黎加、阿根廷、奥地利、巴西、阿尔巴尼亚、阿尔及利亚、阿塞拜疆、巴林、文莱、保加利亚、喀麦隆、智利、科特迪瓦、克罗地亚、塞浦路斯、厄瓜多尔、黑山、冰岛、巴拿马、印度、印度尼西亚、爱尔兰、加纳、希腊、匈牙利、拉脱维亚、马耳他、哈萨克斯坦、肯尼亚、老挝、墨西哥、伊朗、以色列、牙买加、摩尔多瓦、摩洛哥、尼日利亚、巴基斯坦、巴拉圭、孟加拉国、白俄罗斯、博茨瓦纳

（续表）

所处阶段	国　　家
模仿阶段	阿富汗、叙利亚、安道尔、安哥拉、安提瓜和巴布达、帕劳、梵蒂冈、赞比亚、津巴布韦、巴勒斯坦、巴布亚新几内亚、圣基茨和尼维斯、圣卢西亚、圣文森特和格林纳丁斯、萨摩亚、圣马力诺、圣多美和普林西比、塞舌尔、塞拉利昂、所罗门群岛、索马里、斯威士兰、塔吉克斯坦、图瓦卢、乌兹别克斯坦、瓦努阿图、东帝汶、多哥共和国、汤加、黎巴嫩、多米尼加共和国、越南、亚美尼亚、巴哈马、巴巴多斯、伯利兹、贝宁、不丹、玻利维亚、波黑、布基纳法索、布隆迪、佛得角、马达加斯加、马拉维、马尔代夫、马里、马绍尔群岛、几内亚、几内亚比绍、中非共和国、乍得、科摩罗、萨尔瓦多、赤道几内亚、厄立特里亚、埃塞俄比亚、斐济、加蓬、冈比亚、格林纳达、也门、特立尼达和多巴哥、土库曼斯坦、古巴、危地马拉、圭亚那、海地、洪都拉斯、伊拉克、尼泊尔、尼加拉瓜、尼日尔、纳米比亚、瑙鲁、约旦、基里巴斯、科威特、吉尔吉斯斯坦、莱索托、利比里亚、利比亚、列支敦士登、毛里塔尼亚、密克罗尼西亚、摩纳哥、蒙古、莫桑比克、缅甸、刚果(布)、刚果(金)、吉布提、南苏丹、苏丹、苏里南、柬埔寨

资料来源：国际电信联盟.国际电联网络安全指数[EB/OL].[2019-12-12].https://www.itu.int/dms_pub/itu-d/opb/str/D-STR-GCI.01-2017-R1-PDF-E.pdf.

其中，位于领先阶段的有21个国家(GCI得分排在第90百分位数及以前的)，这些国家在评估的所有核心标准中都表现突出；位于成熟阶段的有77个国家(GCI得分介于第89百分位数和第50百分位数之间的)，这些国家制定了相对复杂且成熟的网络安全承诺，并参与了网络安全计划与倡议；位于模仿阶段的有96个国家(GCI得分排在第50百分位数之后的)，这些国家刚开始在网络安全方面作出承诺。

按分数从高到低，排名前十的国家依次为新加坡、美国、马来西亚、阿曼、爱沙尼亚、毛里求斯、澳大利亚、格鲁吉亚、法国和加拿大。我国目前位于全球第32位。

正如《2017年全球网络安全指数》所显示的，各国之间和内部的网络安全风险治理都存在不均衡现象。网络安全作为一个生态系统，组成这个生态系统的法律、组织、技能、合作和技术等方面都应共同发展。此外，网络安全风险的防控不仅是政府需要关心的问题，还需要普罗大众和企业等社会组织的参与。只有均衡加强各方面的综合防控能力，提高每个主体的参与程度，网络安全的风险防控体系才能更严密、更完整、更高效。

2. 我国网络安全风险治理面临的挑战

我国仍处在网络安全治理水平的第二阶段，在面临网络安全风险时，风险防控意识、风险防控手段和风险防控体系等各方面仍有较大提升空间。

(1) 民众的网络安全风险识别能力较弱，安全意识仍存在较大提升空间。近年来，网络诈骗等影响社会稳定的网络安全事件层出不穷，从众多的网络犯罪事件可以看出，我国网络用户就整体来说，仍缺乏网络安全知识和对网络主权的认识，对网络安全风险的防控参与意识不强，危机感和紧迫感较弱。并且，我国网络用户对网络诈骗、信息管理和负面舆情等网络安全风险的主动应对能力不足，因而丧失了进行风险防控的主动权。但随着国家对网络安全教育的普及，我国网络用户的安全意识正在逐步提升。

(2) 网络安全产业薄弱，产业投入不足。随着人工智能和大数据等新兴产业崛起带来的新风险和传统网络安全风险不断渗入城市生活的各层面，需要关注的网络安全边界也在不断扩大。据统计，仅2017年我国网络黑灰产业造成的经济损失就达千亿元。另外，与国际巨头相比，我国网络安全产业起步晚，加上行业规范和标准缺乏，导致网络安全产业的发展更加无序和缓慢。从联合国统计的网络安全风险治理水平排名来看，不少较贫穷的国家都位列我国之上，虽然网络安全产业的发展目前已受到政府和企业等各类社会组织的关注并有向好趋势，但仍有很大的提升空间。

(3) 网络安全核心技术仍有较大发展空间。习近平总书记曾在重要讲话中指出："互联网核心技术是我们最大的'命门'，核心技术受制于人是我们最大的隐患。"目前，美日欧等发达国家和地区推进网络信息技术国产化的政策已在积极进行中，其网络技术产业也较为成熟。而我国网络安全核心技术仍受制于人，这一现象是我国国家安全的极大隐患。只有保障网络安全，才能掌控网络发展的主动权。重视网络安全技术发展、夯实网络安全技术基础、掌握网络安全核心技术是加强网络安全治理和掌握网络发展主导权的关键。

(4) 网络安全相关行业人才储备不足，人才结构不能满足需要。目前，我国网络安全的人才仍较为稀缺，与日益增长的网络安全风险防控需求相比，网络安全人才培养远落后于需求，现状亟须改善。《经济参考报》2018年4月10日刊文《网络安全人才缺口近70万 倒逼人才培养机制创新》报道，我国信息安全专业人才仅3万余人，仅有100多所高校设立了网络安全相关专业，占全国1 000多所理工院校的10%左右，而我国网络安全人才总需求量则超过70万人，缺口高达95%以上。随着网络安全形势日趋严重，人才缺乏问题已成为制约网络安全发展的关键因素。我国网络安全人才储备一直以来呈现人才供给分布不均、实用性人才储备不足等结构性不合理的特征，远不能满足高速发展的信息化建设需要。目前，网络安全已经受到越来越多的关注和重视，政府、学校和有关单位已从资金、人力、物力上加大对网络安全人才培养的支持。

(5) 法律体系和管理制度不够完善和健全，立法及时度有待提升。随着计算机和网络技术的快速发展和应用，网络安全风险种类和危害度与日俱增，网络安全形势日趋复杂和严峻。针对这一问题，我国在管理机构层面成立了中央网络安全和信息化领导小组；在法律法规层面出台了《国家安全法》《网络安全法》和《国家网络空间安全战略》等法律法规和文件。这些网络安全管理机构、法律法规加强了我国网络安全治理水平，但仍远远不能满足当下和未来的需求。网络法律的建立健全应与网络的发展步调一致，只有二者相结合才能有效减少网络安全风险。

2.2 网络安全风险识别与分析

由于民众网络安全意识不强、防控机制不健全、网络安全相关立法的系统性不强、立法规格不高以及风险更替的速度远快于立法的及时性等原因，网络欺诈、信息泄露、网络侵权、网络谣言等固有网络安全风险和云计算、大数据、人工智能等新技术所引发的新型网络安全风险都日益突出。

2.2.1 计算机病毒风险

计算机病毒不是天然存在的，而是人为编制的用于破坏计算机功能或窃取计算机数据，能够进行自我复制的程序代码或计算机指令。用户所使用的网络设备一旦感染了这些病毒，其系统的运行数据和运行状态等都有可能会被破坏，进而导致软硬件设备的破坏和系统的瘫痪，部分病毒甚至能够对网络用户的设备系统进行远程操控，其危害性不言而喻。

计算机病毒种类繁多且复杂，其分类方式主要包括按传染方式分类、按破坏力分类、按寄存媒体分类和按算法分类等。同时，计算机病毒传播方式更是不计其数，如通过电子邮件、文件下载、浏览器、文件储存工具和聊天工具等。在网络发展史中，千年虫、冲击波、熊猫烧香、蓝宝石和红色代码等计算机病毒都曾通过其超强的破坏力严重扰乱了网络秩序并给大量的网络用户造成了损失。

在如今网络的大规模应用和不断创新过程中，计算机病毒呈现出传染性强、破坏性大、潜伏时间长和隐蔽能力强等特点，其种类及传播方式多种多样，更迭速度和扩散速度也呈现出逐渐加快的趋势，给城市的安全和稳定造成的风险正不断扩大。

2.2.2 黑帽黑客风险

传统意义上的黑客(Hacker)指的是能力强、水平高的计算机专家。相对于那些维护网络关系公平正义的白帽黑客，黑帽黑客指的是利用自身技术，针对特定系统的漏洞进行攻击，以破坏对方的系统并窃取对方的资源和信息为目的的黑客。目前，网络上存在着不计其数的黑帽黑客，其攻击手段和攻击模式多且更新快，个人信息、企业等社会组织的信息、政府信息以及硬件资源和链路带宽等都是黑帽黑客的攻击和破坏对象。黑帽黑客入侵其他网络用户计算机系统的常见策略包括软件攻击、植入木马、口令入侵、网络监听、Web 欺骗、端口扫描和通过一个节点攻击其他节点等。

黑帽黑客通过网络进入其他网络用户的计算机系统，未经允许或授权非法修改和窃取信息，给网络用户造成损失，对网络环境构成安全风险，对网络秩序造成严重的不良影响。同时，黑帽黑客的入侵行为常常伴随着计算机病毒等对网络安全造成威胁的因素，例如，Robert Tappan Morrisgeek 编制出了首个通过网络传播的蠕虫病毒——Morris。

2.2.3 恶意网站风险

恶意网站指故意在计算机系统上执行恶意任务的非法网站，这类网站在网络用户浏览或下载文件和程序的同时在用户的计算机等设备中盗取信息、强制安装恶意程序、恶意捆绑、卸载其他程序和弹出非法网页等。不法分子通过模仿一些访问量较大的热门网站，虚设与其网页相似度较高、网址类似或搜索关键词相同的恶意网站，引导网络用户进入并进行浏览或下载，以达到网络诈骗、传播不良信息和盗取用户数据等目的。

据非营利安全机构 abuse.ch 运行的一个致力于帮助用户免受恶意软件攻击的网站 URL

项目统计，截至 2018 年 3 月，每个恶意网站平均活跃时间超过一周并且每日可以感染数千台设备，其中有 2/3 的恶意网站主机提供商位于美国或中国，且中国排名前三的恶意网站平均活跃时间均在一个月以上（表 2-3）。

表 2-3　　恶意网站主机提供商排名（截至 2018 年 3 月）

排名	主机提供商自治系统编号（Autonomous System Numbers, ASN）	国家和地区	平均活跃时间/天	恶意网站数/个
1	AS14061 DIGITALOCEAN-ASN - DigitalOcean, LLC	美国	6	307
2	AS4134 CHINANET-BACKBONE No. 31, Jin-rong Street	中国	39	256
3	AS4837 CHINA169-BACKBONE CHINA UNICOM China169	中国	53	163
4	AS48815 CRITICALCASE	意大利	1	151
5	AS46606 UNIFIEDLAYER-AS-1 - Unified Layer	美国	2	127
6	AS53667 PONYNET - FranTech Solutions	美国	13	105
7	AS16276 OVH	法国	5	104
8	AS60144 THREE-W-INFRA-AS—TRANSIT—	荷兰	9	83
9	AS13335 CLOUDFLARENET - Cloudflare, Inc.	美国	13	67
10	AS37963 CNNIC-ALIBABA-CN-NET-AP Hangzhou Alibaba	中国	32	66
11	AS8342 RTCOMM-AS	俄罗斯	10	63
12	AS36352 AS-COLOCROSSING - ColoCrossing	美国	16	53
13	AS3462 HINET Data Communication Business Group	中国（台湾地区）	17	51
14	AS23650 CHINANET-JS-AS-AP CHINANET jiangsu province	中国	3	51
15	AS3462 HINET Data Communication Business	中国（台湾地区）	17	51

资料来源：abuse.ch. HOW TO TAKEDOWN 100 000 MALWARE SITES[EB/OL].[2019-01-21].https://abuse.ch/blog/how-to-takedown-100000-malware-sites/.

这些恶意网站隐藏在普通网址中，在危害网络用户切身利益的同时，给网络、科技、经济乃至城市发展带来了严重的负面影响。

2.2.4 信息泄露风险

目前，浏览网页、网络购物和网络聊天等行为已经成为城市居民乃至乡村居民生活中不可分割的一部分，计算机或手机中网页、程序和软件的使用给每个人都带来了极大的便利，但用户在购物、聊天和注册个人账户的过程中往往无法避免透露个人信息，如身份证信息和联系方式等。若那些使用和保存信息的“第三方平台”发生信息泄露或者其工作人员未恪守职业道德，就会使个人信息遭到泄露或个人隐私受到侵犯，如近年来层出不穷的网络购物和旅游网站贩卖用户资料以及不法分子利用他人个人信息进行网络诈骗等案件。

同时，企业信息和商业机密的外泄会致使当事企业的财产损失、声誉损失、人员流失和司法诉讼。这些风险有时仅仅是由于企业对员工的管理不当而造成的，如超越职权使用数据库或不规范使用电脑等，每年因为此类网络安全事故造成的企业财产损失无法估量。摩根大通和支付宝等都曾因数据泄露收到政府罚单，折扣零售巨头塔吉特曾因数据失窃事件导致客户流失和损害赔偿，美国最大征信巨头之一的伊奎法克斯的数据泄露事件导致了包括 CEO 在内的三名高管离职，公司股价的暴跌，以及来自消费者、股东和金融机构高达 4 500 亿美元的集体诉讼。

除了个人和企业信息的外泄，信息泄露风险还包括国家和政府机密的外泄。例如，美国民主党委员会内部 19 252 封绝密邮件曾遭遇泄露，该事件直接导致民主党全国委员会主席舒尔茨辞职并对当年的美国总统竞选产生了影响。

2.2.5　网络欺诈风险

网络欺诈通常是指不法分子为达到非法占有等目的，利用网络通信技术和手段骗取财物的行为。目前，受众较为广泛的网络欺诈类型包括虚拟中奖信息欺诈、社交软件欺诈、网络购物欺诈、网络招聘及兼职欺诈、钓鱼网站欺诈和邮件欺诈等。

网络欺诈是传统欺诈犯罪的衍生，相比传统欺诈犯罪更为隐蔽，成本更为低廉，犯罪手段更为多样，犯罪主体更为低龄，涉及范围更为广泛，对经济和社会造成的影响更为恶劣。首先，个人网络用户常遭受上述网络欺诈方式的侵害。从“魏则西”案件到“李文星”案件，再到“苏享茂”案件，网络欺诈对个人生命和财产的侵害屡见不鲜。其次，企业也会因遭受网络欺诈而遭受巨额损失。飞机零件制造商未来先进复合材料股份公司曾遭受商业邮件欺诈，导致其财务会计部门遭到黑客攻击，该事件不仅导致该公司约 5 000 万欧元资产被盗，还致使其股价在当天收盘时下跌 17%。欧洲大型通信设备公司莱尼也曾遭商业邮件欺诈而损失约 4 000 万欧元，并导致该公司股票下跌 5%～7%。

2.2.6　网络有害信息风险

网络有害信息指的是以网络为载体，以文字、图片、声音、视频和计算机程序等形式表现的，与现实不符，具有危害或违反相关法律法规的信息。

网络有害信息主要包括违禁物品买卖信息、色情暴力信息、非法赌博信息、虚假融资信息、封建迷信信息、教唆犯罪信息、传播神秘主义和网络自杀等腐朽畸形文化的信息，以及网络谣言等破坏国家安全的信息等。世界各国的法律与国情不一样，对有害或违法信息的理解与定义也不一样，但这类信息会给大多数人的利益、经济的稳定发展、社会的稳定运行和国家安全带来风险。近年来，由于其类型和传播渠道不断增加，传播速度不断加快，涉及面不断拓宽加深，有害或违法信息造成的不良影响也在日益扩大。

例如，借由网络传播，从俄罗斯传到世界上其他国家的“蓝鲸”死亡游戏，通过塑造独特的死亡审美，聚集有自杀意向的人群并通过游戏设计使玩家实施自杀行为；中国香港“占中”事件中的网络谣言传播不仅对“占中”运动推波助澜，也使特区政府的舆情引导陷入被动局面，导致香港社会矛盾丛生；一些以往不常见的违法犯罪行为借助网络平台有增长趋势，比如非法制造、买卖、储存枪支和爆炸物等。

2.2.7　系统漏洞风险

电脑、手机等网络设备及其配套硬件的故障，以及网络和软件系统等自身存在的“漏洞”都是网络安全面临的重要挑战。由于网络设备和软件系统的多样性和复杂性，网络用户面临着各式各样的故障隐患风险和安全漏洞风险，网络设备及其配套硬件发生故障或软件系统的“漏洞”一旦被计算机病毒、黑帽黑客和不法分子等利用，就会从各个角度威胁用户的网络安全。

电脑、手机等网络设备及其配套硬件的故障包括由于雷电、防潮散热不到位、电压起伏导致的浪涌电流和人为故意破坏等因素导致的交换机、路由器和客户端故障等。例如，支付宝曾由于人为原因的光纤故障导致用户的账号无法登录或无法进行支付；爱立信也曾由于局端设备问题导致英国和日本的移动网络出现大范围中断。

网络和软件系统等自身存在的“漏洞”包括陷门、TCP/IP 协议漏洞、数据库漏洞、操作系统漏洞、网络软件与网络服务的漏洞等。2015 年 1 月，脸书(Facebook)因黑客组织 Lizard Squad 的攻击发生宕机事故；2015 年 3 月，苹果公司因内部 DNS 错误导致包括其应用商店平台、音像商店平台及电子书商店平台在内的一系列苹果在线商店服务中断，致使苹果公司的股票下跌 1.82%，市值蒸发 130 亿美元。

2.2.8　网络知识产权侵权风险

网络知识产权是传统知识产权的延伸，包括网络著作权、网络工业产权等传统知识产权以及电脑等网络设备软件、网络数据库、多媒体作品和网络域名等。其中，网络著作权包括信息网络传播权和著作权人的署名权、发表权、复制权、发行权等权利；网络工业产权则包括发明专利、实用新型、外观设计和商标、商号的所有权等。

目前，最常见的网络知识产权侵权行为有如下几种。

(1) 侵犯网络著作权，即未经著作权人许可，擅自使用受著作权法保护的作品，包括网络盗版图片、网络盗版音乐、网络盗版小说和网络盗版节目等。

(2) 侵犯网络商标权，即将注册商标用于商品、商品的包装、广告宣传，或展览自身产品，或故意销售该类商品，如盗版电器、盗版服装、盗版配饰和盗版家具等。

(3) 侵犯网络专利权，如未经许可在产品上标注他人专利号，在广告等宣传资料中使用他人专利号，伪造他人专利证书或在合同中使用他人专利号等。

2.2.9　网络金融犯罪风险

网络金融是指基于网络，利用互联网技术和信息通信技术开展的金融活动，是网络与金融的有机融合，包括基于网络的市场、服务和监管等各类金融体系。网络金融有利于提升金融服务质量和效率,促进经济和社会发展,但同时由于某些网络金融活动存在交易机制漏洞、网络用户安全意识薄弱以及相关法律法规和缺失,网络金融犯罪案件的涉案金额不断上升,发生频率不断增加,影响范围不断扩大。

网络金融犯罪主要包括利用网银等网络金融工具的相关犯罪形式、第三方网络支付的相关犯罪形式、P2P 等在线融资的相关犯罪形式和虚拟货币对现实金融秩序的冲击等。利用网银等网络金融工具的相关犯罪主要通过窃取数字证书文件、嵌入浏览器执行、钓鱼网站欺诈和非法记录计算机信息等途径实施;第三方网络支付的相关犯罪主要为网络洗钱和信用卡犯罪;P2P 等在线融资的相关犯罪形式主要为非法吸收公众存款、集资诈骗以及擅自经营和发行股票债券等;而虚拟货币则会对包括银行和证券等在内的传统金融体系带来巨大冲击。

2.2.10 人工智能等新兴领域的风险

如今,基于网络大数据和云计算的人工智能的使用和发展与城市发展密不可分,除了个人、社会组织和政府机构日常使用的指纹识别、人脸识别、智能搜索和无人机等,还包括正在兴起的无人驾驶、智能医疗和智能制造等。由于相关技术仍有漏洞并且这些网络相关新兴领域的法律尚未建立或完善,其事故风险和犯罪风险难以有效防范和评估。例如,微软聊天机器人 Tay 由于学习环节的错误,散布种族主义、性别歧视和攻击同性恋言论;特斯拉无人驾驶汽车在使用“自动驾驶(Autopilot)”功能时造成了车祸;Knightscope 平台打造的机器人在硅谷造成青少年受伤事故;等等。

2.3 网络安全风险评估

网络安全风险评估即通过多种方法对计算机和网络系统可能存在的安全漏洞进行检查,发现存在安全风险的隐患并对这些隐患可能造成的损失大小进行分析,最后根据检查结果提供详细可靠的安全分析报告与漏洞修补建议,以达到保证计算机和网络系统安全的目的。按照评估对象不同,网络安全风险评估可分为硬件设备安全评估和软件系统安全评估两个部分。硬件设备包括计算机设备、路由器、服务器、交换机、传输介质和调制调节器等;软件系统包括运行于设备上的操作系统、数据库系统、开放的服务以及其他服务软件等。

2.3.1 网络安全风险评估方法

网络安全风险评估方法的选择主要依据资产的规模和复杂程度、资产面对的脆弱性和威胁以及需要实现的安全级别来决定,其优劣会直接影响评估结果的准确性,进而影响安全风险防控的效果。目前较为主流的网络安全风险评估方法主要有定性评估方法、定量评估方法和将二者结合起来的综合评估方法。

1）定性评估方法

定性分析是最常用的分析方法，是指根据研究人员的知识、经验、历史教训、政策走向等非量化资料对系统安全状况作出判断的一种网络安全风险评估方法。定性评估方法是建立在对调查对象深入访谈的基础上，并通过一个理论推导演绎的分析框架对访谈资料进行编码整理，最后得出结论的评估方法。常见的定性评估方法有历史比较法、逻辑分析法、因素分析法和德尔菲法等。

2）定量评估方法

定量评估是指运用数量指标进行评估的一种网络安全风险评估方法，通过分析安全事件发生概率和脆弱性的严重程度形成直观的量化评估结果，相比定性评估方法更严密、更客观。常见的定量评估方法有决策树法、时序模型、因子分析法、回归模型、聚类分析法和熵权系数法等。

3）综合评估方法

综合评估方法是指将定性评估方法和定量评估方法结合起来的一种网络安全风险评估方法，即在运用定量评估方法量化风险的基础上，运用定性评估方法形成观点并作出判断。综合评估方法能够结合两种评估方法的优点并减少单一评估方法的片面性，更好地处理网络安全风险评估这一复杂的过程。

2.3.2 网络安全风险评估实施内容

网络安全风险评估所包含的要素主要包括威胁、风险、资产和脆弱性。威胁，即可能对资产造成损失的计算机病毒等不稳定因素。风险，即威胁对资产造成损坏的潜在可能性。资产，即网络安全风险评估的对象，包括硬件设备、软件系统和储存在其内部的数据等。脆弱性，即硬件设备和软件系统中存在并可能受到攻击的漏洞。

风险评估要素关系如图 2-3 所示，脆弱性和威胁会增大网络安全风险，而执行根据安全需

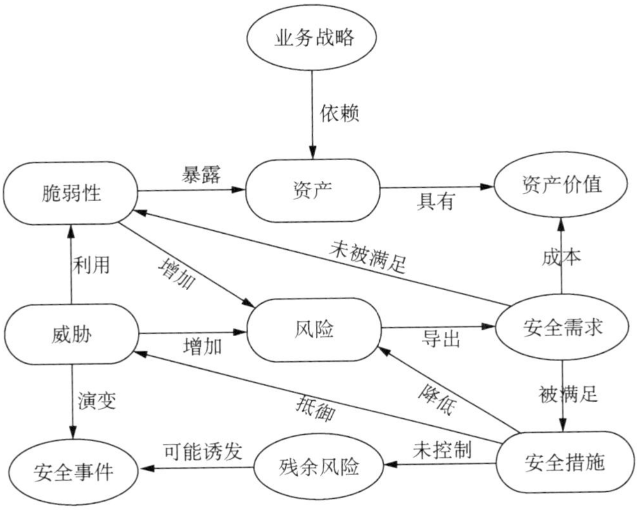

图 2-3 风险评估要素分析

（资料来源：信息安全技术 信息安全风险评估规范：GB/T 20984—2007[S].）

求制定的安全措施既会降低风险，又可能会引发残余风险并导致新的威胁。

网络安全风险评估实施时，首先要对网络硬件设备和软件系统的风险、资产、脆弱性和威胁进行评估以取得客观数据，然后结合已有的安全措施和安全风险评估结果进行风险计算，之后按照需要实现的安全级别进行风险防控方案的设计，最后按照风险防控方案具体实施方案设计中的各项防控措施，实施风险管理。网络安全风险评估的分析原理及实施流程如图 2-4 和图 2-5 所示。

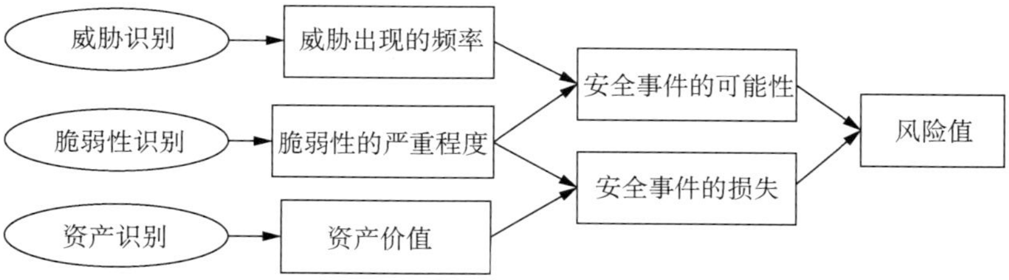

图 2-4　风险分析原理

（资料来源：信息安全技术 信息安全风险评估规范：GB/T 20984—2007[S].）

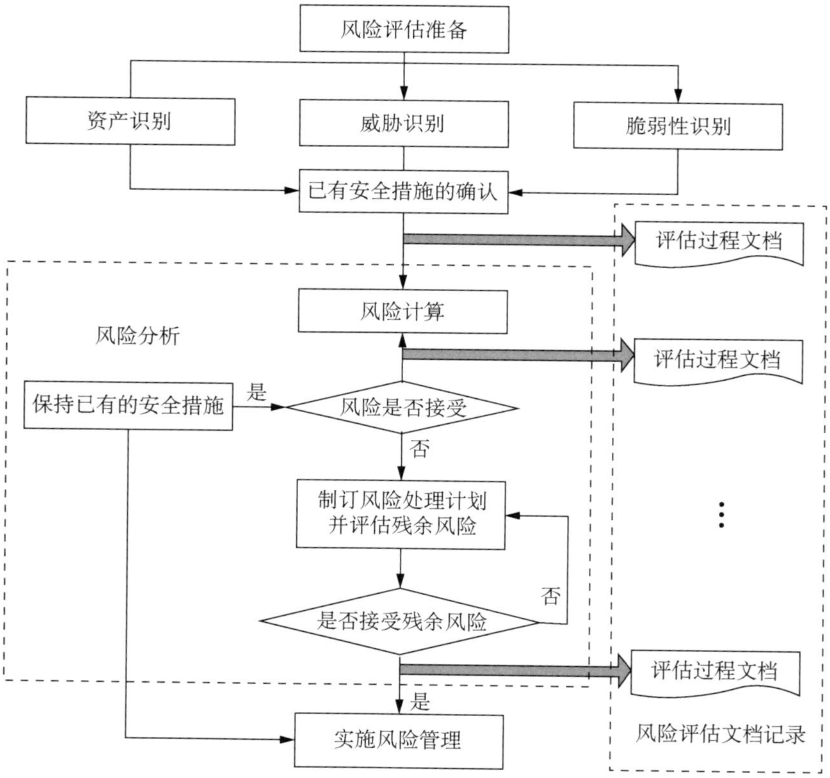

图 2-5　风险评估实施流程

（资料来源：信息安全技术 信息安全风险评估规范：GB/T 20984—2007[S].）

2.4 应对网络安全风险预警与防控

网络技术的使用覆盖面之广，影响人民生命财产安全的网络风险因素之多，应对网络安全风险的防治机制之缺，使得有效防控网络安全风险已成为现代化城市发展中不容忽视的重要任务。

在个人及组织层面上，网络安全风险预警与防控的实现可以根据网络安全风险评估的成果，在加强安全保护的基础上进行动态检测，根据不同风险发生的概率和特征以及不同网络用户需要实现的安全级别差异，针对不同对象建立稳定、可靠、实时的个性化预警与防控方案。争取及时发现、及时处置和及时恢复，更好地做到网络安全风险的事前防控，将网络安全风险对个人、对企业、对政府部门和对社会的危害降到最低，切实保证网络安全。

在城市、国家和国际组织层面上，网络安全风险预警与防控的实现则应当通过提高全民网络安全意识、成立协调和管理机构、建立和完善法律体系、完善应急预案设计和应急机制构建、加强相关基础设施保护、重视专业人才培养、促进核心技术研发和产业发展、加强国际交流合作等方式来实现。

2.4.1 个人及组织层面的措施

1. 技术上加强防护和补救

1）数据加密技术

数据加密是指通过加密算法，将数据变换成只有经过密钥解密后才可读的密码，使得未经授权的非法访问即使得到了数据也无法进行解读，从而起到保障重要数据和重要信息安全性和保密性的作用。

数据加密技术包括对称和非对称两种技术。对称技术即数据的发送方和接收方用于解密数据的密钥是相同的，其优点在于拥有良好的记忆性能。对称技术目前应用非常广泛，AES，DES 及 IDEA 都属于对称加密技术。非对称技术即数据的发送方和接收方用于解密数据的密钥是不同的，分为公钥和私钥。若使用公钥对数据进行加密，则只能用与其对应的私钥解密；反之亦然。

2）防火墙技术

防火墙是指位于计算机等网络设备和其连接的网络之间，提供被保护网络与外部网络之间的进出控制的软件，是保证网络安全技术中效果较好的技术之一。防火墙可以按照采用技术的不同分为网络地址转换型、代理服务型、包过滤型和状态检测型四种基本类型。

计算机中的所有网络通信都要经过防火墙的扫描，根据系统管理员预先设定的过滤原则滤掉危险目标，实现被保护网络与外部网络之间的进出控制，从而实现网络安全和数据库安全。除此之外，防火墙还具有封锁木马、禁止来自特殊点的访问和自动关闭不用的端口等功能。

3）虚拟专用网技术

虚拟专用网（Virtual Private Networking，VPN）也是保证网络安全的技术之一。虚拟专用网是利用接入服务器、广域网上的路由器及 VPN 专用设备在公用的广域网上实现虚拟专用的技术，简而言之即在公共网络中建立一个供数据传播的虚拟安全通道。

根据技术应用环境的特点，虚拟专用网可分为以下三种：一是远程访问虚拟专网（Remote Access VPN），侧重于远程用户接入过程中对信息资源的保护；二是企业内部虚拟专网（Intranet VPN），主要是在内部专用网络上提供虚拟子网和用户管理功能；三是扩展的企业内部虚拟专网（Extranet VPN），即将不同的用户子网扩展成虚拟的企业网。

4）路由器安全技术

路由器是连接局域网、广域网之间的枢纽，保证路由器的安全性和可靠性对保障计算机网络安全具有十分重要的作用。

路由器安全技术的解决方案主要由以下五个方面组成：一是身份验证，包括认证协议（如 TACACS+，RADIUS，Kerberos 等）和一次性密码工具；二是保证边界安全性，包括对数据、网络应用和业务的接入控制，该类功能可由带有接入控制列表或状态防火墙功能的路由器、交换机及专用防火墙工具提供；三是保证数据私密性，通常通过隧道技术、数字加密技术和协议提供；四是安全性监控，即通过入侵检测系统监控网络安全性事件并作出响应，以达到及时防控安全风险的目的；五是策略管理，即通过分析、部署和监控安全性策略状态，增强网络安全技术解决方案的实用性和有效性。

5）病毒防治技术

计算机病毒防治技术指的是针对计算机病毒的预防技术、检测技术和清除技术，其防治过程是通过发现病毒、取样研究和进行相应技术研发来实现的。计算机病毒防治技术包括虚拟机技术、加密可执行程序、系统监控技术、读写控制技术、磁盘引导区保护、特征代码扫描法、特征字扫描法、启发式病毒扫描监测技术、完整性检验、主动内核技术和网络备份储存管理等。

计算机病毒防治技术的前提是网络用户在进行网络活动时做好前期防范工作，如正确配置计算机、及时处理系统漏洞、谨慎下载外部网络文件和建立权限管理制度。

6）访问控制技术

访问控制技术是按照用户身份及其所归属的某项定义组来限制用户对某些信息项的访问，或限制某些控制功能使用的一种技术。访问控制技术通过注册口令、用户分组控制和文件权限控制三个层次来预防非法用户入侵，或防止合法用户由于不慎操作而造成破坏，是保护网络数据、保障系统合法使用和维护网络安全的重要技术之一。访问控制技术主要包括主动访问控制（DAC）、强制访问控制（MAC）、基于角色的访问控制（RBAC）、P2P 网络访问控制和基于加密权限代码的访问控制技术等。

7）信息网关技术

信息网关技术是指架设在信息传输必经路径的可计算节点上，对网络信息内容进行检索和过滤的技术。用于加强网络安全风险防控的信息网关能够过滤网络中出现的各种色情、暴力、封建迷信、神秘主义和教唆犯罪等有害信息，同时也为计算机内的电子文件引入了网关证和密级的概念，能够监测出入网络的文件是否按照所属密级进行了加密以及是否具有网关证。

8）数据备份和数据恢复

计算机病毒防治技术还需要数据备份和数据恢复的辅助。在受到顽固病毒的攻击时，数据备份能针对重要数据起到保护作用并降低病毒的破坏性，因此应当经常性地对数据进行备份。计算机病毒对网络安全的威胁客观上难以完全消除，因而当数据遭到破坏时，应当关闭系统并采取紧急补救措施以避免数据损坏量的增加，并在漏洞修复后通过之前的数据备份及时进行数据恢复。

2. 管理上强化各层次管理和协作

针对企业等社会组织和政府部门，网络安全既是技术问题，更是管理问题，在单位内部应制订和执行有效的管理策略以达到提升网络安全的目的。因此，企业等社会组织和政府机构应加强本单位计算机等网络设备操作人员的技术培训并增强其网络安全意识，也要加强本单位的用人安全、专机专用和数据管理制度建设。网络安全管理应当按不同的安全级别来设定，内容包括网络安全管理制度的建设和人员网络安全意识的培养等，具体如图 2-6 和图 2-7 所示。

与此同时，各单位或各部门之间的合作进展不顺和信息传递不畅也会导致网络安全风险，不仅会造成网络安全事件的发生，还会由于问题得不到及时解决而造成网络安全事件的持续发酵。因此，在协调各方利益的基础上，还应当加强沟通和协助，共建网络安全风险防控策略。

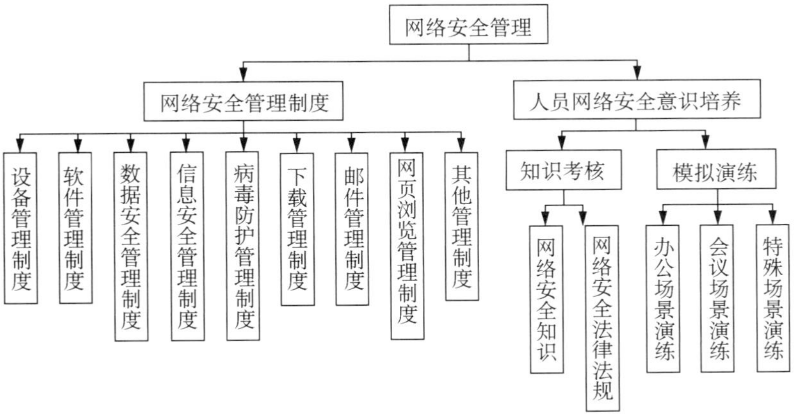

图 2-6 企业等社会组织和政府部门的网络安全管理方法

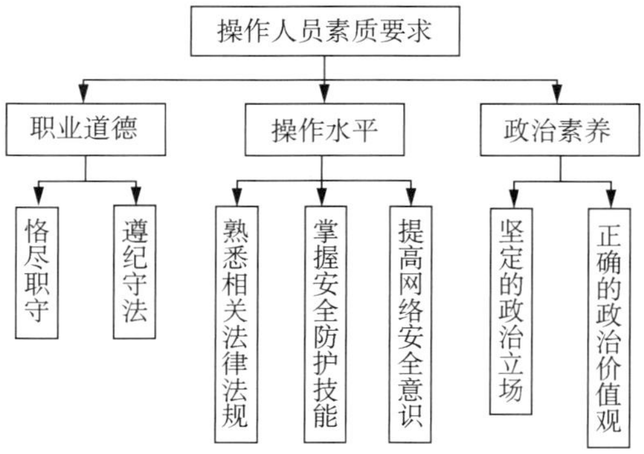

图 2-7　企业等社会组织和政府部门计算机操作人员的素质要求

网络安全风险防控需要政府、企业等社会组织和公众的同心协力。例如，美国要求联邦政府建立完善公私部门之间的合作伙伴关系；韩国提出要建立私人部门、公共部门和军事部门联合响应体系；日本则明确了政府、重要基础设施供应商、私营公司、教育机构和科研机构、个人用户、中小企业以及网络空间相关运营商的角色。

2.4.2　城市、国家或国际组织层面的措施及案例

网络安全风险防控是一个整体的问题，需要政府和社会相结合，制订与时俱进的管理策略，并切实认真地实施这些策略。不同的防控措施并不是独立进行的，而是相互联结、相互促进的。

1. 提高网络安全意识

提高国民网络安全意识和培养国民网络安全技能是防控国家网络安全风险的实现方式之一。国家有关部门应加强网络安全宣传，借助出版书籍和播放公益广告、电视节目等方式，宣传用网行为规范，大力普及网络安全知识，加强国民网络安全教育、网络安全技能培养和对网络有害信息的抵御能力，推动形成安全的网络环境。

1）我国加强网络安全意识的措施

（1）政府高度重视网络安全意识培养工作，高层领导多次强调网络安全意识培养工作的重要性。在中央网络安全和信息化领导小组第一次会议上，习近平总书记曾指出："网络安全为人民，网络安全靠人民，维护网络安全是全社会共同责任，需要政府、企业、社会组织、广大网民共同参与，共筑网络安全防线。"

（2）立法保障提高国民网络安全意识的重要地位。如 2017 年开始实施的《中华人民共和国网络安全法》明确指出，要采取措施提高全社会的网络安全意识和水平，形成全社会共同参与促进网络安全的良好环境。

（3）切实加强在校学生教育。例如，在教育部的统一指导下，北京市多所高校在全民国家安全日开展了安全教育主题活动，在高校以及社会范围内普及相关知识；上海市教育委员会发

布了开展中小学“安全教育周”活动的通知，要求学生自主学习一门网络安全课程，查找学校或家庭的网络安全隐患，提出相关建议并完成安全教育作业。

(4) 加强宣传以提高社会对网络安全风险防控的重视度。自2014年起，我国将每年9月的第三周定为“国家网络安全宣传周”，针对人民关注的热点问题，围绕网络金融、网络舆论和网络政务等重点领域和行业网络安全问题举办网络安全体验展等系列主题宣传活动。

2) 欧洲国家或国际组织加强网络安全意识的措施

欧盟于2013年开始举办“欧洲网络安全月”(European Cybersecurity Month, ECSM)，目前该活动已成为欧盟网络安全整体战略的重要组成部分。在欧洲网络安全月内，欧盟各国均会就增强欧盟公民的网络安全意识和防护能力开展丰富的网络安全宣传教育活动。

除了欧盟层面的措施，在欧盟各国家层面，欧盟内外的欧洲国家也大多开展了提升各自国民网络安全意识的相关活动。

俄罗斯开展了面向全体国民，提供网络安全问题及应对措施等相关信息网站的推广运动；提出了向国民和社会组织普及网络安全技术的组织综合信息运动。

英国政府开展了各类网络安全教育，鼓励国民提高必要的网络安全技能；采取了包括通过社交媒体发布网络威胁警告在内的各类措施，帮助国民应对网络安全风险；与网络服务供应商达成了为国民提供网络安全风险信息和网络安全技能培养的相关协议；将网络安全教育列为学生课程的必要组成部分。

法国国家网络和信息安全局倡导和开展了面向全体国民和社会组织的网络安全交流活动，并且加强了面向全民的网络安全知识宣传。

3) 美国加强网络安全意识的措施

美国开展了由国土安全部负责领导的全国性网络安全意识提升活动，该项活动旨在提高家庭用户、在校学生、小型企业、大型机构等的网络安全意识；举办了“国家网络安全意识月”(National Cybersecurity Awareness Month, NCSAM)和“停止·思考·连接”(STOP.THINK.CONNECT.)活动，通过向国民和社会组织提供安全上网所需要的工具和资源，宣传安全上网的重要性及具体步骤，引导国民和社会组织关注网络安全并增加抗风险能力；启动了“国家网络安全教育计划”(National Initiative for Cybersecurity Education, NICE)并且每年举办国家网络安全意识挑战赛。

4) 其他国家加强网络安全意识的措施

印度、日本、以色列、澳大利亚、新加坡、加拿大、新西兰、斯里兰卡以及捷克等国家也都建立了网络安全宣传周或宣传月制度。具体来看，印度启动了全国性网络安全意识增强项目；澳大利亚在学校开展了教育培训，建设了权威的网络安全网站，并联合企业和社区开展了“网络安全周”活动；日本制订了综合国民网络安全意识启发方案，发布了《信息安全普及与启蒙计划》，并设立了“信息安全月”；捷克政府加强了网络安全知识方面的媒体合作；新西兰则开展了与非政府组织的相关合作。

2. 成立国家或国际组织层面的协调和管理机构

应成立相关协调和管理机构，强化工作统筹和综合协调，建立国家层面的保障体系，为国家网络安全风险防控的推进提供组织保障。

1）我国国家层面的协调和管理机构

我国国家层面的网络安全协调和监管机构是不断变化的，从国务院信息化工作领导小组到国家信息化领导小组，将原国务院小组提升至中央，再到如今的中央网络安全和信息化领导小组及其下设的国家互联网信息办公室（以下简称网信办），经过几次调整和升级，我国国家层面的网络安全协调和监管机构的地位达到了前所未有的高度。

网信办的职责包括制定实施国家网络安全和信息化发展战略、宏观规划和重大政策，统筹协调各个领域的网络安全和信息化重大问题；重视网络舆论工作，正确引导网络舆论，创新改进网络宣传；制定全面的信息技术、网络技术研究发展战略；抓紧制定立法规划，完善网络信息内容管理、关键信息基础设施保护，以保护公民合法权益。

2）欧洲国家或国际组织层面的协调和管理机构

欧盟成立的欧洲网络安全局是欧洲网络安全问题的协调和管理中心。欧洲网络安全局负责搜集和分析网络安全风险因素并向欧盟各成员国和欧盟委员会提供搜集和分析的成果，并以此为基础增强欧盟成员国和欧盟机构的能力，提高网络安全系数，推动网络经济发展和建立网络安全文化。

英国在内阁办公室组建了网络安全办公室，用于为各部门的网络安全防控提供指导和推进网络安全战略。同时还建立了英国情报机构政府通信总部的下属机构——网络安全运行中心。

德国成立了包括联邦总理、国防部、内政部、外交部、司法部、财政部、教研部、经济与技术部及部分联邦州代表等成员在内的国家网络安全委员会，用于制定公共和私营部门的网络安全政策，协调联邦层面的网络安全管理工作。

荷兰成立了网络安全委员会和国家网络安全中心，以统筹网络安全各项工作，强化公私合作。

3）美国国家层面的协调和管理机构

美国和英国相似，将网络安全协调机构设在首脑办事机构。美国将网络安全办公室设在总统办公厅并直接受命于总统，负责国家网络安全事务和增强网络安全工作的统筹和综合协调。国家网络安全办公室向美国国家安全委员会和国家经济委员会汇报工作，并通过这两个委员会直接影响美国国家安全和经济发展决策。该机构职能和德国国家网络安全委员会类似，包括制定公共和私营部门的网络安全政策，协调联邦层面的网络安全管理工作和监督联邦部门、机构信息安全政策的实施情况。

4）其他国家层面的协调和管理机构

日本将国家信息安全中心设在内阁官房，负责国家网络安全工作的领导与协调，此外还成立了 IT 战略指挥部的分支机构——信息安全政策委员会,负责统筹谋划网络安全战略规划。

3. 建立和完善相关法律体系

法律是维护国家网络安全的重要手段,加快法治进程是国家治理的紧迫课题。为利用法律手段打击网络犯罪和更好地保护网络信息安全,各个国家都在制定、完善网络安全法律法规并建立网络犯罪案件调查、惩治的机构和制度。

1)我国的网络安全法律法规体系

2016 年发布的《网络安全法》是我国网络安全立法领域目前最基础、最统一的法律,是我国网络安全管理的框架性和原则性法律,也是我国网络空间法治建设的重要里程碑。我国网络安全法律法规的建立给其他国家,尤其是其他发展中国家提供了借鉴和参考,但同时也存在着立法的具体规定仍应细化等问题,我国涉及网络安全的主要法律法规如表 2-4 所示。

表 2-4　中国涉及网络安全的主要法律法规

颁布时间	主要法律法规
1970—1979 年	《中华人民共和国刑法》
1980—1989 年	《中华人民共和国专利法》《中华人民共和国保守国家秘密法》《中华人民共和国标准化法》
1990—1999 年	《计算机信息系统安全保护条例》《商用密码管理条例》《中国公用计算机互联网国际联网管理办法》《计算机信息系统保密管理暂行规定》
2000—2009 年	《全国人民代表大会常务委员会关于维护互联网安全的决定》《互联网信息服务管理办法》《电信条例》《计算机软件保护条例》《互联网上网服务营业场所管理条例》《信息网络传播权保护条例》《互联网站从事登载新闻业务管理暂行规定》《计算机病毒防治管理办法》《计算机病毒防治产品评级准则》《互联网电子公告服务管理规定》《网吧安全管理软件检测规范》《互联网 IP 地址备案管理办法》《非经营性互联网信息服务备案管理办法》《互联网安全保护技术措施规定》《信息安全等级保护管理办法(试行)》《电子认证服务管理办法》
2010—2019 年	《国家安全法》《网络安全法》《保守国家秘密法》《治安管理处罚法》

2)欧洲的网络安全法律法规体系

欧盟作为高度集中的政治联盟,其网络安全立法体系建立的第一阶段,将重点放在个人和商业信息以及数据的安全保护方面;欧盟网络安全立法体系建立的第二阶段,其网络安全治理从单一的信息数据保护向经济、政治和社会等多个层面的网络安全治理转变,并同时引入欧盟和成员国双轨制的动态管理模式。欧盟主要的网络安全法律法规文件主要包括《隐私和电子通信指令》《提供移动卫星服务的系统的选择和授权》《保护关键信息基础设施指令》《欧洲数字化单一市场战略》《网络和信息系统的安全指令》《一般数据保护条例》和《警察和刑事司法机关使用时保护个人数据指令》等。

从国别来说,各欧洲国家由于国力和技术水平的不均衡,网络安全相关法律法规框架的建构水平也参差不齐。以德国为例,由于其网络空间安全立法建设较为先进,因此在欧洲具有一定代表性。早在 1997 年,德国就颁布了世界上首部对互联网加以规范的法律,并在《基本法》中写入了关于保护公民网络言论和电信权益的内容。随后,德国制定了《电信服务法》和《联邦数据保护法》等法规，并在《民法典》中加入了网络合同和网络侵权等条款。在网络犯罪领域，德国颁布了《危害青少年传播出版法》《治安条例法》和《刑法法典》；在电子商务领域，德国颁布了《商标法》和《电子交易统一法》；在知识产权保护领域，德国制定了《著作权法》等。随着相关法律法规的出台，德国逐渐形成了完整的网络安全法律体系。

3）美国的网络安全法律法规体系

美国作为网络发展较早的国家，其网络安全法治进程也较早开启，其网络安全主要法律法规如表 2-5 所示。

表 2-5　　美国网络安全主要相关法律法规

颁布时间	主要法律法规
1970—1979 年	《隐私权法》
1980—1989 年	《计算机欺诈与滥用法》《电子通信隐私法》《计算机安全法》
1990—1999 年	《削减公文法》《信息技术管理与改革法》《信息基础设施保护法》《电子通信法》《计算机安全增强法》《儿童在线隐私权保护法》
2000—2009 年	《网络空间电子信息安全法》《关键基础设施保护法》《爱国者法案》《网络安全研究与发展法》《联邦信息安全管理法》《电子政务法》《国土安全法》《网络安全教育促进法》《网络安全法》
2010—2019 年	《作为国家资产的网络安全保护法》《国土安全及基础设施保护法》《网络安全增强法》《保护 IT 安全法》《网络隐私强化法》《美国网络竞争法》《网络安全公共意识法》《网络信息共享和保护法》《联邦信息安全管理法》《国家网络安全保护法》《网络安全人员评估法》《网络安全和关键基础设施保护法》《网络安全信息共享法》

由表 2-5 可知，美国网络安全相关法律法规体系在进入 21 世纪之后逐渐从信息系统和信息基础设施的安全扩展到了国家安全层面和社会安全层面。

4）其他国家的网络安全法律法规体系

澳大利亚政府修订了刑法以适应打击新型网络犯罪，并制定了一系列与网络安全相关的法律法规和指南，包括《数字保护法》《反垃圾邮件法》《电信传输法》和《信息安全手册》等。

日本针对消灭垃圾邮件、计算机病毒以及保护网民隐私信息对《刑法》进行了部分修正并通过了《网络安全基本法》，规定了重要社会基础设施的运营商和地方自治体等有义务配合网络安全治理相关举措或提供相关情报，加强了政府与社会组织在网络安全领域的协调。

4. 完善应急预案设计和应急机制构建

网络安全风险由于其风险因素具有突发性和强破坏性的特征，往往在瞬间就能造成难以挽回的损失。因此，完善应急预案设计和应急机制构建是网络安全风险防控的重要战略举措。

1）我国的网络安全风险应急预案设计和应急机制构建

我国编制和发布了《国家网络安全事件应急预案》，是适用于国家层面组织应对跨行业、跨地区、跨部门的重大网络安全事件应急处置行动方案。

在预防预警阶段，《国家网络安全事件应急预案》要求各地区、各部门做好日常预防和演习工作，建立健全监测预警和信息通报制度，做好网络安全检查、风险评估和容灾备份。在应急处置阶段，《国家网络安全事件应急预案》按安全事件的不同等级，要求国家、相关省区市或事件发生地的有关部门负责组织实施应急处置。鉴于网络安全的特殊性，预案还对国家重要活动等重要敏感时期的网络安全事件预防预警和应急处置提出了特别要求。

《国家网络安全事件应急预案》还对网络安全事件发生前、发生时和发生后的应急工作负责机构进行了规定。该预案指出，中国共产党中央网络安全和信息化委员会办公室统筹协调组织国家网络安全事件应对工作，下设国家网络安全应急办公室和网络安全协调局，负责网络安全应急协调工作和指挥部事务性工作，组织指导国家网络安全应急技术支撑队伍开展应急处置的技术支撑工作等事项。必要时还应当成立国家网络安全事件应急指挥部，负责特别重大网络安全事件处置的组织指挥和协调。

2）欧洲的网络安全风险应急预案设计和应急机制构建

欧盟根据网络安全风险因素以及风险事件的性质、级别和影响的不同，建立了相应的应急响应机制；组织欧盟各成员国参加提高网络事件应对能力的网络安全演习；协调欧盟各成员国进行信息共享，建立网络安全风险因素的检测、预防、控制机制和互助机制；要求欧盟各成员国组建网络安全应急响应小组和国家网络安全主管部门；建立与美国等国际伙伴的合作关系。

从国家层面上来说，欧盟内外的各欧洲国家也都建立了相应的应急预案设计和应急机制。

俄罗斯成立了网络安全事件响应中心，实施了网络安全事件应对计划，设立了网络安全风险应对机构，建立了国家防范网络攻击和网络威胁预警系统，切实增强了网络应急响应能力。

英国组建了负责协调国家级网络安全事件的网络安全事件应急响应小组，在持续增强政府和国防部应对网络安全风险能力的同时提出了建设安全、可靠、可恢复的系统。

德国组建了由情报局、警察局、刑警局、国防军以及关键基础设施运营部门等组成的国家网络响应中心，向国家网络安全委员会提交例行和特殊报告，在紧急情况下直接向危机管理部门报告并采取应对措施。

荷兰组织开展了网络安全演习，发布了国家信息通信技术应急计划。

3）美国的网络安全风险应急预案设计和应急机制构建

在应急机构方面，联邦应急管理署（Federal Emergency Management Agency，FEMA）是美国国家级的全国响应协调中心，其职责包括建立应急管理预案体系和提供紧急事件的响应与协调支持，同时各州政府还建立了与其对应的应急中心和应急管理办公室等机构；在应急机制方面，美国建立了标准规范、分级响应、统一管理、属地为主的应急机制；在应急标准和法规方面，美国制定了《全国响应预案》（National Ressponse Plan，NRP）、《国家事故管理系统》（National Incident Management System，NIMS）、《国家重要基础设施保护计划》（National Infrastructure Profection Plan，NIPP）、《国家应急准备指南》（National Preparedness Guidelines，NPG）、《应急准备指南 101》（Comprehensive Preparedness Guide，CPG）和美国总统政策 8 号令“国家应急准备”（Presidential Policy Directive/PPD-8：National Preparedness）等；在应急预案方面，美国颁布了《国家应急响应框架》(National Response Framework，NRF)。

除此之外，为检验各部门的应对能力，美国还组织了“网络旗帜”演习和“网络风暴 5”演习等网络安全事件应对演习。

4) 其他国家的网络安全风险应急预案设计和应急机制构建

澳大利亚成立了国家计算机应急响应小组并制订了应对网络突发事件国家计划，以保持网络监测能力和加强信息共享；日本组织政府有关部门进行了网络突发事件应急演练并加强了信息共享系统的建设和信息搜集能力；印度组建了国家计算机应急响应小组，以协调危机管理事务和加强网络安全应急响应能力。

5. 加强关键信息基础设施安全保护

关键信息基础设施是国家和城市运行的枢纽，涉及公共利益、国计民生乃至国家安全。关键信息基础设施一旦遭到破坏将对社会产生严重的危害。因此，各国均将保护关键信息基础设施作为网络安全风险防控的重要举措之一。

1) 我国加强关键信息基础设施安全保护的举措

在保护关键信息基础设施安全的举措方面，我国已经完成了初步的法律法规体系和标准化建设。

涉及关键信息基础设施安全保护的法律法规主要有《中华人民共和国计算机信息系统安全保护条例》《计算机信息系统安全保护等级划分准则》《国家信息化领导小组关于加强信息安全保障工作的意见》《关于信息安全等级保护工作的实施意见》《涉及国家秘密的信息系统分级保护管理办法》和《信息安全等级保护管理办法》等。

同时，国家保密局陆续制定和颁布了关于分级保护涉密信息系统的一系列保密技术标准和规范，包括分级保护的技术要求、管理规范、方案设计指南和测评指南等国家保密标准。而全国信息安全标准化技术委员会和公安部信息系统安全标准化技术委员会也组织制定了一系列相关标准，形成了较为完整的信息安全等级保护标准体系，例如作为标准规范的《计算机信息系统安全保护等级划分准则》(GB 17859—1999)。

2) 欧洲国家加强关键信息基础设施安全保护的举措

为防控网络安全风险，欧盟委员会鼓励各成员国政府和关键信息基础设施的拥有者通过与运营商合作及时发现漏洞并开发可恢复的系统；发布了《关键信息基础设施保护战略》和《欧洲关键基础设施保护计划新措施——让欧洲关键基础设施更安全》以应对突出问题；选取了部分设施进行试点以提升预防、监测、响应、控制和恢复的能力。

德国通过立法强化了关于关键信息基础设施保护计划的约束力，强化了信息共享机制，加强了各部门建立紧密的联系，拓展了关键信息基础设施保护计划的合作范围；英国通过促进与涉及关键信息基础设施运行和保护的各单位的合作，减少了安全事件的发生概率和安全事件的不可逆性；法国为促进防控技术的发展，在关键信息基础设施的建设和维护领域采取了公私合营制度。

欧盟外的国家，如俄罗斯，建立了关键信息基础设施使用的标准软件库；对关键信息基础设施进行了统一的登记备案；建设了风险防控的技术评估系统；高度重视本国对网络安全风险因素防范技术的研发。

3）美国加强关键信息基础设施安全保护的举措

美国采取了如下举措：出台关于加强关键信息基础设施安全保护总统令；制订关键基础设施安全研发计划；持续发布与关键信息基础设施保护有关的法律文件和相关政令等；由政府部门与负责关键基础设施管理和运营的企业共享关键信息基础设施安全保护的相关信息；由美国国家标准与技术研究院（National Institue of Standards and Technology，NIST）制定自愿性的关键信息基础设施网络安全框架；等等。这些举措有利于负责关键基础设施管理、运营的企业确定风险清单以及分工合作，促进了关键信息基础设施的项目开展。

4）其他国家加强关键信息基础设施安全保护的举措

澳大利亚《国家安全战略》中的网络安全政策提出了要着重关注关键信息基础设施安全；在安全情报局中设立了关键基础设施保护处；成立了负责调查国家关键信息基础设施相关网络攻击事件的反高技术犯罪中心；颁布了一系列法律法规，将信息安全延伸至关键信息基础设施保护领域；实施了关键基础设施保护建模与分析计划；等等。

日本制订了持续性保障关键信息基础设施安全的计划；加强了关键信息基础设施各领域的风险因素分析；组织和实施了跨部门的演练；制定了国家关键信息基础设施的防护策略；组建了关键信息基础设施保护委员会；等等。

印度和日本相似，也制订了关键信息基础设施保护计划，并同时由各相关单位和专家共同组建了国家关键信息基础设施保护中心。

6. 重视专业人才培养

应对网络安全风险巨大挑战的关键是培养各方面、各层次的网络安全领域专业人才。熟练掌握和运用相关技能的专业人才具有较高的安全事件应对能力，能够在网络安全风险防控的过程中处理较为复杂的安全保障工作。全球各国均在其网络安全防控的战略中对专业人才的培养进行了部署。

1）我国促进网络安全领域人才培养的举措

（1）印发相关指导性文件。中央网信办等六个部门联合印发了《关于加强网络安全学科建设和人才培养的意见》，该意见立足于当前网络安全人才培养短板，从加快学科专业和院系建设、创新人才培养机制、加强教材建设、强化师资队伍建设、推动高等院校与行业企业合作育人与协同创新、加强从业人员在职培训等方面提出了指导意见和措施。

（2）设立网络空间安全一级学科，加强网络安全学科专业和院系建设。《关于增设网络空间安全一级学科的通知》决定在“工学”门类下增设“网络空间安全”一级学科，多所高校目前已设立了相关院系。同时,《关于开展增列网络空间安全一级学科博士学位授权点工作的通知》组织开展了“网络空间安全”一级学科博士学位授权点申报,目前清华大学等 29 所高校获得首批资格。

(3) 设立专项基金,激励人才投身于网络安全事业。中国互联网发展基金会接受捐资设立了网络安全专项基金,在中央网信办和教育部的指导下利用专项基金奖励或资助相关领域优秀人才、优秀教师、优秀学生和建设网络安全人才培养基地。

2) 欧洲促进网络安全领域人才培养的举措

在欧盟层面上,为加强政府等公共部门人员网络安全技能培训,《欧盟网络安全战略》强调了“加强网络安全技能教育,确保网络安全技能和知识的提升”的重要性。同时,欧洲网络安全局通过促进各成员国网络安全技能及知识竞赛等活动的开展,选拔和培养专业人才。

在欧盟的领导下,各成员国也采取了国家层面的网络安全人才培养措施。以英国为例,其在剑桥大学等高校设立网络安全研究中心或网络安全防控的相关学位点并给予拨款;推出为公职人员提供网络安全学术培训机会的“网络安全学徒计划”;发起招募和培养网络安全高端人才的“网络空间预备役”计划;还定期举办黑客挑战赛,在培养人才的基础上也为相关部门应对黑客攻击提供了防控方案的设计思路。

欧盟外的其他欧洲国家,如俄罗斯,在各级教育机构开设了信息安全课程;制定了网络安全专业人才培养和进修教育的标准;设立了信息技术和信息安全领域国家公务人员职业技能标准。

3) 美国促进网络安全领域人才培养的举措

美国启动了由美国商务部国家标准与技术研究院牵头,教育部、国防部、国土安全部等政府部门共同参与的“国家网络安全教育(NICE)计划”,旨在加强网络安全教育、培训、人力开发以及各界合作;启动了由国家安全局和国土安全部共同领导的卓越学术中心(CAE)计划,该计划通过设置课程知识体系和教学标准对高校进行认证,旨在推进网络安全教学和研究;促进“国际信息系统安全认证联盟”[$(ISC)^2$]等非政府组织进入网络安全培训领域并提供相应的课程;制定了旨在确定网络安全领域技能缺口和教育需求的人力框架;建立了兼顾网络安全技能学习和运用的“学徒制工作组”;通过提升薪酬待遇等手段加强对网络安全人才教育的激励;等等。

4) 其他国家促进网络安全领域人才培养的举措

日本通过加强网络安全专业高等教育、职业资格认证和产学研的结合以培养网络安全领域专业人才;捷克通过评估分析各领域的需求将网络安全防控技术和知识融入国家各层次教育培训中,同时网络安全也是其公职人员教育计划的一部分;新西兰通过开展政府等公共部门与高等教育机构、培训机构和科研机构的合作,加强专业人才的认证和培养。

7. 促进技术研发和产业发展

由于网络安全风险防控对网络信息技术高度依赖,全球各国对技术研发、应用和网络安全产业发展都给予高度重视。在当今的城市发展背景下，在防范新科技风险的同时更要利用大数据和人工智能等新科技增强对网络安全风险的防控。

1）我国促进网络安全技术研发和产业发展的举措

除通过增设网络安全相关院系、加强对网络安全人才的培养、增加网络安全技术研发投入等促进网络安全技术研发和产业发展外，我国还在西安、成都、武汉和深圳等重点城市进行网络安全产业布局，引导企业、科研机构、相关人才等资源的集聚，推进产学研一体化联动。

其中，西安通过建设国家信息安全产业园和高校国家重点实验室，孵化网络安全企业，推动创新网络安全技术的成果转化应用；成都发布了《信息安全产业发展工作推进方案》，投资建设了“成都国家信息安全产业基地”和“成都网络空间安全与信息产业研究院”，推出了针对网络安全产业重点企业的退税等支持政策，并通过政府部门购买网络安全服务以扩大市场需求；武汉开启了“网络安全学院＋创新产业谷”模式并实施了“城市合伙人计划”，通过资金投入引进国内外人才；深圳作为国家自主创新示范区，实施了创客基金、“互联网＋”小镇和孔雀计划等政策优惠，吸引网络安全创业者前往。

2）欧洲促进网络安全技术研发和产业发展的举措

经过谈判，欧盟达成了以研究国际领先科技为主要内容的“地平线 2020”项目计划。其中，针对网络安全关键技术研发，该计划鼓励开发相应的数字取证工具和技术以应对网络安全事件的新趋势以及防控新需求；要求各成员国制订更严格的政府采购方案以促进网络安全产品和服务的安全性提升；鼓励各成员国在关键技术研发领域扩大投资；加强欧盟与成员国研究机构的交流与协作。

而欧盟内外的欧洲国家也都实施了为促进网络安全关键技术研发的相关举措。英国积极组织“网络空间安全挑战”活动的开展，加大对网络安全研究领域一流高校的拨款，设立创新中心，为网络安全企业提供技术指导和支持，并且通过相关政府部门对网络安全产业的健康发展进行监督和协调；德国在网络安全关键技术领域通过与合作伙伴共享资源来促进其技术发展，成立网络安全创新局以开发新技术，同时为促进网络安全产品的质量提升，对核心安全领域的产品使用设立了严格的标准；法国通过政府与相关机构联合组建网络防御科研中心，进行信息安全技术的研究；俄罗斯为促进本国关键技术研发，推广使用国产软硬件，减免本国网络安全设备生产商的税费，并将确保技术独立性列入长期发展计划和重要科研课题。

3）美国促进网络安全技术研发和产业发展的举措

美国在网络核心技术的开发和利用中占据绝对优势地位，因此在网络安全关键技术研发领域也具有领先优势。

首先，美国近年来发布了《大数据研发计划》等文件，将大数据、人工智能和云计算等新兴技术领域作为战略重点，促进其研发和创新并高度关注其风险。例如，在其国防等重要部门信息技术采购的过程中严格防控植入病毒等风险事件的发生。其次，美国加强了对具有“改变游戏规则”潜力的技术的研发和创新，包括强化网络安全经济激励政策、发展“移动目标”技术、提供按安全可信程度分级的可定制网络空间以及安全要求系统设计。除此之外，美国还对其他国家的网络安全技术公司进入其市场进行了严格限制，对其网络安全产品的出口进行了严格管制。

4）其他国家促进网络安全技术研发和产业发展的举措

澳大利亚政府对网络安全研发活动提供专项资金支持，将网络安全关键技术研发纳入国家安全科学创新战略，并且通过发布年度研发重点对科研工作进行引导。

日本通过其网络安全战略提出了促进网络安全关键技术研发的相关具体措施，主要包括提高网络安全事件相关预警能力和分析能力、加快自主创新、减少对外依赖等。

印度则在研发过程中重点促进科研成果转化应用，加强产学研结合。

8. 加强网络安全国际交流合作

网络安全问题的全球化决定了网络安全防控国际合作的必要性，加强信息共享和交流合作是维护网络安全必不可少的途径。除了国家层面上的合作，联合国和二十国集团（G20）等国际组织也都为加强网络安全风险防控提供了交流和合作的平台。

1）我国加强网络安全国际交流合作的相关举措

近年来，中国在网络安全国际交流合作领域频繁出台了相关政策规定。例如，《国家网络空间安全战略》和《网络空间国际合作战略》强调了开展网络安全国际交流合作的重要性并提出了自身关于推动网络空间国际交流合作的主张。

与此同时，中国在网络安全领域的合作伙伴在不断增加，与美国、俄罗斯、英国等国家都建立了合作机制。其中，与美国的合作较为深入，两国共同成立了网络安全工作组，启动了打击网络犯罪及相关事项高级别联合对话，达成了《打击网络犯罪及相关事项指导原则》，就打击网络犯罪等多领域进行了广泛的合作。

除了双边合作，中国还借助上海合作组织（Shanghai Cooperation Organization，SCO）、金砖国家（BRICS）等多边机制与各方开展网络合作，并加强了对发展中国家和落后地区网络技术普及、基础设施建设和网络安全防控等方面的支持援助。

2）欧洲加强网络安全国际交流合作的相关举措

在欧盟层面上，为更好地参与网络安全国际合作，欧盟委员会设立了该领域的专职部门，如欧盟对外行动署（European External Action Service，EEAS），其职责包括网络安全和网络外交事务，推动欧盟参与国际网络互动。欧盟对外行动署对内促进成员国与欧盟委员会的密切交流和协调各国网络安全政策；对外作为一个整体与各国家、各国际组织进行合作和沟通。

从国家层面上来说，英国设立了网络安全和信息保障办公室，负责本国与其他国家和国际组织的合作；通过对其他国家或国际组织提出建议以影响网络空间国际规则制定；设立了相关基金，用于支持国际网络安全交流合作活动的开展。

德国建议出台由多数国家签署的国家网络行为准则，并将其保护关键信息基础设施的标准作为统一标准提出，供他国参考的同时加强了本国网络安全政策与联合国等国际组织相关政策的协调互动。

法国则提出建立更广泛的伙伴关系以共享信息资源，并在盟国内组建一个更小范围的联盟进行深度合作。

3）美国加强网络安全国际交流合作的相关举措

在网络安全国际合作上，美国与日本、韩国和澳大利亚等国家都存在着不同程度的网络安全合作。美国和日本每年都会就应对网络威胁与严重网络事件、加强关键基础设施保护、相关信息共享和网络政策协调进行交流；美国和韩国共同建立了网络合作小组和特别小组，在情报交流共享、核心技术开发和安全政策协调等方面进行合作；美国和澳大利亚则在共同防御条约的基础上通过共同打击网络犯罪等形式强化战略伙伴关系。同时，美国还在不断升级与亚太盟国的网络合作水平，将网络安全与军事等其他议题结合在一起，逐步构建共同网络防御体系。

4）其他国家加强网络安全国际交流合作的相关举措

澳大利亚积极参与网络安全国际合作，除了是国际电信联盟的成员国，还曾担任经济合作与发展组织信息安全和隐私问题工作小组的主席国等重要职位，与众多国家签订了相关领域的双边及多边协议。

日本加强了与美国、欧洲和亚太地区的网络安全合作，参加了各类多边框架下的网络空间政策制定和能力建设磋商，积极推动了网络安全国际规则的制定，并提出了建立各国网络安全主管部门信息共享的相关机制。

9. 根据具体领域的不同需求建立差异化的管理体系

除了上述措施，由于网络的应用已经渗透到城市发展和管理的各个领域，而网络安全的不同领域之间又由于存在巨大的差异性而不能通过完全一致的防控措施进行管理，因此，还应当根据具体领域的不同需求建立差异化的管理体系。

例如，完善网络金融领域的征信体系和信息披露体系，加强人工智能领域的技术规范、伦理研究以及配套建设，针对不同企业或政府部门的不同风险类型和保密等级建立相应的风险防控措施等。

2.4.3 网络安全风险防控中的网络安全保险

1. 网络安全保险的定义

随着网络发展的新趋势和与日俱增的新形态，新的风险也不断涌现，为应对网络安全风险，网络安全保险应运而生。

网络安全保险是一种以信息资产的安全性为保险标的的财产保险，其保险范围涵盖数据事故、网络破坏和网络欺诈等。网络安全保险作为运用市场运作手段以转移并分散网络安全风险的方式，是减少网络安全事件损失、提高网络安全水平、加快网络发展的重要的风险管理和风险转移机制。

网络安全保险是目前全球企业及特殊风险保费规模增长最快的险种之一。但由于保险需要依据过去的信息或数据来预测未来并评估风险，而网络安全环境复杂、变化快，风险难以预测，导致网络安全保险的实施难度较大。

2. 网络安全保险发展现状

首批网络安全保险产品出现于 20 世纪 90 年代中期。如今，已经有越来越多的个人、企业和政府部门通过购买网络安全保险来弥补由于各种网络安全事件导致的损失。

为加强对网络安全风险的防控，减少其对城市和国家经济社会发展的负面影响，美国和欧洲等网络安全保险发展较为成熟的国家或地区已经出台了相关法律法规以推动网络安全保险的实施。例如，美国发布了《违反安全通知法案》和《网络违法行为安全报告》，要求企业及时上报网络风险事件和网络安全保障措施，并推动企业购买网络安全保险。

大部分保险公司现行的网络安全保险主要分为第一方网络安全保险和第三方网络安全保险，适用于信息技术公司及其他类型公司的需求。第一方网络安全保险主要包含数字资产的丢失或损坏、运营中断、网络勒索、货币财富和数据资产的失窃。第三方网络安全保险包含安保事故和隐私泄露、计算机调查取证、客户告知或公关费用、多媒体责任、第三方数据丢失、第三方契约赔偿。此外，一些保险条款中还包含及时支持或专家服务，以便尽快确认风险因素并提出解决方案。表 2-6 展示了安联（Allianz）、昆士兰（QBE）、丘博（Chubb）等各大保险集团的网络安全保险产品的包含范围，其中“√”代表“可保风险”，“√ *”代表“不包含在可保风险中，但在提高保费后可进行担保的风险”。

目前，网络安全保险缺乏统一的定价标准和定损标准，其保费计算方式包括依据企业上一年度的财政总收入和最高赔偿限额来计算等，并且为了防止逆向选择风险，保险公司一般会要求被保险人自留一定比例的风险。根据保险责任和服务内容不同，网络安全保险的赔偿额度从数万美元到上亿美元不等。

目前，网络安全保险保障范围不断扩大，产品种类不断丰富，服务深度不断拓展，探索出了个人账户安全保障保险、网络特殊风险保障（如虚拟财产保险）和移动支付安全保险等新型网络安全保险。

3. 网络安全保险发展的问题与对策

1）网络安全风险基础数据不足

保险和数据统计是密不可分的，只有结合保险标的的历史损失率等数据以及风险模型，才能更精确地衡量保险标的的风险并预测损失发生的概率。在进行保单设计时，保险公司需要充分考虑造成风险事故的原因，划分风险级别，明确承保责任、除外责任和不保责任。网络安全风险形式的变化速度较快，人工智能等新型网络安全风险不断涌现，使得风险测定的精确度和困

表 2-6 各大保险公司现行网络安全保险范围

类别	可保风险	Allianz	QBE	AEGIS	CNA	Insure Trust	CDRM LLC	Travelers	Zurich	ACE	Hiscox	Insureon	Marsh	Chubb	AIG
第一方网络安全保险	运营中断	√*	√	√	√*	√	√	√	√	√	√	√	√	√	√
	网络勒索	√	√	√	√*	√	√	√	√			√	√		√
	数字资产的丢失或损坏	√*	√	√	√	√		√	√	√	√	√	√	√	√
	货币财富和数字资产的失窃	√	√		√*		√	√	√	√	√	√	√	√	
第三方网络安全保险	多媒体责任	√	√	√		√		√	√*	√					√
	第三方数据丢失	√*		√	√*	√	√	√	√	√	√	√	√	√	
	第三方契约赔偿		√			√			√	√				√	
	计算机调查取证	√	√	√*	√	√	√			√		√			√
	客户告知或公关费用	√	√		√	√	√	√	√	√		√		√	√
	安保事故和隐私泄露	√	√	√	√	√	√	√	√	√	√	√	√	√	√

资料来源：Angelica Marotta，Fabio Martinelli，Stefano Nanni，et al. Cyber-insurance survey[J]. Computer Science Review，2017，24：35-61.

难度与日俱增。同时，由于网络安全风险的动态性，历史数据很难提供风险识别经验，这也增加了保险公司建立风险模型的挑战性。因此，当前网络安全风险的识别以及历史数据和精算数据统计的及时性和充足性仍旧有待提升。

对此，一是要促进网络安全风险基础数据库的构建和完善，以便保险人建立更为精确的网络安全风险模型。二是要推动网络安全事件数据披露机制的建设，例如，通过大数据建立专业统计机构、推动网络安全事件披露立法以及激励参与保险各方共享网络安全事件数据等。这些措施除了有利于网络安全保险产品的开发和风险模型的建立，还能够帮助保险公司根据被保险人的历史损失数据、安防投入水平、索赔记录和合规审计等信息进行差异化定价。浮动的保险合同定价策略，既能激励个人和企业投保网络安全保险，也能缓解逆向选择的道德风险，达到用户利益、保险公司利益和社会利益的最佳平衡。

2）保险公司面临巨额赔付风险

首先，由于网络服务的跨地域性，所有使用网络设备的个人、企业和政府都能够通过网络技术和服务互联，这在给网络用户提供便利的同时，也导致了网络安全风险的无国界性；其次，由于网络用户的广泛性，个人的人身财产安全、企业的财产安全和信誉维护、政府的部门信息安全以及整个金融、交通和能源等关键信息系统的运行，无不与网络安全紧密相联；最后，由于大多数保险合同中存在战争除外条款，但网络攻击事件的取证难问题可能导致其发生原因难以界定，这也导致了保险除外责任的难以确定，进而影响保险公司的理赔额度。因此，网络安全事件造成的损失大且波及的范围广，易导致保险公司难以承受巨额赔付。

对此，一是要发挥政府的最终保障职能。政府的网络安全管理义务和职责以及网络安全保险的公共产品属性，决定了在网络安全保险的实施过程中，应当由政府对网络安全风险进行适量的补贴，并通过财政、税收等相关政策优惠，提高保险公司的承保动机。二是要设置合理的赔偿限额。在网络安全保险发展的初步阶段，应当设置合理的赔偿限额，保证保险公司的偿付能力，减小其破产概率。同时，网络安全保险赔偿限额随着网络风险发展的不同阶段随时调整。三是通过促进再保险市场的发展，分散网络巨灾风险，提高保险公司的承保能力。

3）保险费率难以制定

保险费率的计算基于风险事故导致损失的概率计算，而这对于网络安全风险来说极为困难。除了网络安全风险因素的多变性和不可预测性，被保险人是否和以何种标准履行了对自身财产的防护义务也难以衡量。因此，对于独立的网络安全保险，其费率难以计算至今仍困扰着各大保险公司。

要解决这一难题，除了要加强上文中提到的网络安全风险数据搜集，还要加强网络安全风险因素评估、预警技术的研发和网络安全风险防控标准的制定。例如，利用人工智能进行数据分析，掌握不同客户的保险需求，定制专属的网络安全保险产品以及提供个性化的网络安全保险服务；通过云计算达到准确度量网络安全风险的目的，针对每一个体所面临的不同潜在风险进行差异化定价；通过大数据分析制定网络安全防控标准，以预防道德风险给保险人和被保险人造成的意外损失;等等。

4. 新兴领域的保险产品

计算机技术的持续发展衍生出诸多分支领域的前沿科技,其中,以人工智能和物联网技术为支撑的自动驾驶、智能医疗、智能安防、智能家居、智能农业等应用正日渐进入人们的生活,并相应地推出众多个性化、多元化、融合化的保险产品,但目前由于新技术应用历史较短、相关法律规范不完善、定损定责难度高等问题,相关新兴领域的保险仍需要从产品开发、人才培养、法律规范、意识普及等多方面加以完善。

1) 自动驾驶保险

自动驾驶在给交通运输带来便利的同时,也产生了一定的安全隐患,既有与传统车辆安全风险类似的意外碰撞等传统风险,也有包括传感器故障、集成平台故障,自动驾驶软件算法、避障技术、驾驶员指令系统、网络中断、网络延迟更新、网络黑客攻击等在内的自动驾驶车辆软硬件系统风险和网络安全风险等非传统风险。除此之外,自动驾驶还导致了风险负担主体的改变,其发展和应用给保险制度带来了新的挑战,推动自动驾驶保险的发展不仅需要从技术层面进行突破与提升,同时由于目前大部分国家的相关法律仍未对自动驾驶事故的责任主体进行具体规范,因此还需要从法律等方面加以规范。从自动驾驶车辆的特性来看,自动驾驶保险主要涉及针对车辆自身损失的产品质量保险和针对第三方损失的产品责任保险,另外,针对不同的车辆用途,应当对投保险种进行调整。在国际上,Adrian Flux、Trov、三井住友海上火灾保险等保险公司推出了针对自动驾驶技术测试、展览和行驶等方面的保险产品;在国内,近年也有保险公司宣布推出面向消费者的自动驾驶保险,例如汽车自动泊车使用责任险。

2) 智能医疗保险

智能医疗可以应用在智能诊断、智能治疗、远程医疗、药物开发等众多领域,能够有效缓解医疗资源缺乏、医患关系紧张、医疗事故时有发生等负面状况,促进人类健康和医疗方面许多技术难题和社会问题的解决,但不可否认的是,智能医疗领域亦存在一定安全隐患,其发展需要保险手段的辅助和促进。例如,智能医疗责任保险能够为远程诊断与治疗过程中的医生和患者提供保障;产品质量保险和产品责任保险能够为手术机器人的研发和使用提供保障;数据安全保险和营业中断保险能够为网络健康数据库和网络医疗平台等机构的正常运行和数据安全提供保障。

3) 无人机保险

随着无人机及其配套技术的逐步成熟,各类无人机的数量急剧增加,并在航拍摄影、航测遥感、资源勘查、城市安防、城市规划、应急通信等领域得到广泛使用。无人机的大量使用在产生巨大的社会经济价值的同时,各方面的安全隐患也随之而来,技术因素、人为因素、气象因素和管理因素都对安全飞行有着十分重要的影响。运用保险手段,一方面能为无人机的使用者或使用单位规避财产损失风险和侵权责任风险,另一方面也能为无人机使用环境中的其他人提供生命财产安全保障。目前,我国已有多家保险公司推出了无人机领域的保险产品,涉及机身损失和第三者侵权等方面。以中海达公司于 2017 年推出的无人机保险为例,购买无人机保险的用户将可享受意外维修服务。使用过程中若出现因意外事故导致的飞行器损坏,用户可享受最高整机赔偿;若出现造成他人直接的人身或财物损失的侵权行为,用户也可享受总价最高 200 万元的保额赔付。

本章参考文献

[1] Lloyd's, Cyence. Counting the cost Cyber exposure decoded[R/OL].[2017-07-10]. https://www.lloyds.com /news-and-insight/risk-insight/library/technology/countingthecost.

[2] BHATTACHARYYA S C. Energy Economics: Concepts, Issues, Markets and Governance[M]. Springer Science & Business Media BV, 2011

[3] WILLIS Towers Watson. Pensions & Investments/Thinking Ahead Institute world 300[DB/OL].[2019-02-25]. https://www.thinkingaheadinstitute.org/.

[4] GOLIC J D. Linear models for keystream generators[J]. Computers, IEEE Transactions on, 1996, 45(1):41-49.

[5] JOSHI J, GHAFOOR A, AREF W G, et al. Digital government security infastructure design challenges[J]. Computer, 2001, 34(2): 66-72.

[6] ANGELICA M, FABIO M, STEFANO N, et al. Cyber-insurance survey[J]. Computer Science Review, 2017, 24: 35-61.

[7] CHEN X, MAKKI K, KANG Y, et al. Sensor network security: A survey[J]. IEEE Communications Surveys & Tutorials, 2009, 11(2):52-73.

[8] LYE K W, WING J M. Game strategies in network security[J]. International Journal of Information Security, 2005, 4(1-2):71-86.

[9] WILLIAM S. Network Security Essentials(Applications and Standards)[M]. Prentice Hall, 2010.

[10] KAUFMAN C, PERLMAN R, SPECINER M. Network security: PRIVATE communication in a PUBLIC world[J]. Upper Saddle River, NJ, USA: Prentice Hall PTR, 2002.

[11] SEN J. A survey on wireless sensor network security[J]. Ijcnis, 2010, 1(2):59-82.

[12] ABASI. A network security situational awareness model based on information fusion[J]. Journal of Computer Research & Development, 2009, 846-847(3):1632-1635.

[13] STOTT B, MARINHO J L. Linear programming for power-system network security applications[J]. IEEE Transactions on Power Apparatus & Systems, 1979, PAS-98(3):837-848.

[14] ACEMOGLU D, MALEKIAN A, OZDAGLAR A. Network security and contagion[J]. Journal of Economic Theory, 2014, 42(3):38-38.

[15] NAKHJIRI M. AAA and Network Security for Mobile Access[M]. New Jersey: Wiley, 2005.

[16] CARROLL T E, GROSU D. A game theoretic investigation of deception in network security[J]. Security & Communication Networks, 2011, 4(10):1162-1172.

[17] SCHEURWATER E M, BURROWS L L. Maintaining network security: How macromolecular

structures cross the peptidoglycan layer[J]. Fems Microbiology Letters, 2011, 318(1):1-9.
[18] 国际电信联盟.国际电联网络安全指数[EB/OL].[2019-12-12]. https://www.itu.int/dms-pub/itu-d/opb/str/D-STR-GCI. 01-2017-R1-PDF-E.pdf.
[19] 习近平.在网络安全和信息化工作座谈会上的讲话[J].新华月报,2016(10):21-27.
[20] 全国信息安全标准化技术委员会.信息安全技术信息安全风险评估规范:GB/T 20984—2007[S].北京:中国标准出版社,2007.
[21] 罗琪.网络时代全民攻防战[N].人民日报海外版,2014-11-27(6).
[22] 安静,田喜清.新时代背景下建设网络强国的关键路径[J].中国电子科学研究院学报,2018,13(2):209-213.
[23] 王世伟.论习近平"网络治理观"——深入学习贯彻习近平关于网络治理的重要论述[J].中国信息安全,2014(11):29-32.
[24] 姜波克.国际金融新编[M].上海:复旦大学出版社,2001.
[25] 戴宗坤,唐三平.VPN与网络安全[J].网络安全技术与应用,2001(2):23-24.
[26] 蒋建春,马恒太,任党恩,等.网络安全入侵检测:研究综述[J].软件学报,2000,11(11):1460-1466.
[27] 袁津生.计算机网络安全基础[J].信息网络安全,2003(3):35-35.
[28] 李炜键,孙飞.基于4G通信技术的无线网络安全通信分析[J].电力信息与通信技术,2014,12(1):127-131.
[29] 于志刚.网络安全对公共安全、国家安全的嵌入态势和应对策略[J].法学论坛,2014,29(6):5-19.
[30] 姜伟,方滨兴,田志宏,等.基于攻防博弈模型的网络安全测评和最优主动防御[J].计算机学报,2009,32(4):817-827.
[31] 赵冬梅,张玉清,马建峰.熵权系数法应用于网络安全的模糊风险评估[J].计算机工程,2004,30(18):21-23.
[32] 吴钰锋,刘泉,李方敏.网络安全中的密码技术研究及其应用[J].真空电子技术,2004(6):19-21.
[33] 王涛.浅析计算机网络安全问题及其防范措施[J].科技创新与应用,2013(2):45.
[34] 周士跃,王劲松,金小达.地区供电网调度实时数据网络安全分析及对策[J].电网技术,2003,27(10):52-55.
[35] 马利,梁红杰.计算机网络安全中的防火墙技术应用研究[J].电脑知识与技术,2014(16):3743-3745.
[36] 陈明奇,姜禾,张娟,等.大数据时代的美国信息网络安全新战略分析[C].全国计算机安全学术交流会,2012.
[37] 伏晓,蔡圣闻,谢立,等.网络安全管理技术研究[J].计算机科学,2009,36(2):15-19.
[38] 邢戈,张玉清,冯登国.网络安全管理平台研究[J].计算机工程,2004,30(10):129-131.
[39] 朱闻亚.数据加密技术在计算机网络安全中的应用价值研究[J].制造业自动化,2012,34(6):35-36.
[40] 王秀和,杨明.计算机网络安全技术浅析[J].中国教育技术装备,2007(5):49-50.
[41] 田言笑,施青松.试谈大数据时代的计算机网络安全及防范措施[J].电脑编程技巧与维护,2016(10):90-92.
[42] 陈斌.计算机网络安全与防御[J].中国西部科技,2006(4):21-22.
[43] 朱鸣.网络安全现状和发展趋势[J].计算机应用与软件,2004,21(5):121-123.
[44] 程艳艳.浅谈计算机网络安全技术在电子商务中的应用[J].电子制作,2014(3x):84-85.

[45] 李传金.浅谈计算机网络安全的管理及其技术措施[J].科学技术创新,2011(26):95-95.
[46] 宾晓华,周世斌.企业网络安全问题研究[J].计算机工程与应用,2002,38(1):179-182.
[47] 于淼.网络安全电子商务发展瓶颈[J].电子商务世界,2002(4):72-73.
[48] 苏莉.保险业发展的新空间:网络安全保险[J].产经评论,2003(6):50-52.
[49] 张松海.发展网络安全保险,助力网络安全风险治理体系建设[J].中国信息安全,2017(3):50-51.
[50] 王新雷,王玥.论网络安全保险发展初级阶段的问题与对策[J].情报杂志,2017,36(12):22-28.
[51] 朱晶晶,赵桂芹,吴婷.网络安全保险的发展:困境与展望——以美国网络保险市场为例[J].保险职业学院学报,2018(4):81-88.
[52] 刘春年.网络信息安全保险研究[D].武汉:华中师范大学,2002.
[53] 卓宇.浅谈我国保险业的“国家队”在发展网络安全保险中的作用[J].中国信息安全,2017(3):48-49.

3 市场崩盘风险

城市因市场汇集商品和人气而兴起,因市场交易规模扩展而繁荣,因各类市场集聚而凝聚人、信息和资金,但也会因市场崩盘而一蹶不振。市场崩盘给城市带来的影响不仅仅是市场价格的暴跌,还有财富的蒸发、失业的困顿、物价的飞涨、投资的收缩、消费的萎靡、经济的萧条等诸多不良后果。这对城市管理者来说是巨大的挑战,需要针对不同市场崩盘情况进行风险防控。

3.1 市场崩盘概述

市场崩盘(Market Crash)是指市场价格突然间剧烈下跌,席卷整个市场并给投资者造成极大财富损失的事件。市场崩盘一般由某些影响市场的基础经济因素变化造成的恐慌推动而成。对城市经济影响较大的市场崩盘包括股票市场崩盘、汇率崩盘和房地产崩盘等。

3.1.1 市场崩盘的主要分类

1. 股票市场崩盘

股票市场崩盘(Stock Market Crash)是指由一些市场参与者抛售股票并驱动另一些参与者也抛售,而导致股票市场整体迅速下跌,股票持有人损失巨大的事件。股票市场崩盘一般有两种情况:一种情况下,股票市场积累了一定程度的泡沫,因泡沫突然破裂而导致价格暴跌;另一种情况下,股票市场不存在泡沫,股票价格急剧下跌(Burnenmrieer, 2001)。通常股票市场崩盘发生在一系列条件之后,如很长一段时间的股价上涨,人们对经济过度乐观,市场市盈率超过长期平均水平,市场参与者对杠杆过度使用等。战争、大公司“爆雷”、法律法规改变、经济高产出地区的自然灾害等也会造成股票市场崩盘。著名的股票市场崩盘事件有:美国 1907 年市场恐慌;1929 年 10 月 24 日黑色星期四;1987 年 10 月 19 日黑色星期一;2008—2009 年股票市场崩盘;等等。

2. 汇率崩盘

汇率崩盘(Currency Collapse)也称货币危机(Currency Crisis),广义上是指某国货币的汇率贬值在短期内超过一定幅度,在狭义上是指市场参与者通过外汇市场的操作导致该国固定汇率制度崩溃和外汇市场持续动荡的事件①。一国货币持续超发、经济疲软、财政和国际收支多年赤字是汇率崩盘的内因,国际投机资金冲击可能引爆一国汇率崩盘,国际金融市场的羊群效应则影响着汇率崩盘的严重程度,国际货币危机的蔓延对小国汇率崩盘也有决定性的影响。汇率崩盘对本国的经济社会危害很大,随之爆发的有外汇储备耗尽、外债负担加重、资本外逃、股债暴跌、利率高企、投资受阻、通货膨胀、失业、经济衰退等。著名的汇率崩盘事件有:1992 年英镑和意大利里拉危机;1997 年东南亚金融危机;2018 年至今的土耳其货币危机;2019 年 8 月 12 日阿根廷比索兑美元日内跌幅达 30%,呈断崖式下跌。

3. 房地产崩盘

房地产崩盘(Real Estate Collapse)是指房地产价格在高速增长之后,没有经济基本面的支撑,突然迅速暴跌到一定的幅度。房地产崩盘的原因有很多,包括房地产泡沫破灭、政府政策变化、突发事件、战争等。著名的房地产崩盘事件有:20 世纪 90 年代日本房地产崩盘;1993 年海南房地产崩盘;2001 年温州和鄂尔多斯房地产崩盘;等等。

3.1.2 市场崩盘回顾

1. 1857—2013 年市场崩盘引发的世界上最严重的危机

市场崩盘的缘起可能千差万别,但给人们的回忆总是从危机给经济和社会带来巨大危害开始。无论是何种市场崩盘,其在历史上的重要程度总是与之后的危机严重性共同载入史册,被众多经济学家研究,被各国政府加以警惕。

Reinhart 和 Rogoff(2014)研究了 1857—2013 年期间,100 个左右因市场崩盘引起的危机所造成的实际人均国内生产总值(GDP)的变化。其中 63 个发生在发达国家,37 个发生在较大的新兴市场国家,这些危机的恢复都非常缓慢。国民收入平均需要 8 年才能恢复到危机前的水平,中位数也有 6.5 年。只有德国和美国在 2008 年全球金融危机发生后 5~6 年达到了 2007—2008 年时实际收入的最高值。45%的危机都存在双底,即二次衰退。表 3-1 列明了 1857—2013 年期间 100 次市场崩盘中造成危机最严重的 35 次。

表 3-1　　1857—2013 年期间 100 次市场崩盘危机最严重的 35 次危机

排序	年份	国家	危机发生后衰退最严重时的人均 GDP 变化率/%	由危机发生开始到衰退最严重的时间/年	由危机发生开始到恢复的时间/年	严重性指数	是否存在二次衰退
1	1926	智利	−46.6	3	16	62.6	是
2	1931	西班牙(内战)	−34.6	9	26	60.6	是

① 姜波克:《国际金融新编》,复旦大学出版社,2001.

（续表）

排序	年份	国家	危机发生后衰退最严重时的人均GDP变化率/%	由危机发生开始到衰退最严重的时间/年	由危机发生开始到恢复的时间/年	严重性指数	是否存在二次衰退
3	1983	秘鲁	−32	11	25	57	是
4	1931	乌拉圭	−36.1	3	17	53.1	是
5	1893	澳大利亚	−28	8	20	48	是
6	1929	墨西哥	−31.1	6	16	47.1	是
7	1921	意大利	−25.5	3	21	46.5	是
8	1890	巴西	−21.7	4	21	42.7	是
9	1923	加拿大	−30.1	4	10	40.1	否
10	1890	乌拉圭	−21	2	19	40	是
11	1981	菲律宾	−18.8	3	21	39.8	是
12	1980/1985	阿根廷	−21.8	11	18	39.8	是
13	1929	印度	−8.2	9	31	39.2	是
14	1929/1933	美国	−28.6	4	10	38.6	是
15	1994	委内瑞拉	−24.2	11	14	38.2	是
16	1939	荷兰	−16	6	21	37	是
17	2008	希腊	−24	6	12	36	否
18	1931/1934	阿根廷	−19.4	3	15	34.4	是
19	1931	波兰	−24.9	4	9	33.9	否
20	1929/1931	奥地利	−23.4	4	10	33.4	否
21	1981	墨西哥	−14.1	7	17	31.1	是
22	1920	英国	−18.7	3	11	29.7	是
23	2001	阿根廷	−20.9	4	8	28.9	否
24	1980	智利	−18.9	2	8	26.9	否
25	2002	乌拉圭	−18.9	4	8	26.9	否
26	1930	法国	−15.9	3	10	25.9	是
27	2007	爱尔兰	−12.9	3	12	24.9	是
28	1931	德国	−17.8	4	7	24.8	否
29	2008	意大利	−11.3	6	12	23.3	是
30	1890	阿根廷	−18.3	2	5	23.3	否

（续表）

排序	年份	国家	危机发生后衰退最严重时的人均 GDP 变化率/%	由危机发生开始到衰退最严重的时间/年	由危机发生开始到恢复的时间/年	严重性指数	是否存在二次衰退
31	2007	冰岛	−12.2	3	11	23.2	否
32	1997	印度尼西亚	−15.1	2	8	23.1	否
33	1866	意大利	−8.8	1	14	22.8	是
34	2008	乌克兰	−14.4	1	8	22.4	否
35	1931	罗马尼亚	−10.1	11	12	22.1	是

资料来源：Reinhart C M, Rogoff K S. Recovery from financial crises: Evidence from 100 episodes[R].NBER Working Paper No. 19823, 2014.

2. 20 世纪以来中国和美国市场崩盘比较

1）股市崩盘和汇率崩盘

学术界认可的衡量股市崩盘和汇率崩盘的量化标准是：股市崩盘以股票指数年跌幅超过 15%为标准；汇率崩盘（即货币危机）以某种货币兑美元年贬值超过 15%为标准。1949 年至今的中国和 20 世纪以来的美国股市崩盘与汇率崩盘的情况见表 3-2。

表 3-2　　20 世纪以来中国和美国股市崩盘、汇率崩盘情况

国家	事件	发生年份
中国（1949—2010 年）	股市崩盘	1998—2003，2008，2015
	汇率崩盘（货币危机）	1958—1962
美国（1900—2010 年）	股市崩盘	1903，1904，1906，1907，1908，1910，1911，1913，1914，1916，1917—1921，1930—1933，1937，1939，1940，1941，1946，1947，1948，1956—1958，1973，1974，1977—1982，1989—1991，2000—2002，2008
	汇率崩盘（货币危机）	1902，1908，1914，1915，1920，1921，1927，1928，1930—1932，1934，1936，1939，1940，1947，1948，1969，1971，1975，2002，2003

资料来源：Reinhart Carmen M, Kenneth S Rogoff. This Time is Different: Eight Centuries of Financial Folly[M]. Princeton: Princeton University Press, 2009.

2）房地产崩盘

美国的房地产行业相对比较成熟，且历史较长。1918—1919 年间流感的出现使美国房地产崩盘，1920—1921 年间出现了严重的经济衰退。第二次世界大战以后，美国对军人提供住房补贴，退伍士兵回归家庭带来了生育高峰，住房需求激增，拉高了房地产价格。20 世纪 70 年代末期和 80 年代末期，美国出现了区域性的市场繁荣但未蔓延至全国，波士顿和洛杉矶房地产价格高涨，密尔沃基和克利夫兰的房价则极端平稳。1998 年开始，美国房地产价格上涨最初集中

于某些州和大城市，然后又席卷了没有出现过房价疯涨历史的城市，并一直延续到次贷危机爆发的前夕。2006 年年底至 2007 年年初，美国房地产价格达到顶峰，然后崩盘，成为压垮全球金融市场的最后一根稻草。Shiller 房地产指数清楚记录了 1987 年以来美国房地产价格变化和 2007 年美国房地产崩盘的情况，详见图 3-1。

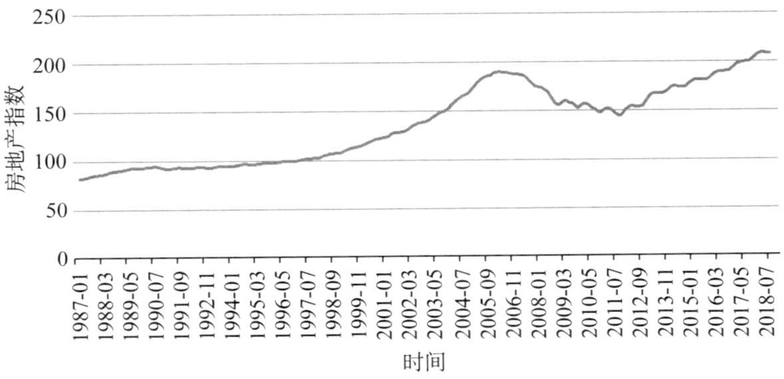

图 3-1 S&P/Case-Shiller 美国国家房地产指数(CSUSHPINSA)
(资料来源：https://fred.stlouisfed.org/series/CSUSHPINSA.)

中国房地产的历史则相对较简单。中国改革开放 40 余年，经济迅猛发展。1988 年 7 月，中国第一宗土地拍卖，具有完全意义的商品房小区东晓花园在深圳竣工，售价 1 600 元/m^2。之后，中国的房地产价格一路高歌，尤其是北上广深四个一线城市。从 1988 年商品房竣工开始，房地产就未出现过全国性崩盘，但出现过如海南、温州、鄂尔多斯等城市的地区性崩盘，虽然影响范围有限，却仍给当地的经济社会造成了极大影响。

3.2 市场崩盘成因

3.2.1 股票市场崩盘原因分析

1. 股票市场崩盘的理论机理

根据现有文献，股票市场崩盘的理论机理主要有以下四种：波动率反馈模型、不完全信息理性预期模型、行为金融学模型和信息隐蔽假说。

波动率反馈模型(Volatility Feedback Models)研究股票市场崩盘行为。波动率反馈模型假定，当消息到达市场时，市场波动率会上升，上升的波动率要求一个风险溢价。当好消息来临时，好消息效应会被风险溢价效应部分抵消；当坏消息来临时，风险溢价效应将会放大坏消息效应，从而使市场收益率表现为负偏。因此，市场崩盘发生的次数往往比市场暴涨多。

不完全信息理性预期模型认为，市场中知情交易者是拥有私人信息的，非知情交易者则处于信息劣势。知情交易者隐藏了消息但是根据这些信息进行交易，交易过程影响价格的变化，当价格涵盖的这些私人信息越来越多时，市场风险就逐渐积累，当坏的私人信息全部体现到价格中，股票市场就会崩盘。知情交易者与非知情交易者之间存在着信息鸿沟，这会使得市场流动性减少，以至于市场信息中只要有一点点外生冲击，股票市场就会崩盘。Yuan(2005)认为，在信贷限制条件下，崩盘具有三个特征：无信息支撑、收益不对称和传染性。

行为金融学则认为投资者情绪突然急剧变化引发了1987年美国股市的崩盘。由于投资者过度自信，因此有异质信念(Heterogeneous Beliefs，即在相同持有期情况下，不同投资者对同一股票的未来收益分布有不同的判断)。异质信念既有可能导致股市出现泡沫也有可能导致股市出现崩盘。投资者以低于自身估值的价格出售股票并希望以更低价格购回，则股票的价格就会继续降低，以至于越来越低于投资者预期价格，从而引致股票市场崩盘。

Jin和Myers(2006)提出了信息隐蔽假说，公司管理层在披露公司信息时会偏向披露好消息，有选择公布或不公布坏消息，以至于外部投资者对公司的真实财务状况和经营情况不知情，并且坏消息被不断积累，隐而不发，直到被外生冲击引爆，造成恐慌，形成股票市场崩盘。

2. 股票市场崩盘的影响因素

1) 股票市场的崩盘系统性风险与预期收益率显著正相关

刘圣尧等(2016)认为，股价崩盘作为金融市场上普遍存在并且具有广泛影响力的极端现象，其崩盘系统性风险与预期收益率显著正相关，并且对冲组合可以获得8.86%的年化收益；投资者的博彩型股票偏好和吉祥数字偏好都会显著影响崩盘系统性风险与预期收益率之间的关系。

2) 杠杆融资交易活动增加股票崩盘风险

杠杆融资交易增加了标的股价的崩盘风险，杠杆融资交易的波动进一步加剧了标的股价的崩盘风险。我国2015年6月开始的一轮股灾极其惨烈，共有12个交易日出现千股跌停，跌停股票家数最多的一天为2015年8月24日，总共2 185家上市公司跌停。而这一次股票市场暴跌是从证监会清理“场外融资交易”开始的，一旦市场方向逆转，融资杠杆嗜血的一面历历在目，保证金不足引发交易系统自动强制平仓，以至于“多杀多”“血流成河”。

3) 管理层隐藏的负面消息不断积累增加股票市场崩盘风险

上市公司管理层习惯于将负面消息隐瞒，当坏的信息不断积累，直到不得不披露反馈给市场时，股票价格崩盘将瞬间爆发。例如，2014年獐子岛的扇贝失踪案，2018年中国A股29家公司发布消息因商誉风险暴露而预亏等。

4) 基础面对股价崩盘风险的影响

股票市场的基础面是股票市场健康成长的基石。国家基础面中的财政政策、货币政策、税收政策、信贷政策等都是股票市场稳定的支撑。这些政策一旦发生变化将影响国家经济发展的方方面面，也会影响上市公司的预期收益和未来发展，这些政策的不慎出台也可能造成股票市场崩盘。例如，1929年美国金本位制度造成的货币紧缩，2015年中国证监会清理“场外融资交易”的政策。

5）国外主要股票市场崩盘传染到本国股票市场

世界重要经济体发生股灾对全球股票市场都是相当大的打击。1987 年 10 月 19 日黑色星期一，美国股市暴跌，恐慌蔓延至各大股票市场，当天英国伦敦富时 100 指数跌幅达 11.84%，日经指数跌幅达 16.90%，香港恒生指数跌幅达 11.12%，随之，法国、荷兰、比利时、新加坡股市也纷纷下跌，跌幅分别达 9.7%，11.8%，10.5%，12.5%。

6）个别上市公司治理的方方面面都会造成股票崩盘风险

对企业 CEO 和 CFO 的期权激励，因代理人冲突问题产生的过度投资，大股东减持股票，管理层为了隐瞒利益侵占行为而进行复杂的避税行为，机构投资者持股比例的上升等，均会增加股票崩盘风险。大股东持股比例越大，公司的客户集中度越高，企业对客户信息的披露程度越高，税收征管的程度越强，独立董事的独立性越大，监督效用越强，越能降低股票崩盘风险。

3. 股票市场崩盘的著名案例

1）1929 年美国股市崩盘与大萧条

美国 20 世纪 20 年代是一个经济快速增长、人们充满乐观情绪的年代，2 000 万美国家庭实现了电气化，汽车、白炽灯、吸尘器、洗衣机改变了人民的生活，人们对股市的热情在迅速膨胀。但金本位制度造成的货币紧缩对经济发展造成严重的打击。1929 年 10 月 24 日星期四，华尔街股灾开始发生，多位银行家和财团老板决定救市，股票价格暂时被稳住。到 1929 年 10 月 28 日，美国股市日跌幅达到 13%，这时候已没有人再敢救市。10 月 28 日和 10 月 29 日，道琼斯指数下跌了 25%。一个月后，道琼斯工业指数创下历史低点，达到 41.22 点，三年内失业率升至 30%。大崩盘后，美国迎来了大萧条时代和 1930—1933 年这段历史上金融体系最混乱的时期。

2）1987 年中国香港黑色十月

1987 年 9 月 4 日，美联储将贴现率由 5.5%调高至 6.0%，以抑制通货膨胀。1987 年 10 月 19 日黑色星期一，美国道琼斯工业指数下跌 22.61%，国际股票市场纷纷应声下跌，香港恒生指数从 3 968 点历史高位滑落，急跌 420.81 点，跌幅达 11.12%，期货市场更是两度按规定停板。香港联交所于 10 月 20 日清晨宣布暂时停市 4 天，希望香港股票市场避开美国股灾的威胁。但期交所爆出期货市场有两万多张未平仓合约面临强制平仓，经纪人也无法补充保证金。当时的港英政府和多家银行于 10 月 25 日借给香港期货保证公司 20 亿港元现金，也于事无补。机构投资者为规避股票下跌风险卖出恒生指数期货进行对冲，期货投资者因保证金不足而被迫砍仓。因期货具有价格发现功能，所以恒生指数期货下跌又引发股民看跌股市，恒生指数又出现新一轮的暴跌。12 月 7 日，恒生指数跌至 1 874.9 点，为历史高点 3 968 点的 50%不到。

3.2.2 汇率崩盘原因分析

1. 汇率崩盘的理论机理

货币是国家主权信用的体现，货币的贬值就是世界对该国的信任产生了怀疑。汇率崩盘即货币危机，也意味着一国在世界范围内国家信用减弱。汇率崩盘的理论机理即货币危机的理论机理。学术上一共有三代货币危机理论，它们用不同的观点解释了货币危机发生的机理和治理的要点。①

第一代货币危机理论为克鲁格曼（Krugman）货币危机理论，该理论认为，在货币需求稳定的情况下，国内信贷扩张会带来外汇储备的流失和经济基础面的恶化，致使原有的固定汇率在投机冲击下产生危机。期初储备存量越高，信贷扩张速度越慢，货币危机的发生也就越晚。

第二代货币危机理论是奥布斯特菲尔德（Obstfeld）的“预期自我实现型货币危机”，该理论认为，投机者之所以对货币发起攻击，并不是由于经济基础恶化，而是由于贬值预期的自我实现所导致的。固定汇率制是否能够维持是成本—收益比较分析的结果。只要预期投机攻击成功后该国货币贬值幅度超过该国提高利率后两国利率之间的差幅，投机者就会进行投机攻击。当公众预期货币将贬值时，货币危机的发生机制体现为一种恶性循环：政府通过提高利率来维持平价，增加政府采用固定汇率制的成本，加强市场的贬值预期，促使利率进一步上升。政府应对货币危机可以提高成本；重视信息的透明度，消除高阶不确定性和噪声信息，促进常识的建立，扭转预期。

第三代货币危机理论则对货币危机有着一些新的观点：第一，道德风险论，认为政府的隐含担保导致的道德风险是引发危机的真正原因，货币价值的波动只不过是危机的一个表现而已。第二，基本因素论，认为一国的基本面因素是决定危机是否会爆发的关键因素，基本因素的恶化包括外部不平衡和内部不平衡。第三，金融恐慌论，认为在危机之前突然流入的外资潜伏着巨大的风险，危机发生前后，金融市场上出现了一系列导致“金融恐慌”的突发事件。危机爆发后，一系列因素使得“金融恐慌”不断放大，恶化了危机。

2. 汇率崩盘的影响因素

汇率崩盘的影响因素有很多，但是爆发汇率崩盘的国家都有一定的共同点。第一，国内经济政策因素：持续的扩张性财政政策与货币政策使得通货膨胀严重、外债高企、财政赤字严重。第二，国际收支因素：贸易赤字严重、资本外逃，国际市场怀疑偿债能力，使外汇储备下降。第三，外汇市场因素：存在严重的本币贬值预期，外汇储备下降，本币贬值。第四，国际经济周期因素：国际经济周期进入收缩阶段，美联储加息，本国资本流出，本币贬值。

Sachs，Tornell，Velasco（1996）认为，实际汇率贬值、国内私人贷款增长率、国际储备与广义货币供应量（M2）之比是判断一个国家发生货币危机与否的重要指标。他们以 20 个新兴市场经济体的截面数据，以加权的储备下降百分比和汇率贬值百分比的总和作为货币危机指数 IND 的指标，分析了 1994 年年末的墨西哥货币危机及其对其他新兴市场国家的影响，认为：实际汇率、贷款增长率、国际储备与广义货币供应量的比率对一个国家是否发生货币危机至关重要。遭到严重攻击的国家，银行比较脆弱、汇率高估、外汇储备水平低，经济基本面脆弱。实际

① 姜波克：《国际金融新编》，复旦大学出版社，2001.

汇率贬值的国家遭受的危机较轻，而贷款膨胀的国家遭受危机的严重性较高。

3. 汇率崩盘的著名案例

1）1997 年东南亚货币危机

在经历了一段高投资、高储蓄、高增长、宽信贷的时期之后，东南亚货币危机爆发。爆发之前，由于印度尼西亚、韩国、马来西亚、菲律宾和泰国 GDP 增长率均值达 5%～10%，通货膨胀率均值为 4%～9%，被称为“东亚奇迹”。

1997 年 7 月 2 日，泰国政府由于外汇储备有限，无法通过干预汇市抵御国际游资的冲击，放弃固定汇率制度，宣布泰铢自由浮动。当天汇率崩盘，大跌 20%，并开启了东南亚地区货币的连锁效应，菲律宾、马来西亚、印度尼西亚、新加坡、韩国等国的货币随之也大幅度贬值，不可遏制，东南亚货币危机爆发。

东南亚货币危机的触发原因是众所周知的索罗斯量子基金的冲击，但危机也有其内因，包括：经常项目逆差严重，依靠进口大量原材料和设备发展工业；外汇储备不足，持续国际收支逆差消耗了外汇储备；汇率制度缺乏弹性，无法自动修复国际收支不平衡；银行资产和负债的货币和期限错配。危机爆发的理论机理是各国在制度安排上违背了国际金融理论中的“三元悖论”，即资本自由流动、货币政策自主和固定汇率制不可兼得，而东南亚国家正好是三者兼具，货币危机爆发是必然趋势。

危机爆发后，各国政府和国际金融组织（International Monetary Fund，IMF）的干预政策存在严重缺陷，加重了危机。这些干预政策的主要内容是紧缩性的货币政策，如利率被调高、银行银根紧缩，实体经济缺乏流动性而陷入倒闭困局。例如，韩国受到南亚各国的货币危机影响以后放弃了固定汇率制，并向 IMF 提出 210 亿美元的备用信贷协议申请，IMF 要求韩国紧缩货币、紧缩财政、贸易和资本流动自由化并开放韩国金融市场。之后韩国产出急剧下降，企业大规模破产。

2）2018 年土耳其货币危机

2018 年 8 月 10 日，美国宣布将土耳其钢铁和铝产品的进口关税提高一倍，土耳其货币危机爆发，美元兑里拉汇率从原先的 4.90 升至 8 月 14 日的 6.89，美元升值幅度高达 40%。2017 年土耳其宏观经济数据情况如下：总储备（包括黄金，按现值美元计）1 076.57 亿美元；外债现值 1 230.97亿美元；人均 GDP（2010 年不变价美元）14 933.26 美元；GDP 增长率为 7.4%；GDP（现价美元）为 8 511.0241 亿美元；按消费者价格指数衡量的通货膨胀率为 11.14%；总失业人数占劳动力总数的比例为 11.26%；存款利率为 15.28%。

土耳其货币危机的主要原因有：国内经济政策因素，扩张性财政政策与货币政策使得通货膨胀严重、外债高；国际收支因素，贸易保护主义、加征关税、贸易赤字严重、资本外逃、国际市场怀疑偿债能力，使外汇储备下降；市场因素，贬值预期使得市场大量抛售里拉，外汇储备下降，里拉贬值；国际经济周期因素，美联储加息，土耳其资本流出，货币贬值；政治因素，美土关系恶化，避险情绪上升。

2018 年 6 月初，土耳其央行进行了多次加息，但是效果不显著（全球央行进入加息周期，新兴市场国家经济面临下行趋势）。土耳其政府求助于盟友，欧元区银行和中东地区为土耳其提供了大量借款；削减了本国的经济增长目标，将 2018 年和 2019 年的经济增长预期分别下调至 3.8%和 2.3%；土耳其央行大幅加息，里拉稍稍回升。

随着美国量化宽松货币政策的逐步退出和总体经济景气的完全正常化，美元趋势走强，加之特朗普出台强硬的贸易保护主义政策，土耳其以及其他许多新兴市场国家都发生了货币暴跌现象。在美国货币政策进入加息周期，特别是作为全球债市风向标的美国十年期国债收益率突破 3%的重要关口后，国际资本从新兴市场和发展中国家加速撤离。以土耳其为代表的部分资本输入国，本身存在政治不确定性问题，当遭受内部和外部政治压力时，过高的公共和私人债务负担立刻转化为国际资本账户压力，进而由货币危机引发政治、经济和社会的普遍动荡、脆弱和不稳定。

3.2.3 房地产崩盘原因分析

1. *房地产崩盘的理论机理*

行为金融学理论对房地产泡沫有着非常深入的研究，被统一称为“非理性泡沫理论模型”。该理论包括噪声交易和羊群行为、非理性的投机和价格的正反馈机制等。

房地产价格泡沫的产生一般是由于人们对经济和房地产价格的乐观估计。Scheinkman 和 Xiong(2002)通过研究资产价格泡沫时期的资产价格行为、交易量和价格波动，提出了一个连续时间均衡模型，对该模型的过度自信使得机构对资产的基础因素估计产生了分歧。在限制卖空条件下，当其他机构持乐观估计时，资产的买方获得向其他机构卖出资产的权利。在均衡中，泡沫一般伴随着巨额的成交量和价格波动幅度。

2013 年诺贝尔经济学奖得主罗伯特·希勒(Robert Shiller)的《非理性繁荣》总结了促使市场泡沫产生的 12 个因素：

(1) 市场经济的急速发展与业主社会；

(2) 政治和文化的变迁促进了商业的成功；

(3) 新的信息技术；

(4) 支持性货币政策与格林斯潘对策；

(5) 生育高峰及其对市场的显著影响；

(6) 媒体对财经新闻的大量报道；

(7) 分析师愈益乐观的预测；

(8) 固定缴费养老金计划的推广；

(9) 共同基金的增长；

（10）通货膨胀回落及货币幻觉的影响；

（11）交易额的增加；

（12）赌博机会的增加。

市场泡沫产生以后通过放大机制，即自然形成的反馈环机制放大泡沫。这种反馈环有两种：一种是价格—价格反馈，即价格上涨激发了投资者热情，然后直接导致未来价格的继续上涨。另一种是价格—GDP—价格反馈，由于房地产市场市值的增加，人们的财富增加，人们对经济和房地产的乐观情绪激发人们增加消费和投资，形成财富效应，并拉动 GDP 增长，经济增长又鼓励人们进一步推动资产价格的上涨。投资者需求中有一些噪声，过去价格反应有一定的不可预测性，同时投资者之间不可能完全同步，因此，即使有投资者认为房地产价格不会继续上涨，房地产泡沫也不一定会突然破灭。也就是说，投资者之间的同步性缺乏将支持泡沫存在。

投机性泡沫不可能永远持续下去。当投资者对房地产的需求停止时，价格上涨也会停止。Shiller 认为房地产崩盘时投资者不顾价格地抛售，是由反馈环引起的，最初的价格下跌使很多投资者退出市场，引起价格的进一步下跌。因此，房地产崩盘是一个负泡沫。崩盘中的抛售行为在很大程度上是机械的或者说是投资者下意识的反应。媒体是投机性价格变动的主要宣传者，为正负反馈环的形成推波助澜。崩盘以后的投机泡沫破灭让房地产市场出清，使得市场能更有效地运行。

2. 房地产崩盘的影响因素

影响房地产价格的因素有很多，如经济状况、人均收入、人口规模和结构、城市化程度、土地财政、利率、首付比例、税收等，这些因素在经济的不同时期对房地产价格的影响各有轻重。这些因素向好的情况下，房地产价格持续上涨，脱离其价值时渐渐产生泡沫，形成反馈环机制。

当房地产泡沫产生以后，形成泡沫的诸多因素如果发生逆转都可能成为刺破泡沫、引起崩盘的原因。例如，国家房地产政策的改变、货币政策转向、人口规模和结构出现变化等。

1）国家房地产政策的改变

治理房地产泡沫最有效的政策莫过于房地产税收政策和房贷政策。

2014—2017 年加拿大房价暴涨之后，加拿大政府修订了非常严厉的住宅房屋贷款指引，从 2018 年 1 月 1 日开始实施。新规之下，首付款在 20%及以上的未购买保险的房贷申请者必须进行压力测试。除了压力测试以外，房贷新规还禁止了“合作房贷（co-lending）”等高风险房贷途径。新规定还要求放贷人对他们发放的贷款价值比（Loan to Value Ratio，LVR）进行更严密的审查，以确保不会发放比房屋基本价值高出太多的抵押贷款。2018 年开始大多伦多、大温哥华、维多利亚等地区的房价“跌跌不休”。根据加拿大大温哥华房地产委员会（Real Estate Board of Greater Vancouvee，REBGV）数据显示，2019 年 2 月温哥华住房销售同比下降 32.8%，至 1 484 套，较当地 10 年间的平均水平低 42.5%，同时也是 1985 年以来最低的 2 月数据。房价综合指数同比下跌 6.1%，共管公寓价格下跌 4%，联排别墅价格下跌 3.3%。

2）货币政策转向

货币政策有两个途径影响房地产价格：一是直接改变货币供应量和利率，二是间接地影响通胀率。当货币政策由松变紧时，货币供应量趋紧，减少了人们的购房需求，利率上升，提高了人们的购房成本，抑制了房地产需求。当货币政策变紧缩时，通货膨胀受到抑制，房地产的保值作用受到削弱。因此，货币政策转向会严重影响房地产价格，甚至导致房地产崩盘。例如，1993 年中国人民银行央行大幅加息是海南房地产泡沫破裂的重要因素。

3）人口规模和结构出现变化

当城市人口不增反降，或者高收入和中等收入人群比例减少时，房地产的需求将受到较大影响，进而影响房地产价格。例如，美国底特律在 1967 年发生种族骚乱以后大量中产阶级白人迁出该城市，导致房价崩盘，原来价值 45 万美元的房子在崩盘后只需 2 300 美元就能购买。2010 年底特律人口为 71.38 万人，不及人口顶峰时的一半。

4）收入锐减

居民收入下降会迅速降低房地产需求，引起房地产崩盘。例如，2004 年煤都鄂尔多斯的房地产由于煤价飙升吸引了很多热钱进入，之后，每年房价涨一倍，房地产价格泡沫形成。2012 年煤价下跌，鄂尔多斯市 2012 年财政收入增幅从 2011 年的 48%下降至 3%。在严重的供大于求的背景下，鄂尔多斯市房地产崩盘，房价从最高时的 15 000～20 000 元/m^2 跌到 3 000 元/m^2。花费 50 多亿打造的面积 32 km^2 的鄂尔多斯康巴什，计划居住 100 万人口，却成了一座无人居住的"鬼城"。

3. 房地产崩盘的著名案例

1）1991 年日本房地产崩盘

1985 年 9 月广场协议以后，日元的被迫升值严重影响了日本的出口和经济增长。为了抵消日元升值带来的压力，日本政府开始实行低利率宽货币政策，房地产和股票价格飞涨，产生了大量的资产价格泡沫。由于没有经济增长和国民收入增长的支撑，1992 年开始，日本房地产崩盘。这次房地产价格调整幅度大、持续时间长，到 2007 年地价下跌到近 50%的水平。房地产崩盘引起了部分企业破产和个别银行倒闭，之后日本经济一蹶不振，被称为"消失的三十年"。

2）1997 年香港地区房地产崩盘

1996 年，香港银行业放松了住房按揭贷款的审查标准，大量投资资金进入房地产市场，房地产价格上涨，泡沫形成。1997 年，受东南亚金融危机影响，香港房地产崩盘，泡沫破灭。1999 年房价比 1997 年房地产崩盘前下跌了 60%左右，许多居民甚至出现了负资产。如著名的社区"太古城"，楼价从最高时的每平方英尺（1 ft^2＝0.093 m^2）1.3 万港元下跌至四五千港元。房地产价格崩盘造成大量的社会财富蒸发，还伴随着许多负面效应，如营商环境恶化、经济增长率急剧下降、通货紧缩、财政赤字、失业率上升和社会两极分化等。

3.3 市场崩盘对城市发展造成的风险

3.3.1 对经济发展造成的消极影响

1. 股票市场崩盘对经济发展造成的消极影响

股票市场崩盘会对经济发展造成一系列的消极影响，主要包括以下几方面。

1）信贷中介成本上升，并出现银行挤兑和大量违约

股票市场崩盘引发投资者破产，造成大量的贷款违约和坏账，拖垮银行。银行业的问题会给信贷流动渠道造成极大的不确定性。在没有存款保险制度的情况下，存款人的担心又引发银行挤兑，压缩了银行的流动性。信贷活动脱离银行系统，信贷中介成本提高，金融效率受损。1929 年 10 月 24 日星期四，美国华尔街发生股灾，引发了金融危机。1930 年 12 月美国第一次银行危机爆发，1930 年一年共有近 600 家银行倒闭。1931 年 10 月信贷的净下降达到了个人收入的 31%。银行股东的财富萎缩，商业银行信用创造功能得不到正常的发挥，实体经济与金融体系一起萎缩。1933 年 3 月美国银行业实行“歇业(bank holiday)”，实体经济与金融体系则共同进入萧条的最低点。

2）企业破产

股票市场崩盘会造成投资者破产，其引发的金融市场连锁反应也会造成信贷成本提高，流动性紧缩引起实体经济缺血，社会总需求不足，通货紧缩，企业经营困难，生产停滞，经济陷入债务紧缩的恶性循环，从而造成更多的企业缺失流动性，进而破产。

3）通货紧缩、失业率上升

股票市场崩盘引发企业破产、银行惜贷、货币收缩、一般物价水平下降、社会总需求减少、人均消费减少、产出下降及失业率上升等。1929 年 10 月美国股票市场崩盘就引发了这一系列的反应，1930—1933 年，美国消费者物价指数同比增长分别为 −2.3%，−9.0%，−9.9%和 −5.1%。持续的通货紧缩让企业压缩生产，失业率高企，从 1929 年的 3.2%急升至 1933 年的 24.9%和 1934 年的 26.7%，即有 1/4 的劳动力处于失业状态。

4）经济衰退

一方面，股市是经济的晴雨表，股票市场崩盘说明了人们对未来经济前景的担忧和对未来社会总需求下降的预期。人们对未来经济发展信心不足，将严重影响投资，从而对经济起到抑制作用。另一方面，股票市场崩盘将使得人们在股市中的财富大量缩水，从而收缩投资，抑制经济增长。1929 年的美国股灾一直延续到 1932 年，与此同时开启了万业凋零的大萧条时代。1930—1933 年，美国国内生产总值同比增长分别为 −8.5%，−6.4%，−12.9%和 −1.2%。

2. 汇率崩盘对经济发展造成的消极影响

一国汇率崩盘即货币危机发生时，表示该国货币严重贬值，这会对该国经济发展造成一系

列的消极影响，主要包括以下几方面。

1）外汇储备快速减少

汇率崩盘，本币快速贬值，该国央行为了稳定汇率，将在外汇市场抛出外汇，购回本币，该国的外汇储备将快速减少，甚至清空，经济发展时期积累的财富将消耗殆尽。例如，1997 年爆发的东南亚金融危机，印度尼西亚、韩国、老挝、马来西亚、菲律宾、泰国在汇率大幅贬值的同时，外汇储备也大量流失。

2）外债负担加重

汇率崩盘，本币快速贬值，以本币表示的外债数额将大幅增加，有外债的国内企业和银行将不堪重负。为了稳定资本流动，该国一般会提高利率，这样就更加加重了债务人的负担。例如，1994 年墨西哥金融危机，12 月墨西哥比索大幅贬值，中央银行储备下降到约 110 亿美元，美国国库券与特索伯诺斯国库券的收益率差距从 1994 年 11 月的 1.4%上升到 1995 年 2 月的 19%，并引起一些拉美地区债权人的恐慌，危机扩散，这一现象被称为“龙舌兰酒效应”。

3）资本出逃

汇率崩盘，世界对该国的货币贬值预期加重，将造成资本快速出逃。国际资本流动的类型有三种：直接投资、证券投资、债务投资。当某国汇率崩盘时，直接投资由于沉没成本的存在是比较稳定的，但是证券投资和债务投资将迅速逃离，以回避未来的本币贬值。

4）通货膨胀

汇率崩盘的本质是本币对外价值的快速减小，同时也将从两个方面造成通货膨胀。一方面，本币贬值，进口商品价格上升造成生产成本增加，会使得国内零售商调高售价；另一方面，进口替代品价格上升也会推高一般物价水平。例如，2014 年俄罗斯货币危机，由于国际油价下跌使得俄罗斯的收入大幅减少，2014 年 12 月，俄罗斯卢布贬值 50%，物价纷纷上涨，出现抢购风潮。印度尼西亚在 1998 年货币危机发生后的通货膨胀率高达 58.39%。

5）经济衰退

汇率崩盘背后都有国内货币政策扩张、贸易赤字及财政赤字的问题，在治理这些问题时，不可避免地会使用紧缩性政策，而紧缩性政策对投资的抑制和对经济的收缩作用将极大地打击本国经济发展。例如，金洪飞和姜诚(2005)研究了 1990—2005 年的 192 次货币危机，发现其中有 97 次发生了经济衰退，即危机后的经济增长率低于危机前的经济增长率，危机前的失业率和汇率制度以及危机中是否提高利率等因素对危机后的经济衰退有显著作用。例如，1994—1999 年泰国的 GDP 增长率分别为 8.99%，9.24%，5.90%，−1.37%，−10.51%和 4.45%。

3. 房地产崩盘对经济发展造成的消极影响

1）消费减少、一般物价水平下降

由于房地产崩盘，一些家庭贷款购买的房屋可能变成负资产，这些家庭会预期未来的收入下降，减少个人消费及投资，从而影响一般物价水平。例如，1997 年香港房地产崩盘，个人消费开支的实际跌幅接近 7.5%，个人消费增长减少约 3.5%。房地产崩盘使得购房者减少了对其他商品服务的需求，一般物价水平随之下降，消费者物价指数(CPI)由 1998 年的 2.8%连续下降 6 年，通货紧缩严重。

2）投资减少、经济衰退

房地产产业链非常长，从工程机械、建筑材料、钢铁和化工品，到家电、物业服务、家具、电气照明和门窗等应有尽有。房地产崩盘会让房地产产业链上这些企业的市场需求下降，投资会随之减少。房地产贷款在银行贷款中的占比也很大，房地产崩盘会造成很多银行贷款断贷、逾期或损失，削减银行利润，使银行惜贷、减少信贷规模，从而造成实体经济资金短缺，投资减少，经济萎缩。例如，1997 年香港受到房地产崩盘和金融危机的双重影响，物价下降，名义 GDP 进入负增长阶段。1997 年香港的地区生产总值达 13 445 亿港元，6 年后下降到 12 198 亿港元。

3）严重的失业危机

房地产崩盘会让房地产产业链上这些企业的产品的市场需求下降，投资随之减少，企业会减员、裁员以求自保。失业人员的房贷断供进一步促使房地产价格下跌，银行收缩，企业流动性紧缺，只能断臂求生，失业人数进一步增加，恶性循环。

3.3.2 对社会稳定造成的消极影响

1. 股票市场崩盘对社会稳定造成的消极影响

1）企业破产和银行倒闭，引发众多的经济纠纷和民事纠纷

股票市场崩盘会使很多企业和银行资不抵债，从而宣布破产，这些企业的欠债和贷款可能部分或全部无以归还，银行的欠款和存款也可能无以偿还，由此引发众多相关的经济纠纷和民事纠纷。

2）部分股民及其家人生活窘迫

股票市场崩盘后常有人因高位杠杆做多，在市场反转以后，全部身家也无以归还融资，所以，在每一场股灾中，都有人跳楼自杀，这些人的家人从此将无依无靠。股票市场崩盘后的经济衰退、生产不足也会使得工资水平下降，失业率上升，更多的人失去收入来源，生活日益窘迫。

3）大量失业人口增加社会的不稳定

例如，1929 年美国股灾以后，很多人由于失业失去了住所，只能临时搭建窝棚栖身，或者露宿街头，导致社会治安混乱，黑帮盛行。

2. 汇率崩盘对社会稳定造成的消极影响

1）由于汇率崩盘引起的资本出逃使得市场流动性丧失、企业破产、人均收入下降、贫困人口大量增加以及社会的不稳定因素增加

例如，1997 年东南亚货币危机以后，印度尼西亚的人均年收入从 1997 年的 1 132.56 美元

下降至1998年的494.00美元。印度尼西亚粮食国务部长赛义夫丁承认，当时印度尼西亚全国共有1 700多万个家庭面临着粮食短缺问题，其中60%的家庭每天只能吃上一顿饭，许多人因饥饿和营养不良引起的疾病而死亡。

2）汇率崩盘后的物价上涨引起抢购风潮，加剧社会的恐慌

例如，1997年东南亚货币危机以后，印度尼西亚的通货膨胀率从1997年的6.23%上升至58.39%，除香烟等少数商品暂未涨价外，其他绝大多数商品都在涨价，大米上涨100%，鸡蛋和食用油上涨300%，进口的生活必需品涨幅一般在50%～300%，有的甚至高达500%；大量银行的关闭，使百姓对存款安全产生了担忧，排队挤兑威胁到金融体系的存亡；食品补贴的减少，导致百姓抢购食品的风潮迭起。

3）汇率崩盘后的经济衰退导致大量失业

例如，1997年东南亚的货币危机，在印度尼西亚引发了经济危机和政治危机，引起了社会的动荡。经济不景气导致了大量的失业，而缩减公共开支、改组公司，又造成大批中小企业破产，许多人失去工作，从而加剧了局势的动荡。

3. 房地产崩盘对社会稳定造成的消极影响

1）失业率大幅上升，影响社会稳定

例如，房地产市场低迷及亚洲金融风暴造成香港经济下滑后，香港失业率持续上升，失业率由1997年的2.2%上升至2002年的7.3%和2003年的7.9%。房地产市场低迷，经济衰退使社会安定受到影响，继而导致社会矛盾冲突、游行示威参加者较多。

2）财政收入下降，地方政府破产，公共安全和公共服务堪忧

例如，底特律在2012年被《福布斯》评为“美国最悲惨城市”，空房率近25%。2013年底特律陷入财政危机，一些市政基本服务被削减经费，如治安、照明、道路和卫生等，居民生活受到影响，社会不稳定因素增加。

3.3.3 股市崩盘对城市经济影响的实证分析

1. 变量与数据

以2007年A股崩盘对上海经济的影响为例，利用DCC-MVGARCH模型进行实证分析。我们引入DCC-MVGARCH模型的实证研究变量包括上证综指对数收益率 *szzs*、上海工业增加值增长率 *ipsh*、上海居民消费价格指数 *cpish*。数据区间为2000年1月—2019年3月，月度数据共231组，数据来源为WIND数据库和上海统计局。*ipsh* 有部分年份的1月和2月数据缺失，利用插值法补齐，各变量原始数据描述性统计见表3-3，各序列历史走势如图3-2所示。

表 3-3　　原始数据描述性统计

统计量	*ipsh*/%	*cpish*	*szzs*
均值	9.7313	102.12	2392.143
中位数	9.8	102.05	2218.03
最大值	31	107.9	5954.77
最小值	−11.8	97.8	1060.74
标准差	8.0687	1.9495	908.3878
偏度	0.0198	0.4893	1.022208
峰度	2.5679	3.3999	4.425505
观察值个数	211	231	231

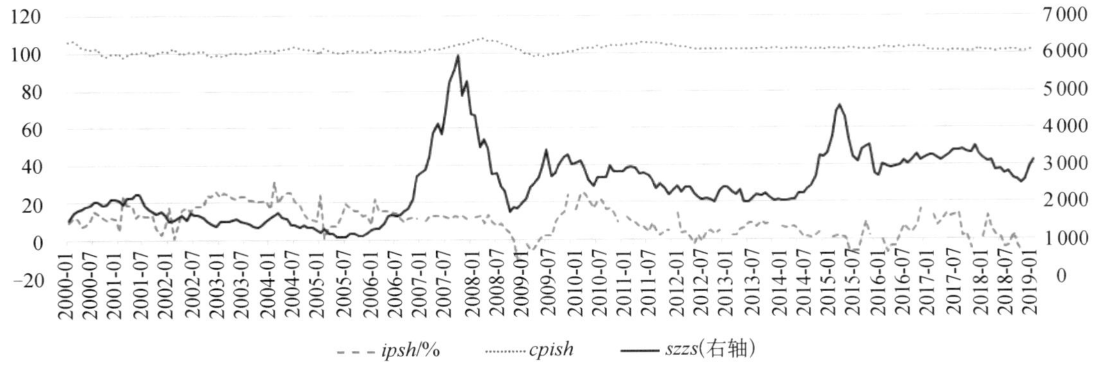

图 3-2　*szzs*，*ipsh*，*cpish* 原始序列

2. 单位根检验和 Ljung-Box 检验

我们利用 ADF 检验得到单位根检验结果为：*szzs*，*ipsh*，*cpish* 均为平稳的数据。利用 R 软件将各序列的 GARCH 模型的残差进行 Ljung-Box 检验，检验得出所有原序列收益率的 p 值接近于零，在 1%的显著性水平下拒绝了原假设，说明都存在显著的序列相关性。

3. 实证方法

构建 *szzs*，*isph*，*cpish* 的 DCC-MVGARCH 模型。先建立上述三者的 GARCH 模型，再按照如下模型方法将单变量 GARCH 模型的残差构建成 DCC-MVGARCH 模型，比较 2000 年 1 月以来 *szzs*，*ipsh*，*cpish* 之间的动态波动相关关系。

如上实证运用的模型说明如下：参照 Engle 和 Sheppard(2001)的研究，DCC-MVGARCH 模型将有限的动态属性加入 CCC-GARCH 模型，得到了相应的 DCC-MVGARCH。该模型利用 Cholesky 分解将条件方差 H_t 重新参数化，分解为如下形式：

$$H_t = D_t R_t D_t \tag{3-1}$$

式中，H_t 为时变的条件协方差矩阵；R_t 为时变的关系矩阵(Correlation Matrix)；D_t 为$k \times k$ 的时变的标准偏差(Standard Deviation)的对角矩阵。

Engle(2002)中标准的 DCC-MVGARCH 模型为

$$Q_t = (1-a-b)\bar{Q} + a\varepsilon_t\varepsilon'_t + bQ_{t-1} \tag{3-2}$$

$$R_t = (Q_t^*)^{-1} Q_t (Q_t^*)^{-1} \tag{3-3}$$

$$\varepsilon_t = r_t / \sqrt{ht}, \; Q_t^* = \mathrm{diag}(\sqrt{q_{11,t}} \quad \sqrt{q_{22,t}} \quad \cdots \quad \sqrt{q_{kk,t}}), \; \bar{Q} = E[\varepsilon_t \varepsilon'_t] \tag{3-4}$$

式中，Q_t 为动态条件相关矩阵；$\bar{Q}$ 为 ε_t 的无条件协方差矩阵；a 和 b 为参数，需满足 $0 < a + b < 1$；Q_t^* 为用来标准化的矩阵，以保证 R_t 是正定的动态相关矩阵；R_t 为对角矩阵，典型的元素为 $\rho_{ij,t} = \dfrac{q_{ij,t}}{\sqrt{q_{ii,t}q_{jj,t}}}$。

4. 实证分析

按照如上实证方法分别建立包括 3 个变量 *szzs*，*ipsh*，*cpish* 的 DCC-MVGARCH 模型，模型的对数似然值、*AIC* 和 *SC* 分别为−1 695.534，14.77856 和 14.83835，由于模型系数满足 $0 < a + b < 1$，模型有效。表 3-4 为模型参数估计结果。

表 3-4　　模型参数估计结果

变量	参数	系数	标准差	t 统计量	P 值
szzs	ω	0.02366	0.14762	0.16031	0.87264
	α	0.00000	0.00811	0.00000	1.00000
	β	0.99755	0.00048	2062.96300	0.00000
ipsh	ω	0.00699	0.00521	1.34178	0.17967
	α	0.02752	0.01967	1.39890	0.16184
	β	0.94639	0.02599	36.40946	0.00000
cpish	ω	3.67295	1.92481	1.90821	0.05636
	α	0.13798	0.06321	2.18276	0.02905
	β	0.80302	0.06518	12.31976	0.00000
dcca1	0.06702	0.02551	2.62714	0.00861	
dccb1	0.85575	0.07289	11.73990	0.00000	

表 3-5 和图 3-3 是 *szzs*，*ipsh*，*cpish* 三者之间的动态相关性的统计数据。*ipsh-szzs* 和 *ipsh-cpish* 几乎同涨同跌，但是 *ipsh-szzs* 的动态相关性波动更大，在−0.7019～0.41713 之间

变化；*ipsh-cpish* 的动态相关性波动更小，在－0.40468～0.26495 之间变化，说明股市的波动存在着超调，比上海的经济发展波动更大。*cpish-szzs* 的动态相关性则在－0.32996～0.38723 之间，波动较 *ipsh-szzs* 小，说明相较于通货膨胀，股市波动更影响经济增长。

表 3-5　　动态相关系数统计

统计值	*ipsh-szzs*	*ipsh-cpish*	*cpish-szzs*
最小值	－0.7019	－0.40468	－0.32996
1/4 分位数	－0.23973	－0.08748	0.001921
中位数	－0.12658	－0.00054	0.087953
均值	－0.14304	－0.00902	0.085437
3/4 分位数	－0.04985	0.092989	0.167948
最大值	0.41713	0.264954	0.387232

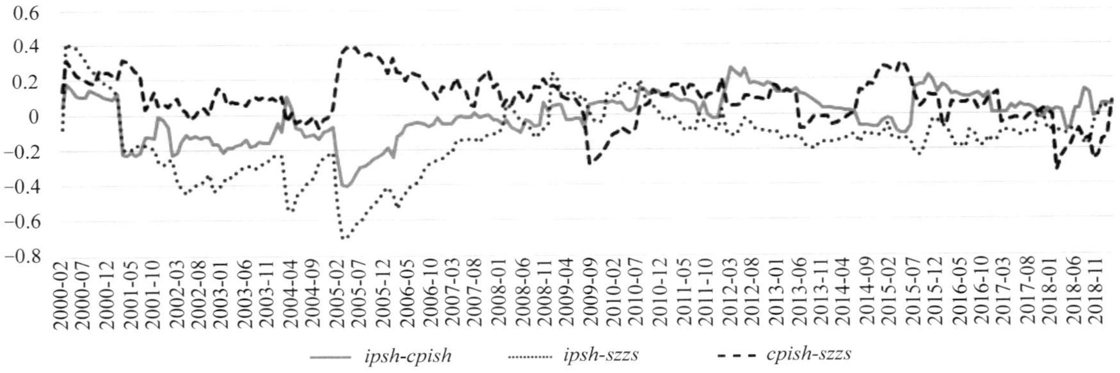

图 3-3　*szzs*，*ipsh*，*cpish* 动态关系

ipsh-szzs 出现最小值－0.7019 的时间为 2005 年 3 月，比 *ipsh-cpish* 出现最小值－0.40468和 *cpish-szzs* 出现最小值－0.32996 的时间 2005 年 4 月仅仅提前了一个月。2005 年 3 月为 2005—2007 年期间大牛市的起点。当 *ipsh-szzs* 出现阶段性高点时，如在 2008 年 2 月、2009 年 2 月、2010 年 8 月、2012 年 3 月、2015 年 2 月、2016 年 1 月等时间附近，上证综指都出现了阶段性的顶和底。这说明我国股市波动到极端值时对上海这座城市的经济增长有一定的影响，也说明股市崩盘对城市的经济状况有影响。

3.4 市场崩盘的风险管理

3.4.1 市场崩盘预警模型

学术界认可的衡量股市崩盘和汇率崩盘的量化标准为：股市崩盘以股票指数年跌幅超过

15%为标准;汇率崩盘(即货币危机)以某种货币兑美元年贬值超过15%为标准。1949年后的中国股市崩盘出现在1998—2003年、2008年和2015年共3次,汇率崩盘出现在1958—1962年。房地产则从1988年商品房竣工开始,还未出现过全国性崩盘。海南、温州、鄂尔多斯等城市房地产价格崩盘也只是极个别案例,影响非常有限。但是对该城市而言,影响很大。针对这种市场崩盘,可以采取预警的方法,防患于未然。目前资产市场崩盘可以利用信号模型、离散模型、概率模型和横截面回归模型等方法进行预警。

1. 信号模型

信号模型是比较客观的预警模型,Kaminsky, Lizondo, Reinhart(1997)的KLR模型是信号模型中的经典模型,该模型根据历史数据为预警指标设定不同程度的阈值,当指标值超过这个阈值,就发出危机信号,危机信号数量越多代表崩盘的概率越大。一些中国学者在KLR模型的基础上开发了信号灯方法来设立预警,如贺晓波、张宇红(2001)、汪莹(2003)等。

2. 离散模型

离散模型是以崩盘发生的概率为被解释变量,并将其定义为一个二元定性变量,即当崩盘发生时变量为1,不发生时变量为0,以崩盘的影响因素为解释变量建立的二元模型,如Logit模型。Logit模型对一系列预警指标变量进行回归估计,得出未来一段时间市场崩盘发生的概率值,根据概率值大小可以判断危机发生的可能性,如Berg和Candelon(2008)、谢加贞(2010)等。

3. 概率模型

概率模型是将数量分析方法与模糊评价方法相结合的崩盘预警方法。该方法的原理是:当市场某一指标表现较好时,用"√"进行标记;表现差时,用"×"来标记。指标表现较差的占比越大,该市场发生崩盘的可能性就越大。在概率模型中,Frankel和Rose(1996)提出的FR模型,最为基础。后来,Fratzsche和Bussiere(2002)在FR基础上加入了评价体系,对其进行了改进。

4. 横截面回归模型

横截面回归模型是研究同一个时间点危机发生成因近似的一组国家,分析一些与市场崩盘紧密相关的指标,进行预警,对这些国家选择性地分析少数几个关键指标,如前述Sachs, Velasco, Tornell(1996)就是利用20个国家的横截面数据进行崩盘预警研究。此外,21世纪以来有一些学者还利用高阶矩模型进行预警,如GJRSK-M模型和GARCD因子模型等。

在建立预警模型之后,还要在模型中纳入与市场崩盘有关的解释变量,可以针对不同的市场崩盘加入不同的解释变量,如傅强(2015)针对系统性市场崩盘建立了Logit模型,并选取以下预警解释变量:实际GDP增长率、出口增长率、进口增长率、农业产值占比、工业产值占比、消费价格指数、股价指数变动率、政府预算占比以及债务占比9个宏观经济指标;实际利率、实际汇率、M1 增长率、M2 增长率以及国内信贷增长率 5 个金融变量指标;经常账户占比、外国对内直接投资、外汇储备以及商业银行持有外国资产净值 4 个对外关系指标。

3.4.2 城市管理应对市场崩盘的措施

股票市场崩盘对经济和社会的影响广泛而深远,任何城市经济发展和社会稳定都将因之发生巨大变化。因此城市管理者要对股市崩盘给予足够重视。由于准确预测股市崩盘非常困难,城市管理者只能在股票市场崩盘时,阻止股票市场崩盘传染到其他市场,防止危害波及社会层面。具体措施可以包括:切断各个市场间的风险传染;筹集资金为股票市场崩盘中倾家荡产的人提供生活必需品和心理的支持;为由于客户资金大幅亏损而周转不灵的企业和银行提供必需的流动资金;通过公开喊话稳定人们对未来经济的信心等。

汇率崩盘代表着国家在全球层面上信用大幅下降,对一个国家的经济和社会有着不良影响,而该国城市的经济社会发展也会受到这种影响,因此,需要引起足够的重视。首先,对于对外开放度较高的城市可以建立智库对汇率未来变化进行预测,对未来货币危机发生的可能性建立早期预警机制。在汇率崩盘之前做好准备,具体措施可以是:减少外债;设立资本流出入的限制或者设立托宾税;防止资本出逃引起更严重的汇率崩盘;宏观审慎和微观审慎相结合,防止汇率崩盘和汇率崩盘引起的银行危机和经济危机;筹集外汇以防止国际投机资金的攻击等。

房地产崩盘对房地产产业链的影响较大,也危害社会稳定。城市管理应该未雨绸缪,采取一定的预防措施,这些措施可以包括:第一,保持一定的人口规模和以青年人为主的人口结构,给予较宽松的应届大学生留城定居政策,稳定房地产需求。第二,稳定房地产政策,防止房价大起大落。这些房地产政策包括房地产信贷政策、土地供给政策和房地产交易税收政策等。第三,加大民生工程和环境工程建设,提升城市居住舒适度,吸引外地人口流入。第四,限制外来人口炒房,防止泡沫被不断吹大而接近崩盘边缘。

3.4.3 市场崩盘的风险防范

1. 股票市场

股票市场发生崩盘往往意味着很多个股同时出现崩盘,投资者面临的崩盘风险很可能是难以分散的。在风险防范上,如果投资者不愿意承担甚至厌恶市场崩盘风险,那应当避免持有过多高崩盘系统性风险的股票,以降低投资组合跟随市场一起崩盘的概率。刘圣尧等(2016)将股票市场崩盘时个股出现崩盘的条件概率定义为崩盘系统性风险,其数值越大表示个股对市场崩盘这种风险的暴露程度(或敏感程度)越高。该风险指标很可能是一种个股在市场极端情况下的系统性风险。

因此,城市可以利用做空高崩盘系统性风险的股票、做空股指期货、买入看跌股指期权和卖出看涨股指期权进行避险。第一,利用做空高崩盘系统性风险的股票进行避险。在股市泡沫积累到一定程度之后,融券做空具有高崩盘系统性风险的股票,待股市崩盘以后再低价购回。第二,利用股指期货进行股市崩盘避险,在股市被严重高估时,持有股指期货空头头寸,待股市崩盘以后再将期货头寸对冲平仓,其中差价即为收益。第三,利用股指期权进行股市崩盘避险,在股市被严重高估时,买入看跌股指期权或者卖出看涨股指期权,待股市崩盘以后在市场中买入崩盘后的货币并执行看跌股指期权,其中差价即为收益;而由于股市崩盘,看涨股指期权的买方不会行权,卖出看涨股指期权的权利金成为收益。

2. 汇率市场

国家和城市可以设置货币危机的早期预警系统,提高货币危机防范意识。Berg 等(2004)对货币危机的早期预警系统进行了总结,包括 IMF 提出的 KLR 模型和 DCSD 模型,高盛公司研发的 GD-WATCH 模型和瑞士信贷第一波士顿的 CSFB-EMRI 模型,各种模型对货币危机的定义、范围、方法和指标的选取大同小异,详见表 3-6。

表 3-6　货币危机早期预警系统模型比较

模型名称	DCSD	KLR	GS-WATCH	CSFB-EMRI	DBAC
货币危机的确定	1 个月汇率变化的加权平均;储备超国家平均水平 3 个标准差	与 DCSD 相同	汇率 3 个月的加权平均变化;储备超国家特定阈值	货币贬值>5%(至少是前几个月)	多个“触发点”;贬值>10%,利率增长>25%
范围	2 年	2 年	3 个月	1 个月	1 个月
方法	Probit 回归	加权平均指示;根据阈值选择的 0/1 指示衡量变量	Logit 回归,根据阈值选择的 0/1 指示衡量变量	Logit 回归,变量取对数	不同量级事件的汇率和利率的 Logit 回归
指标变量	货币高估; 经常账户; 储备损失; 出口增长; 短期债务/储备	货币高估; 经常账户; 储备损失; 出口增长; 储备/M2(水平); 储备/M2(增长); 国内信贷增长; 货币乘数变化; 实际利率; 超额 M1 余额	货币高估; 出口增长; 储备/M2(水平); 融资要求; 股票市场; 政治事件; 全球流动性传染	货币高估; 债务/出口; 对私人部门信贷增长; 储备/进口(水平); 石油价格; 股票价格增长; GDP 增长; 地区性传染	货币高估; 工业产品; 国内信贷增长; 股票市场; 利率事件; 贬值传染; 市场压力传染; 地区性哑变量; 利率“事件”

资料来源:Berg A, Borensztein E, Pattillo C. Assessing Early Warning Systems: How Have They Worked in Practice? [R].IMF Working Paper, 2005.

个人投资者可以利用外汇期货和外汇期权进行避险。第一,利用外汇期货进行汇率崩盘避险的具体方法是:在汇率被严重高估时,持有外汇期货空头头寸,待汇率崩盘以后再将期货头寸对冲平仓,其中差价为收益。第二,利用外汇期权进行汇率崩盘避险的具体方法是:在汇率被严重高估时,买入看跌外汇期权或者卖出看涨外汇期权,待汇率崩盘以后在市场中买入崩盘后的货币并执行看跌外汇期权,其中差价为收益;而由于汇率崩盘,看涨外汇期权的买方不会行权,卖出看涨外汇期权的权利金成为收益。

3. 房地产市场

Shiller(2000)认为对房地产崩盘的风险防控,国家可以采取以下措施:第一,改进社会保障制度,以在股市中投入信托基金的形式进行,应当使这种制度在面对经济风险时反应更快。第二,运用温和的货币政策抑制投机性泡沫,可以适当地提高利率和再贴现率抑制投机买卖。第三,舆论领导的稳定权威在下跌初期将起到稳定市场的作用。第四,帮助公众去对冲风险,鼓励公众对住房价格下降时还能增值的资产进行投资,可以通过对房屋产权投保,或是在单个家庭住宅期货市场上卖出期货合同来直接实现,或是在效率略低的情况下,通过与当地产权呈反方向变动的资产投资来实现。

个人投资者可以利用融券做空房地产企业和银行股票来对冲风险,具体方法是:在房地产泡沫达到最高峰时,向券商融券做空房地产企业和银行股票,待房地产崩盘以后,再将这些房地产企业和银行股票购回还给券商。

3.4.4 应对市场崩盘的非传统风险转移与保险

市场崩盘一般属于系统性风险,从理论上来说是不可控的。但怎样使这类风险的损失降到最低,非传统风险转移与保险工具结合是一种较优的选择。

1. 保险连接证券

如本章 3.2 节所述,股票市场崩盘可由上市公司或行业治理方面的严重问题诱发,那么目前中国证券市场引入更多的稳健发展行业、企业尤为重要。而改革开放以来的中国保险业一直保持着两位数以上的增长率,远高于我国 GDP 增速,同时它是风险管理的专业行业,对国民经济和社会发展能起到稳定的作用,保险连接证券不仅可以转化包括巨灾风险在内的各类风险,也更有利于促进证券市场的稳健发展。

国外银行在 20 世纪 90 年代中期开始采用证券化技术发行与保险事件有关的债券,这种保险连接证券是为了转移风险和增加承保风险能力而发行的巨灾保险风险的证券。早期的尝试是立足于把同飓风、地震有关的风险证券化,虽然它们现在仍然是保险连接证券业务的核心,但近些年来还出现了一些其他风险证券化,包括气温、残值、人寿保险单、取得新业务的成本、汽车保险以及劳工赔偿等。

保险公司或再保险公司发行这类证券,投资银行是主要的安排者,根据指定保险事件造成的损失来偿付利息和本金。如果损失超过预定的限额,保险人或再保险人无须支付投资者利息。如果按照无本金保障方式安排,一部分或所有本金也能推迟支付至其取消,这样证券发行人就把风险转嫁给资本市场上的投资者。这一机制的重要性在于为保险与资本市场搭桥,使得保险人或再保险人获得巨额资本供给,以应对更大的风险。

保险风险证券化使分出公司(通常是保险人)、投资者和中介人均受益。例如,在再保险市场不景气的时候，保险连接证券是一个有吸引力的再保险替代品，保险人不必担心再保险人的信用风险。投资者购买这类证券的风险与其他风险资产无关，即飓风或地震这类巨灾风险与债券收益率或股票市场的波动这样的金融市场风险无关，这意味着实现资产多样化，即分散投资者的资产组合风险，就有机会获得高的收益率。在20世纪90年代后期，大多数这类证券的收益率超过类似资信级别的公司债券，通常以高3～4个百分点的收益定价①。

保险连接证券市场可以根据指数、补偿和参数触发条件分为巨灾风险证券和非巨灾风险证券两大类。巨灾风险证券可以按照飓风、地震和其他低损失频率、高损失程度的自然灾害细分，每种巨灾风险证券或份额又可以根据单种或多种损失原因而细分。非巨灾风险证券可以按照气温、抵押贷款违约和贸易信用等细分。

保险连接证券国外已出现多年，它形成了若干结构特点，对证券发行已有一套标准化运作方法。以下从发行工具、触发条件和份额几个方面分析其共同特点。

(1) 发行工具。原保险人(分出公司)为了平衡风险又符合其法定资本盈余要求，会将一些风险向特殊目的再保险人分保。这使得风险首先被再保险，然后再证券化，以缓解资本压力。因此，发行保险连接证券一般都通过设立一个特殊目的再保险公司来进行。这个特殊目的再保险人负责与分出公司签订再保险合同，并取得再保险保费。既然向分出公司提供的保障是再保险合同形式而不是衍生品，特殊目的再保险人必须作为注册再保险公司而设立。为了使分出的保险人的风险转移，分出的保险人不能直接拥有特殊目的再保险人。事实上，为了遵守这一"独立性"要求，国外一些慈善基金组织主办了大多数特殊目的再保险公司。除了签订再保险合同，特殊目的再保险人也向投资者发行证券，把再保险保费收入转交给受托人投资，并安排必须支付投资者的息票支付掉期。在有些情况下，另外一个再保险人介入分出公司与特殊目的再保险人之间，这意味着该合同成为转分保合同而不是再保险合同，由该再保险人转分保给特殊目的再保险人，由于保险连接证券在理论上必须被双重征税，即对所产生的收入和支付的利息必须征税，所以许多特殊目的再保险人都设在百慕大、开曼群岛这样的离岸金融市场和税收优惠地区，以债务形式而不是股权形式发行证券。债务证券可以直接销售或公开销售。直接销售市场是机构投资者的专业市场，其特点是交易额大，但流动性低，而且证券不必经过资信评级公司评级。

(2) 触发条件。每种保险连接证券都有一种决定分出公司可中止利息和本金支付(暂时中止或永久中止)的触发条件。一般而言，一个触发条件可以根据单个或多个事件来确定，如补偿触发条件、指数触发条件和参数触发条件等。国外早期的保险连接证券市场的交易多数使用的是补偿和指数触发条件，只有一小部分是参数触发条件。近年来，该市场转向大部分采用指数交易，许多投资者偏好指数交易是因为其透明度高，并不需要详细评估分出公司基本的风险。

(3) 份额。保险连接证券以多种份额发行，允许投资者选择他们认为合适的风险和回报水

① 许谨良：《风险管理》，中国金融出版社，2006年，第223-224页。

平。例如,套期保值基金可以购买低信用级别和高风险的份额,而投资基金、银行和保险公司的投资账户偏好较高信用级别的份额。可以以组合方式安排份额,以反映不同水平的利息和本金的延迟支付。每种无担保的份额都存在风险,即除非由第三方提供担保,否则无本金和利息保障。本金和利息无保证的份额风险大,自然其回报也高。通常其利率比伦敦银行业拆放利率(London Inter Bank Offered Rate, LIBOR)高 250～750 个基点。为了提高资信级别和扩大销售,有一些份额可以由担保人提供信用担保,经由保险人或银行信用证提供信用担保的份额可以被评级为 AAA 类或 AA 类;具有利息支付损失可能的份额 B 通常被评级为 A 类或 HBB 类;具有完全本金利息损失可能的份额 E 则属于 BB 级别的证券。

从以上的实务操作步骤可以看出,保险连接证券可大大降低证券市场崩盘风险。

2. 应急资本工具

市场崩盘发生后,一般会出现资本链断裂,发生财务危机,提供损后补偿是风险管理的一个主要目的。应急资本工具是以合同约定损失事件发生后提供筹资的工具,可创新运用于市场崩盘损失后的筹资,形式上可以与保险人签约,实质上是筹资和银行工具或证券交易。这些工具都是在损失之前安排好的,它约定在特定损失事件发生后的一个规定的承诺期内筹措到资本,而不具有保险连接证券的那些保险、再保险合同和证券的色彩。通常有应急债务和应急股票两种形式。

(1) 应急债务。应急债务的第一种形式是承诺资本约定,它是应急资本工具中最普通的形式之一,在损失发生之前安排提供资本方案,当两个触发事件发生时才取得资本。在典型的承诺资本约定中,客户制订一个筹资计划,规定当触发事件发生时发行特定的债券,内容包括优先权、期限、偿还明细表和息票。作为资本提供者的保险人和再保险人在触发事件发生时取得该客户所发行的债券来提供资金。

承诺资本约定的第一个触发条件是隐含的,除非该期权具有价值,否则不会执行。事实上,只有当一次损失发生,而该客户不能从其他来源获得更廉价的筹资时,该期权才具有价值。第二个触发条件一般与该客户所面临的风险有关,但这个特定的触发事件一般是不可控的。

应急债务的第二种形式是应急盈余票据,它通常由保险公司和再保险公司发行,对其财务遭遇异常损失提供保障。在典型的应急盈余票据中,保险人与一家金融中介机构签订一份投资信托的合同,它是通过发行支付增额收益的信托票据,由外部投资者来提供资本。该信托机构把收入投资在高级别的债券上。如果保险人发生了预定的损失事件,就向该信托机构发行应急盈余票据。该信托机构把高级别债券变现,把现金交给保险人。作为提供最初承诺和应急资本的回报,投资者取得高于类似级别公司债券的总括收益。保险人事先以一个合理价格获得损后筹资承诺,保险人支付给该信托机构的承诺费可被视为期权费。

应急债务的第三种形式是应急贷款,它是承诺资本约定的一个变种,也是银行的一种信贷业务,在损失发生之前安排,只有损失事件发生才发放贷款。与传统的信贷业务不同,只有当规定的损失事件发生时，才可以用应急贷款来弥补损失。发放此种贷款的概率很小，要支付银行的费用也较传统的信贷业务少一些，而且可以取得大的借款金额。如同承诺资本约定，应急贷款也事先规定了最高金额、固定利率或浮动利率、期限、偿还明细表及触发条件等条款。

（2）应急股票。在某些情况下，管理者可以用普通股或优先股形式筹资。这样可以使损后筹资不增加其债务负担，对财务杠杆比率不会产生消极影响。当然，新的股票发行会导致自身股权收益减少，而且股权资本筹资较债务资本筹资的费用开支更大。例如，国外企业风险管理中采用的损失股票出售期权有时称为巨灾股票出售期权，在预定的触发条件发生时发行新的股票。典型的损失股票出售期权的机制类似于前述的承诺资本约定，但它是股票而不是债务。企业向一个中介机构购买股票出售期权，在合同期内当一个特定的损失触发条件发生时，该中介机构授权该企业出售一定金额的股票，它通常采用直接销售方式。股票出售期权的条件（发行股票数额和结算价格）是确定的，这种损后筹资也是在损失发生之前安排和作出承诺的。当执行期权时，企业向该中介机构发行新的股票，并支付包销费，取得约定的收入。为了避免新普通股发行所引起的股权收益减少带来的损失，经常采取发行优先股的形式。如果采用可转换的优先股形式发行，企业可以在转换日期之前回购，以避免股权收益减少带来的损失。

中国特色的社会主义市场经济，决定着应对市场崩盘风险要以国家和政府为主导。在以往的实践中，地方政府承担了较多的角色。应当优化的路径是：在政府主导下，结合商业市场，探索出符合中国国情的处置市场崩盘风险的制度机制，值得重视的是，保险在对国计民生的保驾护航方面尤有所长，也为其职能本分。

本章参考文献

[1] BERG A, BORENSZTEIN E, PATTILLO C. Assessing Early Warning Systems: How Have They Worked in Practice? [R].IMF Working Paper,2005.

[2] BERG J, CANDELON B, URBAIN J. A cautious note on the use of panel models to predict financial crises[J]. Economics Letters, 2008(101): 80-83.

[3] BLEANEY M, SAXENA S, YIN L. Exchange rate regimes, devaluations and growth collapses[J]. Journal of Macroeconomics, 2018(57): 15-25.

[4] BRUNNERMEIER M K. Asset Pricing under Asymmetric Information: Bubbles, Crashes, Technical Analysis, and Herding[M]. Oxford: Oxford University Press, 2001.

[5] CHEN J, HONG H, STEIN J C. Forecasting crashes: Trading volume, past returns, and conditional skewness in stock prices[J]. Journal of Financial Economics,2001(61):345-381.

[6] ENGLE R F, SHEPPARD K. Theoretical and Empirical Properties of Dynamic Conditional Correlation Multivariate GARCH[R].NBER Working Paper, 2001(8554).

[7] FRANKEL, JEFFREY A, ROSE A K. Currency crashes in emerging markets: An empirical treatment [J].Journal of International Economics, 1996(41):351-366.

[8] FRATZSCHER M, BUSSIÈRE M. Towards a New Early Warning System of Financial Crises[R]. European Central Bank. Working Paper Series, 2002(145).

[9] FRENCH K R, SCHWERT G W, STAMBAUGH R F. Expected stock returns and volatility[J]. Journal of Financial Economics, 1987(19): 3-29.

[10] GRACIELA L. KAMINSKY S L, CARMEN M R. Leading indicators of currency crises[J]. IMF Staff Papers, 1998(45): 1-48.

[11] JIN L, MYERS S C. R-Squared around the world: New theory and new tests[J]. Journal of Financial Economics, 2006(79): 2.

[12] REINHART C M, ROGOFF K S. Recovery from Financial Crises: Evidence from 100 Episodes[R]. NBER Working Paper, 2014(19823).

[13] REINHART C M, ROGOFF K S, HARRIS M. Output Cycles and Financial Crises, 1800—2013. 2014 (Mimeograph).

[14] REINHART C M, ROGOFF K S. This Time is Different: Eight Centuries of Financial Folly[M]. Princeton: Princeton University Press, 2009.

[15] ROMER D. Rational asset price movements without news[J]. American Economic Review, 1993(83): 1112-1130.

[16] SACHS J, TORNELL A, VELASCO A. Financial crises in emerging markets: The lessons from 1995 [R]. NBER Working Paper, 1996(5576).

[17] SCHEINKMAN J, XIONG W. "Overconfidence, short-sale constraints and bubbles" Princeton Economic Theory Working Papers.

[18] SHILLER R J. Irrational Exuberance[M]. Princeton: Princeton University Press, 2000.

[19] YUAN K. Asymmetric price movements and borrowing constraints: A rational expectations equilibrium model of crises, contagion, and confusion[J]. Journal of Finance, 2005, 60 (1): 379-411.

[20] 陈全功.货币危机早期预警系统及其运行效果[J].国际金融研究,2004(12):58-63.

[21] 贺晓波,张宇红.商业银行风险预警系统的建立及实证性研究[J].金融论坛,2001(5):20-37.

[22] 洪耀星.金融危机以来的印度尼西亚社会问题[J].东南亚研究,1999(5):22-26, 30.

[23] 姜波克.国际金融新编[M].上海:复旦大学出版社,2001.

[24] 金洪飞,姜诚.关于货币危机后经济衰退的经验分析[J].财经研究,2005(10):22-33.

[25] 林梅.印度尼西亚经济 1998 年回顾及 1999 年展望[J].东南亚研究,1999(4):42-43, 48.

[26] 刘圣尧,李怡宗,杨云红.中国股市的崩盘系统性风险与投资者行为偏好[J].金融研究,2016(2):55-70.

[27] 吕大永,吴文锋.杠杆融资交易与股市崩盘风险——来自融资融券交易的证据[J].系统管理学报,2019, 28(1):116-122, 133.

[28] 孙嘉成.股价崩盘风险影响因素文献综述[J].合作经济与科技,2017(22):70-71.

[29] 汪莹.金融危机预警模型的构建——"五系统加权法"预警模型[J].西安石油学院院报(社科版),2003 (2):9-18.

[30] 谢加贞.中国金融危机预警:基于 Logit 模型的实证分析[D].长春:东北师范大学,2010.

[31] 袁倩.股价崩盘风险国内外文献综述[J].财会通讯,2018(33):124-129.

[32] 张建伟,陈琦.从认知主义到建构主义[J].北京师范大学学报(社会科学版),1996(4):75-82, 108.

4 资源枯竭风险

4.1 资源型城市风险概述

两次工业革命在世界范围内开启了工业化的进程，而在发展工业的过程中，为了降低生产成本和运输成本，以矿产、森林等资源的开发采集和初级加工为主要生产方式的工厂大多会选址在这些资源的富集地。工厂的定址也吸引了工业生产人员的集聚和交通线路的进一步开发拓展，在这些资源的所在地形成了初步的城市聚落，而随着聚落的发展和以物流为导向的交通网链的完善，依托某类资源的开采、生产而形成的工业城市因此兴起。

但，成也萧何，败也萧何，过分依靠资源而兴起的工业城市也会因资源的开发而隐含风险。这种风险既体现为资源逐渐枯竭和经济结构单一造成的可持续发展障碍，也体现为长期资源开发带来的各种派生风险，如环境、劳动力等方面的各种问题。

4.1.1 资源型城市的定义

根据国务院于2013年印发的《全国资源型城市可持续发展规划（2013—2020年）》，资源型城市被定义为“以本地区矿产、森林等自然资源开采、加工为主导产业的城市（包括地级市、地区等地级行政区和县级市、县等县级行政区）”，但实际上，资源的内涵并不仅限于矿产、森林等自然资源，其外延可以扩展到其他自然资源乃至社会资源。例如，安徽省黄山市依靠黄山风景区旅游资源和徽州文化资源发展旅游业，其GDP大部分来源于旅游业，属于典型的依靠旅游资源的资源型城市；又如美国的硅谷，附近坐落着斯坦福大学、加州大学伯克利分校等名校，依托人才资源优势发展高新科技，大批世界知名的互联网企业在此落户，一年为美国创造占全国GDP总量5%的经济收入，硅谷就属于依靠人才资源和科技资源而发展起来的城市。城市发展所依赖的资源详见表4-1。

表4-1 资源分类

资源类型	具体类型	详细内容
自然资源	不可再生资源	主要指人类开发利用后，在现阶段不可能再生的自然资源，包括不可再生的矿产资源、能源资源和土地资源等
	可再生资源	主要指能够通过天然作用再生更新，可以反复利用的资源，包括动植物资源和太阳能、风能、地热能、核能等可再生能源

（续表）

资源类型	具体类型	详细内容
社会资源	劳动力资源	主要指在劳动年龄范围内且具有劳动能力的人口
	物质资源	主要指长期存在的生产物资形式，如设备、建筑物和交通运输设施等
	科技资源	主要指传统的工艺、经验和现代科学技术等科技成就
人文资源	无形资源	主要指思想、精神等方面的资源，包括信息资源、知识资源、文化资源和政策资源等
	有形资源	主要指以社会文化事物为吸引力本源的人文旅游资源等

虽然资源型城市的资源种类多种多样，但并非所有城市都会面临资源枯竭和转型升级的问题。依托人才、技术、文化旅游等社会资源和依托风力、自然风景等可再生自然资源而发展的城市，只要不涸泽而渔，能够合理发展，就不会存在资源枯竭的问题。只有以矿产资源、森林资源为生产原材料的工业城市，受制于物质资源消耗不可再生的特点，易产生资源枯竭等风险，因而狭义上的资源型城市仅指以矿产资源、森林资源为主导生产资源的城市。

当然，资源枯竭风险并不仅仅局限于所依托资源的物质层面的枯竭，若某一资源型城市的资源因全球范围内的产业转型升级或是资源代换，失去了价格上或是功能上的比较优势，也可以理解为某种层次上的资源枯竭。例如，若某资源型城市虽然煤矿富集，但所探明的矿产品位较差，且使用时污染严重且能源转换率较低，而开采加工成本与其他高品位矿产相近，在这种情况下，即使该城市煤矿仍有较大存量，在失去了比较优势的情况下仍可视为已面临资源枯竭的风险。

考虑到风险的典型性和代表性，本书主要讨论以矿产资源和森林资源等不可再生资源的开发利用为主导产业的城市存在的风险，即狭义上的资源型城市存在的资源枯竭风险。

4.1.2　资源型城市的特点

1. 依赖性

资源型城市的产生与其所依托的资源密不可分，绝大多数资源型城市的形成都离不开资源的产业化开采、加工。这种开采、加工需要大量劳动力，吸引了大量工业从业人口集聚；而人口的集聚和产成品的输出又带来了交通运输、物流和商业的进一步发展，进而塑造了工业城市的雏形。

在这种背景下形成的城市，对资源具有较强的依赖性。在经济上，这种工业城市的 GDP 大多来源于围绕某种资源的开采、加工产业，其所依赖的资源的储量、品位、开采和加工难度等要素在一定程度上决定了该地经济发展状况。在城市规划上，初期的城市布局大多依靠工业厂区，生活区和工业区等主要功能区没有严格划分，行政上则多实行政企合一的管理体制，这种各方面对工业部门的依赖给城市的进一步扩大发展造成了阻碍。

2. 偶发性

资源型城市对资源和工业部门的依赖，使得城市初期的开拓发展完全以资源的区位状况为主要考虑因素，这在城市的建设上则表现为不一定遵循城市选址的规律，具有偶发性。

例如，城市大多选址在交通便利之处，但资源型城市最初只是一些从事资源开采和加工的工厂，这些工厂主要考虑的是资源富集地的区位因素，而非所在地人口密度、劳动力人数和交通运输便利程度等因素。经过初期的基础设施建设，人口、交通方面的劣势对工业生产的影响或许有所缓解，但在工厂吸引人口集聚形成城市聚落后，这种劣势又难免会使城市的进一步发展壮大受到掣肘。

4.1.3 资源型城市的现状

以我国为例，根据国务院印发的《全国资源型城市可持续发展规划（2013—2020 年）》，依据资源保障能力和可持续发展能力的不同，我国资源型城市被分为成长型、成熟型、衰退型和再生型四种类型（表 4-2）。

表 4-2 资源型城市分类

类型	行政区划	具体内容
成长型城市	地级行政区	朔州市、呼伦贝尔市、鄂尔多斯市、松原市、贺州市、南充市、六盘水市、毕节市、黔南布依族苗族自治州、黔西南布依族苗族自治州、昭通市、楚雄彝族自治州、延安市、咸阳市、榆林市、武威市、庆阳市、陇南市、海西蒙古族藏族自治州、阿勒泰地区
	县级市	霍林郭勒市、锡林浩特市、永城市、禹州市、灵武市、哈密市、阜康市
	县	颍上县、东山县、昌乐县、鄯善县
成熟型城市	地级行政区	张家口市、承德市、邢台市、邯郸市、大同市、阳泉市、长治市、晋城市、忻州市、晋中市、临汾市、运城市、吕梁市、赤峰市、本溪市、吉林市、延边朝鲜族自治州、黑河市、大庆市、鸡西市、牡丹江市、湖州市、宿州市、亳州市、淮南市、滁州市、池州市、宣城市、南平市、三明市、龙岩市、赣州市、宜春市、东营市、济宁市、泰安市、莱芜市、三门峡市、鹤壁市、平顶山市、鄂州市、衡阳市、郴州市、邵阳市、娄底市、云浮市、百色市、河池市、广元市、广安市、自贡市、攀枝花市、达州市、雅安市、凉山彝族自治州、安顺市、曲靖市、保山市、普洱市、临沧市、渭南市、宝鸡市、金昌市、平凉市、克拉玛依市、巴音郭楞蒙古自治州
	县级市	鹿泉市、任丘市、古交市、调兵山市、凤城市、尚志市、巢湖市、龙海市、瑞昌市、贵溪市、德兴市、招远市、平度市、登封市、新密市、巩义市、荥阳市、应城市、宜都市、浏阳市、临湘市、高要市、岑溪市、东方市、绵竹市、清镇市、安宁市、开远市、和田市
	县（自治县、林区）	青龙满族自治县、易县、涞源县、曲阳县、宽甸满族自治县、义县、武义县、青田县、平潭县、星子县、万年县、保康县、神农架林区、宁乡县、桃江县、花垣县、连平县、隆安县、龙胜各族自治县、藤县、象州县、琼中黎族苗族自治县、陵水黎族自治县、乐东黎族自治县、铜梁县、荣昌县、垫江县、城口县、奉节县、秀山土家族苗族自治县、兴文县、开阳县、修文县、遵义县、松桃苗族自治县、晋宁县、新平彝族傣族自治县、兰坪白族普米族自治县、马关县、曲松县、略阳县、洛南县、玛曲县、大通回族土族自治县、中宁县、拜城县

（续表）

类型	行政区划	具体内容
衰退型城市	地级行政区	乌海市、阜新市、抚顺市、辽源市、白山市、伊春市、鹤岗市、双鸭山市、七台河市、大兴安岭地区、淮北市、铜陵市、景德镇市、新余市、萍乡市、枣庄市、焦作市、濮阳市、黄石市、韶关市、泸州市、铜川市、白银市、石嘴山市
	县级市	霍州市、阿尔山市、北票市、九台市、舒兰市、敦化市、五大连池市、新泰市、灵宝市、钟祥市、大冶市、松滋市、潜江市、常宁市、耒阳市、资兴市、冷水江市、涟源市、合山市、华蓥市、个旧市、玉门市
	县（自治县）	汪清县、大余县、昌江黎族自治县、易门县、潼关县
	市辖区（开发区、管理区）	井陉矿区、下花园区、鹰手营子矿区、石拐区、弓长岭区、南票区、杨家杖子开发区、二道江区、贾汪区、淄川区、平桂管理区、南川区、万盛经济开发区、万山区、东川区、红古区
再生型城市	地级行政区	唐山市、包头市、鞍山市、盘锦市、葫芦岛市、通化市、徐州市、宿迁市、马鞍山市、淄博市、临沂市、洛阳市、南阳市、阿坝藏族羌族自治州、丽江市、张掖市
	县级市	孝义市、大石桥市、龙口市、莱州市
	县	安阳县、云阳县、香格里拉县

注：表中高要市现为高要区，星子县现为庐山市，宁乡县现为宁乡市，铜梁县现为铜梁区，荣昌县现为荣昌区，遵义县现为遵义市播州区，晋宁县现为晋宁区，九台市现为九台区，香格里拉县现为香格里拉市。

根据规划，这四种类型城市的资源开发程度不同，所面临的矛盾和问题、当前阶段的发展方向和目标也有所不同。

（1）成长型城市的资源开发处于上升阶段，资源储量丰富，短时间内不会出现资源枯竭的问题。对于这类城市，一是在城市规划与发展时要吸取已有经验，拒绝“摊大饼”式的城市发展方式和工业区、居民区等城市功能区混合的城市布局方式，妥善推动工业化和城市化齐头并进；二是要合理规划资源开发生产，根据现有的工业生产水平和资源储量，谋稳定产出、加工的长久之计，不涸泽而渔，避免为一时的高产量而采取粗放的开采方式，造成后续矿产开发难、资源产出率高、利用率低的苦果。

（2）成熟型的城市，资源的开采加工技术成熟，年产量稳定，但长期以来的开采加工也使得一些派生的环境、民生问题频频出现。例如，在环境方面，矿区的矿渣堆积造成环境污染亟待治理，采空区产生地面沉降和矿洞塌陷需要回填等；在民生方面，长期的矿产开采加工难免会使部分相关从业者患上职业病，对医疗等基础设施方面的要求较高。除此之外，成熟型城市为增加产品的附加价值，大多会采取措施来拓展产业链，发展上、下游企业，推进产业纵向一体化。

（3）衰退型城市的资源大多因长时间开采而濒临枯竭，抑或是因为产业升级、能源代换等原因失去了价格方面的比较优势，致使资源支持经济发展的动力不足。衰退型城市不再专注于发展与所拥有资源相关的产业，而是利用过去资源建立的经济优势发展污染较少、对经济发展水平要求高的第三产业，促进城市支柱产业的转型和代换；同时，这类城市会大力整治历史发展工业带来的问题，如城市内部单调的二元格局结构，公共服务和基础设施落后，矿产采集造成的城市存在采空区、塌陷区的风险等问题。

(4) 再生型城市则已成功脱离资源型城市的桎梏,经济上不再依赖原有资源的开采和加工。再生型城市大多专注于科技创新产业及其他现代服务业,培育新兴产业并将其作为经济发展的新支柱;同时,改造提升传统产业,促进其转型升级,实现跨越式发展。再生型城市致力解决过去的工业污染和民生问题,公共服务水平和基础设施水平较高。

4.1.4 资源型城市的困境

1. 资源枯竭,城市经济进入衰退期

资源枯竭是绝大多数资源型城市在城市发展中会直接面临的问题,因为除可再生性资源外,任何资源经过一段时间的开采后都有枯竭的一天,但在很多情况下,由于资源的不合理开发,资源枯竭的问题会提前出现并且其影响将持续扩大。例如,之前我国很多矿产资源都是"掠夺型开发、粗放式生产",从矿产的开采手段到加工方式,都没有经过科学的论证,也未能做到统筹兼顾、规划安排,而这些都是延长资源开采的生命周期、提升资源利用效率必不可缺的手段。

我国大规模的矿产开发始于20世纪五六十年代,国家推行工业化的过程中带动一大批国有矿产得到开发,兴建了一批以此为源的资源型城市。但据统计,这些城市中,已有2/3的城市成为衰退型城市。资源枯竭是资源型城市面临的最直接也是最大的挑战。

2. 经济结构和劳动力结构的单一性

资源的开采加工是资源型城市的兴起之源,也是其继续发展的中流砥柱,但这种对资源的完全依赖会造成城市经济结构和人口结构的单一和失衡。在经济结构上,城市发展过分依靠与资源相关的工业部门,挤压农业、服务业等其他产业的生存空间,城市的一些功能因此有所欠缺,造成较多的生产生活材料和服务都需从外地运输获取。而在人口结构上,城市发展源于工业生产,主要劳动力人口均为工业从业人员,一则在性别比上有所失衡,一线的采掘业更倾向于招聘男性,城市男女数量差距变大;二则在人口年龄结构上资源型城市也与其他城市不同,资源型城市人口以从事相关产业的青壮年劳动力为主,造成在城市公共资源配置时难以顾及年幼和老年人口的需求。此外,资源型城市极度依赖资源相关工业的发展,而只要围绕资源而发展的产业链中的任意环节出现问题,整个产业体系和资源城市都会面临危机,此时会对城市的整体稳定造成不利影响。

3. 城市转型难

长期对资源相关产业的扶持开发,也造成了资源型城市产业发展不协调的问题,即城市的主要产业为第二产业,兼具部分第一产业和第三产业。发展第二产业固然能发挥资源型城市的区位优势,最大程度地促进城市经济发展,但也会挤压其他产业的发展空间,而这会造成城市对外依赖大,许多产品和服务需要依赖从外地进口,生产生活成本提高,不利于民生。

资源的枯竭是无法避免的，而城市的转型升级需要时间。如果没有提前做好预案和规划，长期存在的产业结构畸形问题积重难返，想在短时间内就完成城市各产业的转型是极度困难的。

4.2　资源型城市风险识别

4.2.1　能源消费观改变

消费对生产的影响是直接的，且对生产的调整和转型升级起导向作用，因而能源消费观的变化会影响相关能源消费方式，进而对如化石能源的采掘加工产业产生一系列的影响。

工业革命后人类对化石能源的需求量呈现指数式增长，化石能源的作用在各个工业部门都有所体现，在其广泛使用的同时也带来了严重的环境问题，如燃烧化石能源后废气排放产生空气污染，温室气体改变大气环境，燃烧后的固体废弃物污染资源等。人们越来越深刻地意识到燃烧化石能源对生态环境的危害，各国政府也采取了相应的措施来控制温室气体和废弃物的排放，这其中有很多措施是针对现有的能源结构开展的，如加大对清洁的新能源的投入，促进能源产业转型升级，逐步淘汰污染重、能量转换率差的能源类型等。固然从长远来看，这些措施的推行是有利于环境和人民生产生活的，但对现有的依赖相关能源的资源型城市来说，这些措施则是致命的。

4.2.2　资源优势丧失加速

以不可再生的耗竭性自然资源为主导产业或支柱产业的资源型城市，区域的经济增长严重依赖于自然资源的开采和利用，城市是否得以平稳运行发展也取决于相关产业的兴衰。当这些资源被消耗殆尽时，在产业结构中占据支配地位的产业就面临着衰败甚至是灭亡的困境，进而使得资源型城市的可持续发展面临严峻挑战。即使这些资源型城市赖以生存的资源仍未枯竭，从技术因素和产品替代理论出发，科技进步以及代替性资源的开发也会对资源型城市的发展造成阻碍，例如，新能源对传统能源的替代就会造成以煤矿等传统能源资源开发为主导产业的城市衰退。

以黑龙江省大庆市为例，大庆油田作为目前中国最大的石油生产基地和重要的石化工业基地，自开发建设以来已累计生产原油超过 20 亿吨，占同期中国陆上原油总产量的 40%以上。但作为一个成熟型的资源型城市，大庆的石油产量开始降低，原油开采成本不断攀升，油田开发已进入中后期，城市竞争力日益下降。由于石油经济在大庆市经济中的占比较大，并且大庆市的经济基础较为薄弱，石油产量的逐渐减少不可避免地影响到经济的可持续性和社会的稳定运行发展。根据大庆市发改委测算，大庆原油生产衰减将对其财政收入产生巨大影响(表 4-3)。

表 4-3　　大庆市原油生产衰减对财政收入的影响

时间	产量/万吨	影响财政收入/亿元	
		全部	其中中央财政
2000 年	5 350	—	—
2010 年	4 000	214.3	130.6
2020 年	2 000	715.9	436.6

资料来源:大庆市发改委。

4.2.3　产业结构单一

在资源型城市中,经济要素的单向流动制约了非资源型产业的发展。以资源开发为代表的产业在该城市所有产业中具有比较优势,这一比较优势使得资金、技术、土地、劳动力等经济要素主要集中在这些产业中。经济要素的缺失使得资源型城市其他产业发展的空间和条件受到限制,间接导致具有成长潜力的非资源型产业失去发展的机会,进而形成不均衡的产业结构。

按照产业生命周期理论,产业的发展必然会经历引入、成长、成熟、衰退的过程(图 4-1),因此依靠单一产业的资源型城市的发展周期也会极大程度上受到产业生命周期规律的支配,其发展周期由各城市的资源总量、资源种类、产业数量等因素决定。

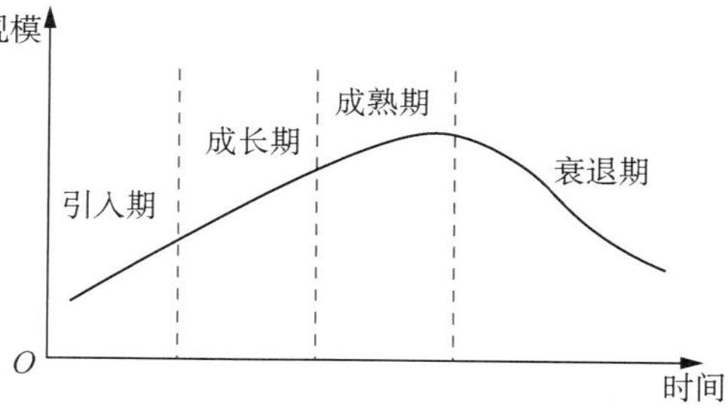

图 4-1　产业生命周期

在资源型城市主导产业或支柱产业的引入期和成长期,城市中从事相关产业的人口不断增加,相关基础设施数量也不断增加,城市随着产业的兴起开始迅速发展;在资源型城市主导产业或支柱产业的成熟期,经济高速增长,城市发展几乎达到顶峰水平;而在资源型城市主导产业或支柱产业的衰退期,产业进入生命周期的最后阶段,从事这一产业的企业数量不断减少,市场逐渐萎缩,仅仅依赖一种或少数几种产业的城市几乎必然会面对因资源优势丧失而导致城市发展困难的局面。

4.2.4　工业技术含量低

资源型城市在开发自身优势资源的同时如能与其他产业产生协同作用,则会对城市经济的发展产生强烈的带动作用。然而,部分资源型城市在对其资源开发利用的过程中不注重纵向相关产业的发展,第二产业在城市产业结构中占据主导地位。同时,在第二产业中采掘工业和原材料工业比重过大,加工工业比重较小,其资源综合利用程度并不高,依赖初级产品生产,连锁效应小、乘数效应差,难以带动配套产业的链式发展,使得城市经济的发展过度依赖资源存量等因素。作为原材料基地的资源型城市,如果资源开采后大部分用于外向输出,产品深加工不足且附加值低,深加工产品所占比重低,就会导致人才流失和城市基础建设资金短缺,对城市经济的均衡发展造成严重的负面影响(图 4-2)。

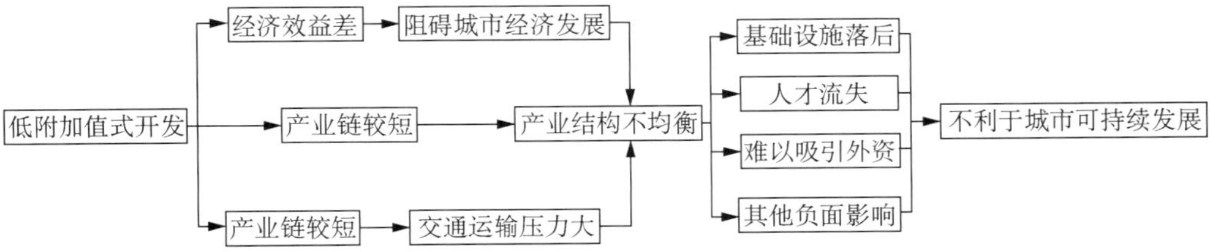

图 4-2 低附加值式开发对城市发展的不利影响

4.2.5 沉淀成本升高

沉淀成本即不能回收的过去成本,对于资源型城市而言,主要指投资在资源开发利用相关工程上的成本,当这一产业衰退后,这些成本通常无法回收且难以再利用。在资源型城市中,为资源开发利用而购买或建造的设备和厂房等基础性生产设施具有较高的专用性,这部分资产往往都会因企业转产而不能完全回收当初的投资从而丧失原有的经济价值。例如,石油开采利用中使用的钻井平台、运输管道和加工设备;煤矿开采利用中用于采掘、支护、运输、洗选等生产过程的矿山机械和井筒、巷道等工程;森林资源开发利用中用于挖掘、砍伐、装卸和输送等生产过程的林业机械等。这些设备或工程一旦报废或转产,就会形成沉淀成本,不仅对资源型城市的自然环境造成不利影响,更会加大城市转型的成本,对依靠资源开发利用的企业和城市造成冲击。同时,受"先生产、后生活"的思想影响,早期的资源型城市大多以矿区为中心,建设服务于矿业生产的道路、医院、学校和水电管道等基础设施,缺乏统一的城市建设规划,不利于城市空间的持续更新。

4.2.6 环境破坏加剧

森林砍伐、煤炭开采、石油化工炼制与加工、铁矿及有色金属矿产开采与加工等资源经济活动对城市的自然景观、居民生活和其他产业发展等方方面面都产生了不可否认的不良影响和破坏作用。

以煤炭型资源城市为例,其资源开发过程中对水、空气、土壤和植被等生态环境组成要素的破坏是显而易见的,其负面影响直接作用于城市的自然环境。首先,在煤炭资源的开采初期,矿井的挖掘和地下水的抽取会造成植被破坏、地表裸露、地面沉降、山体滑坡和水体污染，不仅会造成农田、房屋、交通设施和水利设施的大面积破坏，加速土地的荒漠化、盐碱化，还会产生人畜掉入坑洞的危险隐患；其次，在煤炭资源的开采后期，煤矸石等矿业固体废物的产生不仅堆积占地和污染土地，甚至会自燃污染空气或引起火灾，同时在燃烧的过程中释放二氧化硫、硫化氢等有害有毒气体；在煤炭资源的冶炼和运输过程中，大量粉尘等污染物和有毒有害气体的产生也增加了空气中固体小颗粒物的浓度，严重危害人体健康和生态环境；除此之外，煤炭资源的开发还会造成噪声污染，电动凿岩机、扇风机、采煤机造成的噪声污染强度大、频带宽、声源多，影响矿工和居民的身体健康。

资源不合理开发造成的环境污染不仅影响当下当地居民的正常生活和城市经济的运行发展，还会阻碍城市对外招商引资和人才引进，损坏城市形象，不利于城市的可持续发展。

4.3 资源型城市风险分析与评估

4.3.1 资源型城市风险分析

资源型城市是一个较为现代的概念，绝大多数资源型城市兴起于两次工业革命后，各国为发展工业开采相关矿产、开发森林，而工业的集聚效应使得以其为生的人们聚合在一起形成城市聚落，这就是最初资源型城市的形成。

作为城市类型的一种，资源型城市会面临所有城市都会面临的共同风险，但受制于其支柱产业、新技术、经济环境等因素和其本身固有的特征，资源型城市也会有其特殊的风险需要识别并防控。

1. 经济环境风险

资源型城市的主要产业是重工业，主要产成品是矿产资源和化石能源，其产成品作为商品的一种，会受到经济危机的影响。同时，产成品也是期货市场的一部分，资源的开发也依赖于各种投资，资源型城市亦会受到金融风险的影响。

就经济危机而言，工业生产过剩本身就是经济危机的动因之一，为追求利益，生产者发展生产力，但会忽视社会的需求量和购买力水平，造成总需求与总供给不匹配、劳动群众的购买力下降而导致生产相对过剩。这对以矿石、化石能源、原木等原材料或初级产成品的销售收入作为经济支柱的资源型城市来说，非常容易因为生产供应过剩、产品堆积而遭受经济危机的负面影响，企业需要在工厂停工、工人基本生活难以保障和继续生产、企业支出进一步扩大间作出选择，而二者中的任意一种都会导致城市社会秩序的不稳定。

金融危机对资源型城市的负面影响，则通过国际期货市场来实现。金融危机最明显的特征就是各项金融指标的急剧恶化，投资者对投资市场形势大多作出负面评价，而由于全球经济一体化，矿石、能源等原产品在全球范围的价格波动趋于一致，风险投资者对全球金融市场的判断也会在全世界范围内影响期货市场，乃至期货的价格。同时，由于金融危机的蔓延，银行和各种投资机构对大笔的金融投资和贷款倾向于谨慎，审批资源开发和加工的大型项目的时间会更长，论证通过的可能性会降低，这些都会对资源型城市的未来发展产生不利影响。

金融的本质是逐利的，资金总是向市场中最有利益的地方流动而非向最有用的地方流动，但资源型城市所依赖的资源产业并不能保证其在开发完成的周期内都是相对最有利益的产业。在经济环境和金融市场处于疲软时，资源开发与加工等相关项目吸纳投资的能力并不确定，会进而限制资源相关产业在经济环境中承担风险的能力。同时，过分依靠某一资源使得城市的产业结构单一，当该产业受到经济环境变差的冲击时，往往意味着整座城市的经济结构和支柱将受到冲击，城市整体上承担经济危机风险和金融市场风险的能力较差。

2. 市场竞争风险

从旧有的观点看来，只要一座资源型城市所倚仗的资源并未开采完，这座城市就一直可以依赖它继续发展，但这种认知是有明显缺陷的。在经济全球化的趋势下，同种资源的生产成本会被置于全球市场作比较，当某一地区的生产者以低于其他地区生产者的机会成本生产一种物品时，该地区无疑在全球市场竞争中具有比较优势，这种比较优势推广到资源型城市的发展过程中也同样适用。

一座资源型城市存在时间较长并且资源储量仍有富余，不意味着其利润会随着经验的增长而增长，因为技术的革新与发展会使得资源的勘探、开采和加工都变得更加高效，新的矿场可以尽其所能配置相关设施、更新技术，而存在时间较长的矿场会面临旧设施更新换代的成本更高、牵涉范围更广的窘境，反而没有新的矿场自由。例如，存在时间较长的资源型城市，人口中从事相应技术工作的人员年龄较大、知识结构陈旧，当新技术出现后学习新技术、更新知识结构的能力反而较差；开发时间长的资源型城市纵向一体化水平高，当其中一环更新后，为使服务和产品衔接，整个供应链的上、下游都面临着产业升级的问题，整体升级成本高；一些资源型城市开发时间较早，优良矿产已开发殆尽，只能向外输出一些品质较差的矿产，在市场竞争中已没有优势；另外一些资源型城市受益于开发早、能享受政策扶持，或在开发之初少有能比较的同类矿产，后来却因同类的矿产开发变多，其品位较差的劣势逐步显现，失去了竞争力。

3. 产业转型风险

任何一座资源型城市的管理者都会有基本的忧患意识，当城市面临资源枯竭的境地之前都会想要通过产业的转型升级来创造新的经济增长点，规避经济的衰退，但这一决策在实际操作中亦会面临多方位的风险。

一方面，风险来源于原有产业的退出机制。很多资源型城市的建设和兴起都离不开政策的扶持，大量资源开发龙头企业都是国有企业，如果城市需要产业转型就必须要考虑国企存在承担社会责任的义务，要保障原有产业的工作人员能适应新工作，保障产业转型与充分就业相协调，这既是维持城市稳定和谐的要求，也是保障民生的需要。退出机制的风险还来源于原有产业的相关资源无法合理配置到转型后的城市中去，会使得原有的产业基础完全淘汰，造成不必要的浪费和损耗。

另一方面，产业转型风险还存在于目标转型产业的进入门槛。大多数资源型城市都会倾向于转型为以高新技术和服务业为主的第三产业，既能缓解长期资源开发带来的环境压力，也能充分利用原有的经济基础。但高新技术一般都存在极高的技术壁垒，前期需要大量的财政投入和其他资源投入；再者，众多的高新技术市场已经趋于成熟，利润点趋于饱和，转型升级可能面临激烈的市场竞争。

4. 人才流失风险

资源型城市最初就是围绕资源的开发而发展形成的，支撑起资源型城市经济的基本上是资源开发的相关企业。久而久之，由于其他产业的生存空间狭小，劳动市场的职业选择单一，与资源产业无关的本地专业人才倾向于离开该地，前往其他有合适工作机会的城市定居生活，即自然资本对人力资本产生了挤出效应。当城市处于转型升级的拐点时，将要培育的新兴产业便会缺少专业人才，城市知识人才储备不能满足城市发展的需求，只能通过政策和财政投入吸收、引进人才。而此时，由于依赖的资源近于枯竭或失去比较优势，企业经济效益下降，相关从业人员也会考虑到收入和未来的发展机会，倾向于离开本地而前往其他仍处于发展期或成熟期的同类型资源型城市。

同时需要注意的是，由于早期资源禀赋的富足，资源型城市的发展速度相比其他城市而言更快，但其高等院校的建设水平和基础教育水平并没有以同样的速度提升，这同样也不利于人才的培养。

5. 环境整治风险

很多资源型城市开发时间较早，一直以来都是粗放式生产，走“先污染后治理”的路线，产生了一系列的环境问题。例如，众多矿场在采掘矿石时将大量矿土堆积在露天环境下，雨水冲刷下化学物质污染水资源，造成水资源重金属超标或是其他化学物质超标；在矿区的矿产开采完后，如果不及时回填矿土，采空区的地质就会发生变化，会造成地面沉降或地表出现空洞，造成危险等。

在资源开发利用过程中，企业的粗放式营运对环境的负面影响是多方位的，会对地表景观、水资源、植被和生态环境、地质结构等都造成破坏，短期内这种破坏表现为各种民生问题，例如造成居民生活环境变差、健康状况恶化、各种疾病多发等，而长期来说会对城市的未来发展造成不利后果。全球环保呼声日益增强，寻找接替资源和环境整治已成为一些资源型城市面临的十分突出的问题。城市的转型是必由之路，如环境污染等现实情况则限制城市发展那些对环境要求较高的产业，如旅游业及其相关服务业、高新科技产业等。

而两难的是，保护环境本身也意味着可能的支出风险。前期的无序经营和粗放发展产生一系列环境问题，中后期政府就需要大量的财政支出来治理相关问题，企业也会面临巨额的行政罚款和环境诉讼危机，严重的会被责令停止，进行生产整顿，造成企业误工、产量减少、经济收益下降。为了整治环境问题，企业和政府都需要巨额支出来配置相关设施，如企业增置处理污水废气的机械，政府回填矿坑、植树造林等。

4.3.2 资源型城市风险评估

资源型城市的城市发展风险水平可根据其经济发展状况、社会民生状况、资源保障状况和自然环境状况来评估。以我国为例，由国务院印发的《全国资源型城市可持续发展规划（2013—2020 年）》对全国资源型城市可持续发展主要指标设置了规划目标（表 4-4），资源型城市风险水平高低的评估标准可根据这一指标进行设置。

表 4-4　　全国资源型城市可持续发展主要指标

<table>
<tr><th colspan="3">指　标</th><th>2012 年</th><th>2015 年</th><th>2020 年</th><th>年均增长</th></tr>
<tr><td rowspan="3">一、经济发展</td><td colspan="2">地区生产总值/万亿元</td><td>15.7</td><td>19.8</td><td>29.1</td><td>8%</td></tr>
<tr><td colspan="2">采矿业增加值占地区生产总值比重/%</td><td>12.8</td><td>11.3</td><td>8.8</td><td>[−4]</td></tr>
<tr><td colspan="2">服务业增加值占地区生产总值比重/%</td><td>32</td><td>35</td><td>40</td><td>[8]</td></tr>
<tr><td rowspan="5">二、民生改善</td><td colspan="2">城镇居民人均可支配收入/元</td><td>16 033</td><td>>20 200</td><td>>29 700</td><td>>8%</td></tr>
<tr><td colspan="2">农村居民人均纯收入/元</td><td>7 607</td><td>>9 600</td><td>>14 100</td><td>>8%</td></tr>
<tr><td colspan="2">城镇登记失业率/%</td><td>4.5</td><td><5</td><td><5</td><td></td></tr>
<tr><td colspan="2">棚户区改造完成率/%</td><td></td><td>>95</td><td>100</td><td></td></tr>
<tr><td colspan="2">单位地区生产总值生产安全事故死亡率降低/%</td><td></td><td></td><td></td><td>[60]</td></tr>
<tr><td rowspan="3">三、资源保障</td><td colspan="2">新增重要矿产资源接续基地/处</td><td></td><td></td><td></td><td>[20]</td></tr>
<tr><td colspan="2">资源产出率提高/%</td><td></td><td></td><td></td><td>[25]</td></tr>
<tr><td colspan="2">森工城市森林覆盖率/%</td><td>62</td><td>62.6</td><td>63.6</td><td>[1.6]</td></tr>
<tr><td rowspan="6">四、生态环境保护</td><td colspan="2">历史遗留矿山地质环境恢复治理率/%</td><td>28</td><td>35</td><td>45</td><td>[17]</td></tr>
<tr><td colspan="2">单位国内生产总值能源消耗降低/%</td><td></td><td></td><td></td><td>[28]</td></tr>
<tr><td rowspan="4">主要污染物排放总量减少/%</td><td>化学需氧量</td><td></td><td></td><td></td><td>[15]</td></tr>
<tr><td>二氧化硫</td><td></td><td></td><td></td><td>[15]</td></tr>
<tr><td>氨氮</td><td></td><td></td><td></td><td>[17]</td></tr>
<tr><td>氮氧化物</td><td></td><td></td><td></td><td>[17]</td></tr>
</table>

注：[　]内为到 2020 年的累计数。有关约束性指标以国家或相关地区下达的为准。

4.4 资源型城市风险防控

4.4.1 建立智能模型，实现风险预测

资源型城市的风险水平预测，可通过选取对其产生影响的相关指标，合理确定各个指标权重，最终建立科学的智能预测模型，从而实现风险的可视化。

第一，指标体系的确定应当遵循系统性原则、可操作性原则和客观性原则。系统性原则指的是指标体系应当全面反映城市人口、经济、社会、禀赋、环境等各方面的特征（表 4-5），其层次结构须清晰合理；可操作性原则指的是选取的指标应当具有充分的数据来源途径，资料容易收集并且处理难度不应过高；客观性原则是指以指标体系作为预测模型的基础，数据来源和建立依据必须真实可信。

表 4-5 资源型城市风险预测指标体系

分类	具体指标	作用
人口方面	人口总数、人口增减速度、人口受教育程度、贫困人口占人口总数比重、就业率、就业率增减情况等	用于反映资源型城市人口相关情况对风险水平的影响
经济方面	资本积累、GDP 总量、人均 GDP、资源型产业占 GDP 比重、外资总量等	用于反映资源型城市经济发展水平及能力对风险水平的影响
社会方面	基础设施状况、社保参保率等	用于反映资源型城市社会发展水平及能力对风险水平的影响
资源方面	资源总量、资源开发速度、资源开发利用率等	用于反映资源型城市资源现状及未来对城市发展的持续支持能力对风险水平的影响
环境方面	“三废”排放量、“三废”处理率、废弃物回收再利用比率、绿化率、空气污染指数、环保投资总量等	用于反映资源型城市的环境现状及对城市发展的持续支持能力对风险水平的影响

第二，在建立城市资源枯竭风险预测模型的过程中，合理确定各项指标权重是极为关键的，这直接影响着预测结果是否具有科学性。根据原始数据的来源不同，权重的计算方法一般分为客观赋权法和主观赋权法。目前，常用的客观赋权法主要包括专家调查法和层次分析法，常用的主观赋权法主要包括熵权法、标准离差法及关联函数法（图 4-3），其优缺点见表 4-6。

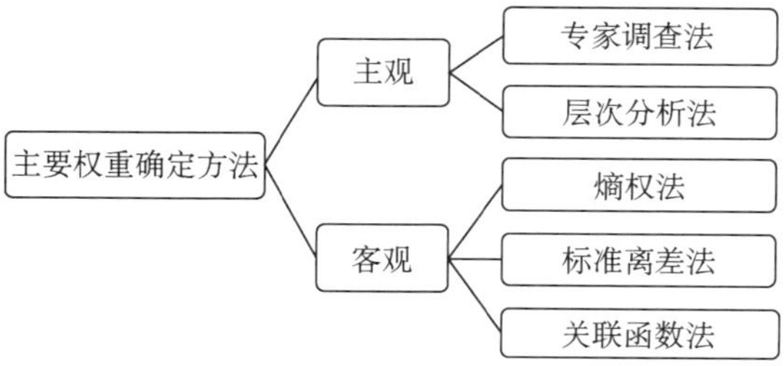

图 4-3 主要权重确定方法

表 4-6 主要权重确定方法的优缺点

方法	优点	缺点
专家调查法	应用广泛,费用较低,可以应用在缺乏足够资料的领域中	受主观意识制约,没有固定标准
层次分析法	简洁实用,清晰明确,所需定量数据较少	层次构建复杂,定性色彩较浓,无法提供改进方案,在指标过多的情况下难以实行
熵权法	通过运用实测数据减少主观臆测影响	对样本数据要求较高,无法运用于中间层
标准离差法	通过运用实测数据减少主观臆测影响,计算方式简便	对样本数据要求较高,无法运用于中间层
关联函数法	评价客观,计算方式简便	要求预先建立指标风险等级标准,无法运用于中间层

(1) 专家调查法。专家调查法是一种依靠专家知识和经验,通过调查研究对问题作出判断、评估和预测的方法,适用于原始信息量大或数据相对缺乏、涉及因素多的情况。

(2) 层次分析法。层次分析法是一种将"决策相关因素"分解为目标、准则、方案等几个层次,在此基础之上进行定性和定量分析的方法,适用于指标结构复杂且缺乏必要数据的情况。

(3) 熵权法。熵权法是一种利用衡量指标变异性程度的信息熵来确定权重的方法,因其需要样本中的风险指标属性数据齐全,故只适用于指标层的赋权而不适用于中间层的赋权。

(4) 标准离差法。标准离差法与熵权法类似,区别在于其基于标准差而非信息熵。当某个指标的标准差越大,表明该指标值的变异程度越大,提供的信息量越大,在综合评价中所起的作用越大,其权重也越大;反之,某个指标的标准差越小,表明指标值的变异程度越小,提供的信息量越小,在综合评价中所起的作用越小,其权重也应越小。

(5) 关联函数法。关联函数法是物元可拓法的自带权重计算方法,此方法须先建立指标风险等级标准。若指标的数据落入的等级标准级别越大,风险越大,则该指标应赋予的权重越大;反之,指标的数据落入的等级标准级别越小,则该指标应赋予的权重越小。

4.4.2 促进资源的合理开发利用

1. 合理制定和落实资源开发总体规划

不少资源型城市都因无序开发导致了资源的加速枯竭,这往往是由于资源开发利用总体规划的制定或执行存在不合理或不到位的情况。同时,资源型城市,尤其是早期的资源型城市,普遍存在开发企业数量多、规模小的现象,这既不利于资源开发效率的提升,也不利于开发总体规划的制定和落实。

合理制定和落实资源开发总体规划,首先,需要政府层面的通盘考虑,综合各项因素制定长远的政策并统筹实施。其次,需要企业和社会层面的积极配合和有效落实。以德国鲁尔区为例,鲁尔区在转型过程中,政府在规划制定方面发挥了重大作用,在城市的转型过程中起到了重要的主导作用。1920年,鲁尔区成立了鲁尔煤管区开发协会(The Siedlung Severb and Ruhr kohienbenzirk, SUR),是鲁尔区的最高规划机构,成员包括政府人员和企业代表。鲁尔煤管区开发协会从环境、交通和用地情况等方面开始入手,逐渐形成了全方位的规划政策。这些规划在颁布后,都得到了严格的执行。规划政策将鲁尔区划分为三个区域:南方饱和区、重新规划区和发展地区。其中,南方饱和区为早期矿业发展的核心地带,以保持稳定发展为规划重点;重新规划区为早期经济发展的重点区域,由于该地区的重要地位,重新规划区从头进行了整体发展规划;发展地区则规划为配合整体协调发展的新区。在1966年和1969年,规划还根据当时鲁尔区的具体发展情况和转型情况进行了两次更新。

2. 适度加大资源勘查开发力度

资源的长期过度开发会导致资源产业的枯竭和资源型城市的衰败,而资源潜力无法得以完全释放,则从另一个角度致使资源型城市无法获得足够的资源支撑,失去应有的发展潜力。因此,不仅应当加大新探区的勘探力度,寻找资源第二空间,形成资源战略接续区,还应当对埋藏深、难发现的深部资源进行探索,消除资源"盲区",延长资源服务年限。

首先,资源勘查开发力度应在科学、合理、适度的原则上进行加强,同时必须认真执行相关法律法规,坚持保护与开发相结合的发展模式,以保障资源的长期稳定供应和资源城市的健康发展;其次,除了理论创新完善外,勘查开发装备的优劣也决定着工作效率与质量的高低,因此,应当对资源勘查开发单位具有的技术力量和团队素质进行严格审查,提升准入门槛;最后,还可以建立资源情况数据库,通过智能化、科技化、现代化的手段,对该城市的主要资源进行梳理和统计,并通过及时更新汇总,保证数据的全面性和有效性。

我国黑龙江省大庆市是全国最重要的石油产地之一,经历60年的开发后,大庆市出现了后续资源接替不足和开发难度大的问题,维持稳定生产的难度极大。因此,大庆市在坚持适度原则和提升核心技术水平的同时,加强松辽盆地新领域及外围新盆地的勘探,以及松辽盆地中浅层石油和深层天然气勘探,加快海拉尔盆地滚动勘探,这些举措对大庆油田的可持续发展起到了促进作用。2018年,大庆油田共完成油气当量4 166.8536万吨,目前仍保持着油气当量4 000万吨以上的世界级水平,占据着中国石油总产量1/5的份额。

3. 形成可持续的资源开发利用模式

对于矿产资源等不可再生资源而言,资源的枯竭是由于其"不可再生性",因此,从资源耗费型发展模式转变为资源循环型发展模式是打破资源单向开发利用的有效方法,也是实现资源枯竭型城市可持续发展的重要途径。除了制订和实行合理的勘查开发计划,资源型城市还应当加快改变粗放式的资源开采模式,提高资源的利用率和综合利用水平,通过发展循环经济减少对资源的需求,延长不可再生资源的服务年限。

对于有限可再生资源而言,以森林资源为例,一则应当加强废旧木质材料和加工剩余物的再利用，其利用方法和使用途径主要包括物理利用、化学利用、生物利用和燃料利用等；二则应当注重培育和充分利用林区的林下灌木、草本植物等非林木生物质能源，促进生物质能源等林业附加价值的开发利用；三则应当践行“边开发边再造”的理念，作为一个复杂的生态系统，森林根据其种群数量的自然调节规律，自身便常以火灾、虫灾等形式来降低其密度，因此适量的砍伐并不会对生态环境造成破坏，反而能够促进森林这一生态系统的“新陈代谢”。比如，加拿大的林业管理就通过限制“年度允许采伐量”来实现林业资源的可持续发展。“年度允许采伐量”与“成熟林和原始林的木材材积”成正比，与“期望能供应木材的年限”成反比。

4. 加大对勘查开发单位的监管力度

为加大资源勘查开发管理力度，有力打击各类违法违规行为，建立资源勘查开发监管的长效机制，各级监管部门应当建立健全评估制度，要求资源勘查开发单位按照相关法律法规和评估制度要求推进和完成工作；对资源勘查开发单位进行严格审核并颁发许可证；对勘查开发实施情况进行跟踪分析和监督检查，加强动态监测，对无证勘查开发、越界勘查开发、不按原设计进行施工等违法行为进行制裁和惩处，对于情节严重的应当注销许可证；应当根据监管情况，不断优化政策措施和实施方案；另外，应当鼓励群众积极参与规划的实施和监督，形成全社会共同参与的立体监督机制。

4.4.3 构建多元化产业体系

1. 促进相关配套产业发展

产业链是以区域内优势资源为中枢，带动其他相关产业发展形成的链条。仅作为资源产地的资源型城市，过短的产业链不仅使得城市经济效益低下，更会直接导致城市发展对资源的过度依赖。从资源型产业生命周期理论可以看出，资源型城市的发展必然受到其主导资源产业的牵连，只有不断加强技术创新、延长产业链和提升价值链，围绕资源的开发利用形成完整的链式产业体系，才能有效延长资源产业生命周期。即使城市主导资源为可再生资源，以资源开采和初级加工为主要产业的资源型城市的竞争力也难以提升，只有不断横向和纵向拓展产业链的长度和深度，才能够弱化资源开发对环境的负面影响，提高资源的利用率，促进城市居民的就业，真正提高资源型城市的竞争力。

对于资源型城市的产业链，一是可以向后延伸，减少未加工或少加工的初级产品输出，依靠低运输成本和低交易成本的优势，加强下游深加工产业；二是可以向前延伸，发展技术研发产业和上游基础产业，从源头上改变产业结构。

以煤炭产业为例，资源型城市可以向后对煤炭进行深加工，除了制造建筑材料等粗加工产品，还可以开展能源、医药、染料、涂料等精细产业；向前则可以发展技术研究和设备制造等产业。我国鞍山市是东北地区最大的钢铁工业城市，有着“共和国钢都”“中国钢铁工业摇篮”的美誉,为形成低碳、绿色、可持续发展模式,鞍山市资源开采产业比重逐步降低,通过不断改造传统产业和加大技术创新,形成了"主业突出、多业并举"新格局。鞍山钢铁集团作为鞍山市资源开发利用的核心力量,探索发展钢铁产品深加工,形成了从热轧板、冷轧板到镀锌板、彩涂板、冷轧硅钢的完整产品体系。

2. 加速提升非资源产业比重

除了优化资源产业及其相关产业的发展,资源型城市还应当加速提升非资源产业比重,培育发展新兴产业,平衡三大产业比例,形成资源型产业与非资源型产业均衡发展的模式,加快构建多元全面发展的现代产业体系。

首先,资源型城市应当在主导的资源型产业的基础上,根据其资源状况、区位条件、社会特点等情况以及城市的发展战略来培育其他支柱产业,既要继续发挥其资源优势,又要发展其他支柱产业以弱化对资源的依赖性,改变原有产业结构的单一性。

其次,依据市场需求变化和科技进步趋势,资源型城市应当加强发展适应当前社会经济发展方向的产业,尤其应当改变早期的资源城市长期着重于第一产业和第二产业的状况,大力发展第三产业。例如,可以依托自身丰富的资源,发展物流、旅游、租赁等产业。

最后,由于资源型城市在转型过程中会面临大量劳动密集型产业的转移,这也使得原本从事这一行业的人员面临失业下岗的问题。因此,应当积极发展带动就业能力强、市场前景好的产业,通过金融、税收等优惠政策引导此类产业的发展,避免产业结构转型升级与扩大就业之间的矛盾。

4.4.4 重视环境治理和生态保护

1. 转变"先污染后治理"的发展模式

资源开发过程对土地、水源、森林等自然生态造成的破坏,加之资源粗加工产业在生产中排放废水、废气和废料,使得众多资源型城市在发展中都曾遭受长期的环境污染和生态破坏,这不仅不利于经济的长期发展,更对城市居民的日常工作和生活带来了巨大的负面影响。只有树立并践行可持续发展观念,转变"先污染后治理"的发展模式,才能从根本上协调好资源开发、经济发展和环境整治的关系,走上资源型城市的绿色发展之路。转变"先污染后治理"的发展模式建立在坚持正确发展理念的基础上,这一理念应贯穿在城市资源开发利用全过程中,必须坚持开发规划科学化、开发准入严格化、开发管理规范化、开发利用环保化的产业发展形势。

以我国鄂尔多斯市为例,在科学发展观的指导下,鄂尔多斯市采取了以下举措:引入循环经济理念,对煤炭、电力、化工、建材等行业实施循环技术改造,不仅提高了资源利用率,降低了生产成本,更实现了经济发展与环境保护的双赢;展开规划环评试点,严格落实环保审批权,对不符合标准的项目一律不予审批;取缔废毁不符合产业政策标准的高污染高能耗生产设备,严格执行限额标准，淘汰落后产能和工艺；组织专项财政资金，加大对节能工程建设、节能技术研发和节能材料使用的投入；通过促进技术创新和人才培养，形成了包括煤炭开采产业、煤化工产业、天然气产业、水泥产业等产业在内的现代化的资源绿色产业体系；加强现代林业建设，发展生态农牧业和生态旅游业，调整产业结构中绿色产业的比例。

2. 加快治理历史遗留问题

在工业化的过程中，资源型城市，特别是早期的资源型城市常常通过高消耗、高污染、低效率的粗放型开发利用模式来加速经济发展，城市运行发展对区域环境的索取超出了其本身的承载力和再生产能力，从而造成了土地资源、森林资源、生物资源、空气资源、水资源乃至历史人文资源的破坏。在从根本上转变发展方式的同时，那些已经难以逆转的经济发展“副作用”，通常超过了自然环境的自洁能力，亟须政府、企业、公众的共同治理，应当不断加大受污染资源型城市的生态环境治理力度，增加生态环境治理的资金投入，在争取财政资金支持的同时，坚持“谁污染、谁治理、谁开发、谁保护”的原则，确保生态恢复措施和污染治理措施落实到位。

对于历史遗留问题的治理，应当根据资源型城市类型及其所主要依赖的产业类型，针对自身具体情况进行治理政策研究制定，因地制宜地采取合理措施。例如，对于森林资源型城市，应当采取尽快推进森林再造、拦堵水土流失崩口和重塑森林生态系统等措施；对于矿产资源型城市，应当采取取缔不合规矿产、建材和废物堆场，治理交通道路、建筑工地扬尘和挥发性有机污染物，淘汰尾气排放标准未达标车辆，修复采矿塌陷区，治理受污染水体等措施。同时，在治理过程中，需要高度重视信用体系建设，依法依规对环境信用良好的个人和企业进行奖励，对环境信用不良的个人和企业进行约束和惩戒，督促社会自觉履行法定义务和社会责任。

4.4.5 重视科技创新和人才培养

1. 促进高校建设和人才引进

在传统工业模式下，资源型城市生产技术、科研水平和高校建设相对落后，人才大量外流。但即使在资源型城市转型的过程中引入科技人才，方向通常也均围绕资源的开发利用，存在较大局限性，不利于资源型城市发展知识密集型产业或资本密集型产业。

加强资源型城市的高校建设和人才引进，有利于提升资源型城市发展的综合性、全面性和系统性，促进资源型城市由单一的产业结构向多元产业结构发展，促进资源型城市由环境耗竭型发展向生态可持续型发展转变(图 4-4)。具体措施包括但不限于以下五个方面：

(1) 加大教育相关投入，鼓励院校建设和人才培养；

(2) 加强已就业人员的在职教育培训，进一步提升其技能水平；

(3) 为失业人群提供教育培训机会，加紧解决资源型城市转型过程中造成的失业问题；

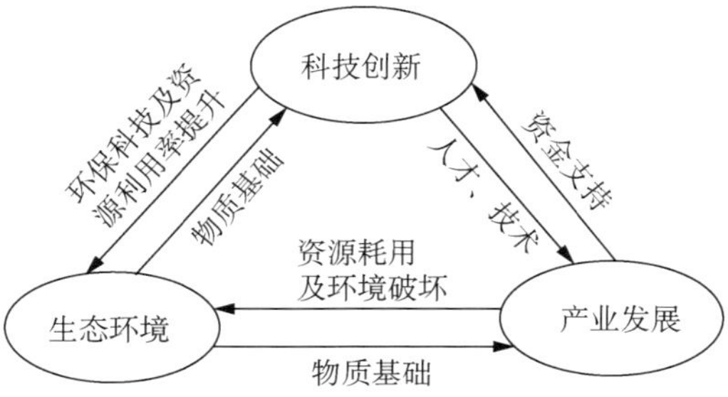

图 4-4　科技创新、产业发展和生态环境要素互动关系

(4) 开展对外交流,引入先进的管理方法和有效经验;

(5) 建立完善的人才引进机制。

德国鲁尔区成功转型的一大重要因素就是重视科技教育的发展,区域内众多知名大学及研究院所为鲁尔区延长资源型产业的产业链、优化产业结构和发展高新技术产业提供了摇篮,德国良好的教育环境也促使在职教育和职业培训获得了极大重视。美国匹兹堡也是通过人才引进和教育促进城市转型的资源型城市之一,外来迁入人口带来了新兴的服务业和计算机软件业,著名的匹兹堡大学和卡内基梅隆大学则促进了医药产业、金融产业、媒体产业和计算机产业等众多产业的飞速发展。

2. 引导企业加大科研投入

引导企业成为科技创新的主体能够推动产学研的有效结合,促进科技成果的有效转化,因此,在政府增加科研投入的同时,也应当通过抵免税收、鼓励企业建立研发机构、支持企业培养引进创新团队、协助企业申报承担国家科研项目以及提供资金补助等方式,引导企业增加对科研项目的经费投入,增强企业自主创新能力,从而加快资源型城市的产业结构调整和升级,推进资源型城市转型发展。

4.4.6　推进城市基础设施建设

1. 加强城市公共服务设施建设

首先,资源型城市的企业和人口通常围绕资源集中分布,这就决定了其基础设施建设布局与资源分布状况紧密相连,从而致使城市建设缺乏合理统一的规划,并且,分散的城市布局也对应着高昂的城市管理成本,导致城市经济集聚效应无法发挥,阻碍城市的转型发展。统筹和加强城市公共服务设施建设,有利于加强中心城区与资源开发区的联系,促进城市的科学规划和合理布局。

其次,除了基础设施建设分布问题,资源型城市由于产业发展的失衡,其基础设施建设也往往并不完整,文化、科教、商贸、交通、娱乐和其他城市发展所必需的功能并不完全具备。加强资源型城市的基础设施建设，有利于改善其基础设施落后、基本公共服务缺失的问题，能完善资源型城市的综合服务功能，明确城市的区域定位和发展方向，并提升城市的辐射带动能力。

再次，资源型城市转型发展的最终目标就是为了不断提高居民的生活水平，增加公共服务设施种类，提升公共服务设施建设水平，能够健全生产、生活、居住和休闲功能区，为居民的日常生活和工作提供便利，形成城市社会经济稳定发展和人民安居乐业相互促进的良性循环。

最后，加强城市公共服务设施建设有利于创造更加便利的营商环境以吸引外资，一方面为本地提供更多的就业机会，另一方面助力于推动资源型城市的转型进程。

2. 合理利用和改造遗留建筑或场地

在资源型城市转型的过程中，有大量原本用于资源开发加工的建筑和场地遭到废弃，但若加以改造利用，不仅能够充分利用“沉没成本”，更有助于该区域生态环境的尽快恢复；同时保留了一定数量的遗址，还为城市居民提供科普基地；改造利用的过程中还能够产生就业岗位，缓解资源型城市转型带来的失业问题。

英国斯旺西、德国海尔布隆和美国西雅图等早期资源型城市都是将遗留建筑或场地进行改造利用的优秀城市案例。英国斯旺西将原本用于铜矿石输入和冶炼铜、煤炭输出的废弃码头改造为海洋公园，并将其周边区域开发为居住区，既保留了乔治时代、维多利亚时代和爱德华时代的古建筑、泊船仓库、泵房等遗留建筑物，又新建了相关公共服务设施；德国海尔布隆将遗留的砖瓦厂打造为具备多种功能的复合式公园，利用废弃材料和早期被人为破坏的自然地貌，建造了为市民提供健身娱乐场地的活动空间和为多种生物提供栖息地的生态空间；美国西雅图炼油厂公园的设计者有意识地保护了一些原本废弃的工业建筑物和设备，在保存城市历史文化的同时，绿色低碳地将其改造成为具有实用价值的城市公共空间。

4.4.7 完善社会保障和商业保险体系

1. 加强社会保障和医疗卫生服务

资源型城市是随着其主导的资源开发加工产业建立和发展起来的，城市中大部分居民的生活和工作都与资源产业存在高度依存关系。当资源型城市的主导产业进入衰退阶段，受行业效益下滑影响，资源开发加工企业会进行大规模裁员或降薪，社会保障就成为城市转型过程中需要重点关注和解决的问题。除了应当进一步完善基本养老、基本医疗、失业、工伤、生育等社会保险制度，还应当扩大社会保障覆盖面，将企业职工、个体工商户和自由职业者等人员都纳入社保的统筹范围，提高资源型城市的整体保障水平，在资源型城市转型的过程中起到平滑风险、保障民生和稳定社会的作用。同时应当提升社保统筹层次，增强基金调剂能力，充分发挥社会保险基金的互济功能，以缓解资源型城市社保基金的支付压力。

资源型城市的社会保障和医疗卫生服务应当根据城市特点进行调整，特别是对于矿产资源型城市等存在大量职业病工人的资源型城市而言，应加大对易患皮肤病、尘肺病、噪声聋、职业中毒等矿业从业人员的医疗保障力度，提高相关医疗机构的救治能力和服务水平。

2. 发掘政府、企业及个人保险需求

在城市面临资源枯竭风险时，对资源进行开发加工的相关企业首当其冲，面临着利润下降乃至破产倒闭的风险，其中，员工安置问题和企业转型问题最为突显。目前，资源型企业基本采用"自我承担"和"政府补助"的风险处理方式，一旦风险发生时，除了自身面临的压力，还将对社会造成较大负担。

员工安置问题主要包括下岗员工的再就业困难问题、离退休人员的养老问题和发生工伤等意外情况的员工救助问题。虽然社会保障体系中的医疗保险、工伤保险、失业保险和养老保险对这类问题的缓解起到了重要作用，但仅仅依靠社会保障难以完全消除。为进一步消除这类问题对企业造成的负担，企业可以投保企业年金、人身意外伤害险和人身医疗险等险种。

企业转型问题的解决则需要大量的资金投入，用于转型过程中的设备购买、厂房建设、技术引进和团队建设。除了国家财政的补助，资源型企业应当未雨绸缪，在产值和利润较高的时期为后期转型做好资金储备，或者购买商业保险公司的投资理财产品。同时，资源型企业还可以借助互保组织，通过互保进行风险分摊，既分散自身可能存在的高风险，又能借助筹集的资金进行二次投资，从而进一步加强自身抗风险能力。

当城市存在资源枯竭风险，个人也面临着较大的失业风险，如何应对失业后面临的医疗支出、养老压力、子女教育和收入问题，个人商业保险作为社会保障和企业保险的补充，也是对风险进行分散转移的有效手段。相关的保险产品包括商业健康保险、子女教育保险、商业养老保险、意外伤害保险和人寿保险等。

依照转型方向的不同，资源型城市在转型过程中的保险需求也各不相同，具体示例如下：

(1) 对于向信息技术产业转型的资源枯竭型城市，其城市转型发展需要网络安全保险、营业中断保险、个人信息泄露责任保险、企业财产保险等险种的支持，用于规避和转移信息在收集、整理、储存、传递过程中的风险以及相关设备在生产使用中存在的风险。

(2) 对于向航空航天技术产业转型的资源枯竭型城市，其城市转型发展离不开卫星在轨寿命保险、火箭发射前保险、卫星发射及初始运行保险和卫星发射第三方责任保险等险种，用于转移和规避各类飞行器在生产、运输、发射、运行、回收等过程中可能出现的风险。

(3) 对于向新材料技术产业转型的资源枯竭型城市，可以通过新材料产品质量安全责任保险等险种来为各类技术风险、责任风险和环保风险兜底。我国近年来的保险创新产品如重点新材料首批次保险，它承保新材料质量风险和责任风险。新材料是指经过技术创新，品种规格和性能参数有重大突破，对国民经济和国防科技发展有重要意义的材料。首批次新材料是用户在首年度内购买使用目录内的同品种、同技术规格参数的新材料产品。主要涉及以下材料：先进钢铁材料、先进有色金属材料、先进化工材料、先进无机非金属材料、高性能纤维及复合材料、稀土功能材料、先进半导体材料和新型显示材料、新型能源材料以及前沿新材料等。承保的质量风险，主要指因新材料质量缺陷造成的合同用户企业更换或退货风险；责任风险，则主要保障因新材料质量缺陷造成合同用户企业财产损失或发生人身伤亡风险。生产首批次新材料的企业是保险补偿政策的支持对象。使用首批次新材料的企业是保险的受益方。

新材料是先进制造业的支撑和基础，其性能、生产技术和工艺等直接影响电子信息、高端装备等下游领域的产品质量和生产安全。新材料进入市场初期，需要经过长期的应用考核与大量的资金投入，下游用户首次使用存在一定风险，我国试行的重点新材料首批次应用保险补偿机制有助于突破新材料应用的初期市场瓶颈，激活和释放下游行业对新材料产品的有效需求以及制造企业的生产活力。

新材料首批次保险责任限额一般根据采购合同金额以及产品可能造成的责任损失额来综合确定。创新活动风险大，与人为因素有关，传统保险归为不可保风险。保险支持科技创新，同步也扩展保险责任，在政府给予一定的补贴、保险费率也有所限制的条件下，尝试保险产品创新。

(4) 对于向现代农业转型的资源枯竭型城市，除了牲畜养殖保险、农作物种植保险、林木火灾保险等传统险种能够有效为农业城市的发展保驾护航，天气指数保险、价格指数保险、产量保险、收入保险、农产品质量保险以及农村小额信贷保证保险等新型产品也能够发挥重要作用。

(5) 对于向旅游、会展、文化等现代服务产业转型的资源枯竭型城市，其通常具备深厚的工业文化底蕴且拥有大量工业遗存，可通过对传统工业区的老旧工业厂房和历史建筑进行保护与改造成为特色旅游城市，促进旅游、会展、文化等新型和现代产业发展。在这一过程中，建筑工程一切险等险种能够在工业遗存改造中起到风险转移作用，人身意外伤害保险、住宿游客人身保险、旅游救助保险和旅游救援保险等险种也将在旅游城市的平稳发展中成为必不可少的风险预防手段。同时，旅游城市也是众多大型国际性论坛、会议、展览、赛事的举办地。以世博会为例，可以运用的商业保险包括机动车保险、园区现金保险、恐怖主义及恶意破坏保险、地震海啸保险、建筑和安装工程保险、展品和艺术品保险等财产险，志愿者保险、活动取消保险、雇主责任险、环境污染责任险、产品质量保证保险等责任险，货物运输保险、船舶保险、雇员人身意外伤害综合保险等各类险种。

本章参考文献

[1] ZUO G, CHEN Q. Challenges to sustainability of resource-exhausted cities: A case study of Lengshuijiang, China[J/OL]. Social Science Electronic Publishing, 2015[2021-4-18]. https://ssrn.com/abstract=2556856.

[2] DING Sibao, SUN Miao. The development plight of chinese resource-exhausted cities and the countermeasures of central government[J]. Areal Research & Development, 2006 (5):1-5.

[3] LIU H, ZHANG Z Y, WEI S, et al. Urban growth boundary delimitation of resource-exhausted cities: A case study of Huaibei City[J]. Journal of Natural Resources, 2017,32(3):391-405.

[4] WANG H. Study on the transformation strategy for resource-exhausted cities in view of sustainable

development[M]. Springer Berlin Heidelberg, 2012.
[5] REN C H. The research on the industrial heritage tourism development in the transformation of resource-exhausted cities[J]. Advanced Materials Research, 2013, 869-870:69-71.
[6] MEI L, FANG Y G. Construction of sustainable spatial structure of resource-exhausted cities[C]//International Conference on Multimedia Technology, 2011.
[7] BING Z. An empirical research on the ability of sustainable development for coal resource exhausted cities [C]//The 19th International Conference on Industrial Engineering and Engineering Management, 2013.
[8] FANG X C, CHEN H, WANG X L. Coordination of economic development and ecological environment in resource exhausted cities[J]. Ecological Economy, 2015(1):36-42.
[9] SHAO J, ZHOU J. Study on the influences of industry transformation on the sustainable development of resource-exhausted city space[J]. Procedia Engineering, 2011, 21:421-427.
[10] JIANG C, HUA Z, MIN J, et al. Case study on the redevelopment of industrial wasteland in resource-exhausted mining area[J]. Procedia Earth & Planetary Science, 2009, 1(1):1140-1146.
[11] WU W W, FU Z. Research on transition of China's resource cities: A case study of Pingxiang[J]. Chinese Management Studies, 2012, 6(1):184-203(20).
[12] MENG Z, TAN F, LU Z. Resource-based cities(RBC): A road to sustainability[J]. International Journal of Sustainable Development & World Ecology, 2014, 21(5):465-470.
[13] PATTERSON J. Testing the partnership model of growth management[J]. Pac rim l & Poly J, 1998.
[14] PENG Y, LIN A, WANG K, et al. Comprehensive benefits evaluation of mining wasteland reclamation and utilization in resource-exhausted cities: A case study of the Qiyueshan mining area,Huangshi City [J]. Remote Sensing for Land & Resources, 2015, 27(3):161-166.
[15] TAO X. Urban ecological security evaluation of typical resource-exhausted cities based on attribute recognition theory[C]//International Conference on Bioinformatics & Biomedical Engineering, 2009.
[16] LIN K, HAN L I. Study of tertiary industry development in resource-exhausted cities based on regional economic integration[J]. Journal of Southwest Petroleum University, 2011, 4(1):70-74.
[17] CAO J, ZHANG W. Characteristics of resource-exhausted cities' industrial function in China[J]. Progress in Geography, 2013, 32(8):1216-1226.
[18] 站在历史新起点的大庆油田[J].工程研究-跨学科视野中的工程,2009(2):113-114.
[19] 余建辉,张文忠,王岱.中国资源枯竭城市的转型效果评价[J].自然资源学报,2011,26(1):11-21.
[20] 陶晓燕.我国典型资源枯竭型城市生态系统健康综合评价[J].地域研究与开发,2010,29(1):119-123.
[21] 王树义,郭少青.资源枯竭型城市可持续发展对策研究[J].中国软科学,2012(1):1-13.
[22] 杨荫凯.资源枯竭型城市怎样实现结构调整[J].宏观经济管理,2002(1):30-32.
[23] 田苗,武友德.资源枯竭型城市产业转型实证研究[J].经济地理,2006,26(4):585-588.
[24] 蒋浩,赵晨.我国资源枯竭型城市经济转型面临的问题及对策[J].湖北社会科学,2004(5):117-118.
[25] 姜春海.资源枯竭型城市产业转型的财政政策扶持机制研究[J].财经问题研究,2006(8):36-41.
[26] 张秀生,陈慧女.我国典型资源枯竭型城市的可持续发展——基于9个典型资源枯竭型城市的分析[J].武汉理工大学学报(社会科学版),2009,22(3):85-88.

[27] 孙淼.资源枯竭型城市可持续发展调控研究[D].长春:东北师范大学,2005.
[28] 王树义,郭少青.资源枯竭型城市环境治理之政府责任研究[C]//中国法学会环境资源法学研究会年会,2011.
[29] 袁玉珂,王成新.煤炭资源枯竭型城市低碳替代产业发展研究——以山东枣庄市为例[J].煤炭经济研究,2016,36(3):11-14.
[30] 吴要武等.资源枯竭的神话——资源枯竭型城市产业转型与社会稳定[M].北京:社会科学文献出版社,2013.
[31] 赵彬,李天坤,杜小云.资源枯竭型城市转型的建议[J].经济研究参考,2017(66):48-49.
[32] 熊剑平,刘承良,张传琪,等.资源枯竭型城市产业发展评价与接续选择——以湖北省大冶市为例[J].经济地理,2009,29(8):1282-1287.
[33] 姜春海.资源枯竭型城市产业转型三机制研究[J].社会科学辑刊,2006(5):82-87.
[34] 吴要武.资源枯竭型城市的就业与社会保障问题分析[J].学术研究,2004(10):52-58.
[35] 王琼.资源枯竭型城市经济转型要有新思路[J].求是,2002(12):33-35.
[36] 张维达,王连忠.东北资源枯竭型城市接续产业发展问题[J].吉林大学社会科学学报,2005(5):5-15.
[37] 白中科.资源枯竭型城市产业转型研究面临的问题[J].山西农业大学学报(社会科学版),2004,3(4):335-336.
[38] 丁四保,孙淼.资源枯竭型城市发展困境与中央政府的作为[J].地域研究与开发,2006,25(5):1-5.
[39] 张秉福.资源枯竭型城市:问题与对策[J].柴达木开发研究,2006(2):8-10.
[40] 钱勇.资源枯竭型城市的界定及其政策涵义——以辽宁省为例[J].辽宁工程技术大学学报(社会科学版),2007,9(6):585-587.
[41] 许豫东,孙威,樊杰.我国矿产资源枯竭型城市持续发展战略研究[J].矿业研究与开发,2004,24(3):9-11.
[42] 张亲培,孙悦.资源枯竭型城市转型的个案研究[J].经济纵横,2010(9):82-86.
[43] 关晓吉.浅谈资源枯竭型城市可持续发展的对策[J].现代矿业,2002(24):1-4.
[44] 杜永红.资源枯竭型城市经济转型战略模式的研究[J].现代城市研究,2012(4):92-95.
[45] 李维忠,张建军.要高度重视资源枯竭型城市劳动力转移问题[J].辽宁工程技术大学学报(社会科学版),2001,3(1):16-18.
[46] 戴学锋.从国际经验看资源枯竭型城市如何转型[J].今日中国论坛,2009(Z1):96-99.
[47] 汪晓文,潘剑虹,杨光宇.资源枯竭型城市转型的路径选择——基于经济、社会、资源环境承载力视角的研究[J].河北学刊,2012,32(5):128-131.
[48] 张秉福.资源枯竭型城市的问题与对策[J].上海城市管理,2006,15(5):54-55.
[49] 李宏舟.国外资源枯竭型城市社会稳定问题研究——以闭矿裁员后政府应对措施为中心[J].资源与产业,2008,10(3):311-312.
[50] 武磊.推进资源枯竭型城市产业转型的若干思考[J].中州学刊,2009(5):69-71.
[51] 李荣华,惠树鹏.资源型城市产业转型效果评价——以国家首批资源枯竭型城市为例[J].生产力研究,2014,268(11):61-63.
[52] 李洁,王琴梅.人力资本积累视角下的资源枯竭型城市的经济转型[J].中国经贸导刊,2010(14):87-87.
[53] 李文祥.资源枯竭型城市的社会保障制度改进[J].甘肃社会科学,2006(6):53-55.

[54] 庞娟.资源枯竭型城市产业转型的风险规避与产业创新[J].城市问题,2006(4):69-72.

[55] 徐向峰,孙康,侯强.资源枯竭型城市社会保障制度的完善[J].长春工业大学学报(社会科学版),2008,20(3):74-76.

[56] 汤重业.建立矿山企业关闭保险制度探讨[J].湖南有色金属,2005,21(6):49-52.

[57] 任焕.资源枯竭理论:企业年金新视角[J].能源技术与管理,2010(5):136-138.

[58] 张芳.资源枯竭型城市社会保障制度存在问题及对策探析[J].长春工业大学学报(社会科学版),2008,20(2):95-99.

[59] 郭士征,葛寿昌.中国社会保险的改革与探索[M].上海:上海财经大学出版社,1998.

[60] 方传新,纪永强,金业权.几种常用钻井风险评价方法的比较[J].中国石油和化工标准与质量,2012,10(2):24.

[61] 刘刚,金业权,李峰,等.层次分析法在井控风险可控诱因分析中的应用[J].西南石油大学学报(自然科学版),2011,33(2):137-142.

[62] 孙月峰,张表志,闫雅飞,等.基于熵权的城市水资源安全模糊综合评价研究[J].安全与环境学报,2014,14(1):87-91.

[63] 吴希.三种权重赋权法的比较分析[J].中国集体经济,2016(34):73-74.

[64] 李成,吴谦,胡满.风险综合评价中指标权重确定方法对比研究[J].石油工业技术监督,2016,32(1):50-53.

[65] 尹牧.资源型城市经济转型问题研究[D].长春:吉林大学,2012.

[66] 赵长胜.解析大庆精神铁人精神新时代内涵[J].管理观察,2019(15):63-64.

5 能源危机风险

能源是城市的基础物资，城市运转依赖能源稳定供给。这种稳定既包括数量，还包括价格。一旦供给稳定得不到保障，就会出现能源危机，从而影响城市发展的方方面面，城市管理也将面临巨大的风险。三次世界石油危机、美国加利福尼亚州电力危机等都是城市管理者不愿遇到的能源危机的典例。

5.1 能源危机概述

能源是工业社会发展的必需品。工业革命以后，能源消费结构的主体逐渐变为石油、煤炭等化石能源，这些化石能源的供应稳定和价格稳定是能源进口国普遍关注的问题。但是没有哪个能源管理系统是完全安全的，能源供应中断或能源短缺有时是由于一些不可预料的事件造成的，这些事件可能包括蓄意破坏、政治干预、罢工、技术失误、突发事故和自然灾害等。而一个国家在能源生产和运输能力方面投资不足也会造成能源供应短缺，进而引发因高价造成的能源危机。

5.1.1 能源危机概念

能源危机是指在特定的时期和地区，能源供应短缺或是能源价格上涨而严重影响人们的生活和经济的发展。能源危机包括能源供应中断危机和能源价格危机。能源供应中断危机指在特定的时期和地区，能源供应短缺严重影响到人们的生产生活和经济发展；能源价格危机是指在特定的时期和地区，能源价格暴涨使得人们越来越为获得能源而负担沉重。

1973 年第一次世界石油危机爆发，给工业化国家造成了巨大的经济损失。1973 年全球经济增长率为 6.8%，1974 年则下降至 2.8%。1974 年，国际能源机构(International Energy Agency, IEA)成立，提出了能源安全是可得的(available)、负担得起的(affordable)、不中断的(uninterrupted)能源供应，也就是说能源供应短缺数量不能超过前一年能源进口数量的 7%，并且没有出现持续的难以承受的高油价。

5.1.2 历史回顾及发展现状

1. 简要历史

由于石油在世界能源结构中的地位非常重要，能源价格危机的历史主要是石油价格危机的历史。20 世纪以来，比较大的石油危机主要有三次，时间分别为 1973—1974 年，1978—1980 年，1990—1991 年。而且这三次石油危机均起源于战争，分别为中东战争、两伊战争、波斯湾战争。

第一次石油危机：1973 年 10 月 6 日，埃及和叙利亚入侵以色列，为报复美国支持以色列，石油输出国组织（Organization of the Petroleum Experting Countries，OPEC）决定将 10 月份的石油产量在 9 月份基础上削减 5%，并且随后每个月再降低 5%。因此，1973 年年末石油危机到来，原油价格从 3.01 美元/桶上涨至 5.11 美元/桶，上涨了 70%。1974 年 1 月 1 日，德黑兰会议以后，第二次石油价格上涨开始，OPEC 原油基准价涨到 11.65 美元/桶。而 1949—1970 年，中东原油价格均值仅 1.9 美元/桶。

这次石油危机严重打击了发达国家的经济发展，美国的工业生产指数（IPI）下降了 14%，GDP 下降了 4.7%；日本的 IPI 下降了 20%多，GDP 则下降了 7%；欧洲 GDP 下降了 2.5%。

第二次石油危机：1979—1980 年爆发的伊拉克和伊朗战争造成了国际油价飙升。伊朗对世界每天出口的约 300 万桶石油因战争被中断。OPEC 石油产量受到影响，从 580 万桶/天骤降至 100 万桶/天以下。油价在 1979 年开始暴涨，从 14 美元/桶猛增至 1980 年的 35 美元/桶，石油危机爆发。这次石油危机使西方国家的经济遭受了冲击。美国 GDP 增长率由 1978 年的 5.6%下降至 1980 年的 3.2%，直至 1981 年−0.2%的负增长。

第三次石油危机：1990 年 8 月，伊拉克攻占科威特，点燃波斯湾战争。伊拉克受到国际经济制裁，中断原油供应。之后 3 个月，国际油价就从 14 美元/桶升至 42 美元/桶。美国和英国的经济陷入衰退，1991 年全球 GDP 增长率跌破 2%。国际能源机构每天将 250 万桶的储备原油投放市场，OPEC 迅速增加产量，才稳定世界石油价格。这次高油价持续时间较短，影响相对较小。

如上所述能源危机均属于能源价格危机，能源供应中断危机则通常发生在经济发展快速、能源贫瘠的地区，如由于电力管制政策引发的美国加利福尼亚州电力危机等。

2. 能源消费结构现状

进入 21 世纪以后，发达国家能源消费量波动不大，但中国异军突起，2009 年开始超过美国成为世界上最大的能源消费国，且之后的能源消费量逐年递增（图 5-1）。美国、英国、日本等西方发达国家已实现从煤炭到石油的过渡，更清洁高效、低碳甚至无碳的天然气、核能、太阳能、风能等所占能源消费的比例不断提高，但一次能源消费中石油、煤炭和天然气仍是主力供应者。2017 年，全球经济发展仍以传统化石能源为支柱，石油在所有能源消费中的占比超过 1/3，世界能源消费结构中石油、天然气、煤炭、核能、水电、可再生能源占比分别为 34.21%，23.36%，27.62%，4.41%，6.80%，3.60%（图 5-2）。目前，为世界经济提供动力的主导能源中天然气是增长最快的化石能源，其在一次能源中的占比逐渐增加；石油稳定地增长但占比下降；煤炭自 2000 年比重不断提高之后，增长急剧放缓；可再生能源（包括生物燃料）迅速增长，在一次能源中的占比增加。世界上最大的商品市场是石油及天然气市场。石油主要通过船舶运输，运输量一般与装卸港的吞吐量、运输距离和运输成本有关。天然气虽然运输困难，国际贸易比例较小，但在能源中占比增速明显。美国能源消费结构中石油、天然气、煤炭、核能、水电、可再生能源占比分别为 40.87%，28.45%，14.86%，8.58%，3.00%，4.24%(图 5-3)。

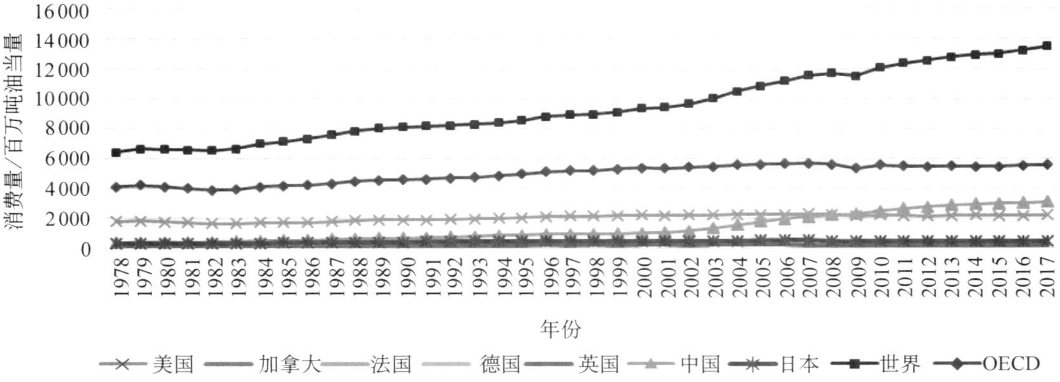

图 5-1 世界主要能源消费国历年能源消费量变化

（资料来源：BP 世界能源统计年鉴）

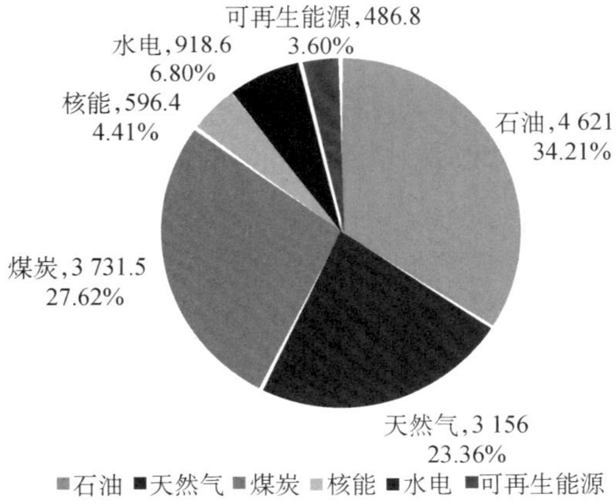

图 5-2 2017 年世界能源消费结构

（单位：百万吨油当量）

（资料来源：BP 世界能源统计年鉴）

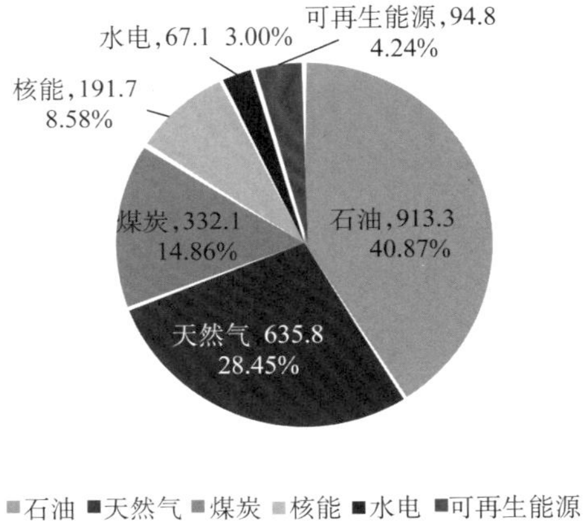

图 5-3 2017 年美国能源消费结构

（单位：百万吨油当量）

（资料来源：BP 世界能源统计年鉴）

2017 年全球一次能源消费量增长了 2.2%，增速高于 2016 年的 1.2%，为自 2013 年以来的最快增速。除亚太、中东及中南美洲以外，其他所有地区能源消费的增速均高于历史平均水平。除煤炭和水电外的所有燃料消费增速均高于历史平均水平。天然气是能源消费中最大的增量来源(8.3 百万吨油当量)，其次是可再生能源(6.9 百万吨油当量)和石油(6.5 百万吨油当量)。亚洲在石油、煤炭、可再生能源和水电消费上领先；而北美洲在核能和天然气消费上领先。2017 年亚洲主导全球煤炭消费，占全球消费的 74.5%；而 1965 年亚洲的煤炭消费在全球煤炭消费占比仅为 17%,2001 年就增长到了 50%。①

如果经济增长强劲,能源消费量就会逐年递增,中国经济在 2014 年进入新常态后,能源需求较大,但波动减小。煤炭在中国能源消费结构中仍然占据着绝对主导地位,中国是世界上少有的几个以煤炭为主导能源的国家。2013 年,煤炭的占比开始逐步下降,石油、天然气、水电、核电、风电占比开始上升,详见图 5-4。2016 年煤炭在总体能源消费量中占 62%,石油占 18.3%,天然气占 6.4%,水电、核电、风电共占 13.3%。2017 年,中国能源消费结构中石油、天然气、煤炭、核能、水电、可再生能源占比分别为 19.42%, 6.60%, 60.43%, 1.79%, 8.35%, 3.41%(图 5-5)。2018 年中国能源消费总量达到了 464 000 万吨标准煤。

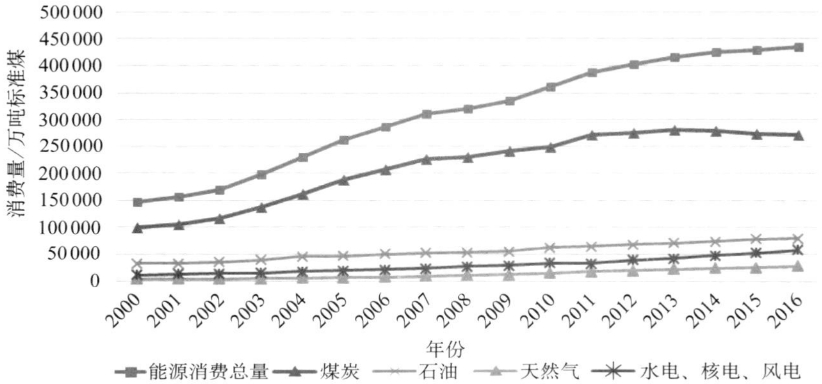

图 5-4　2000—2016 年中国能源消费变化

(资料来源:中国国家统计局)

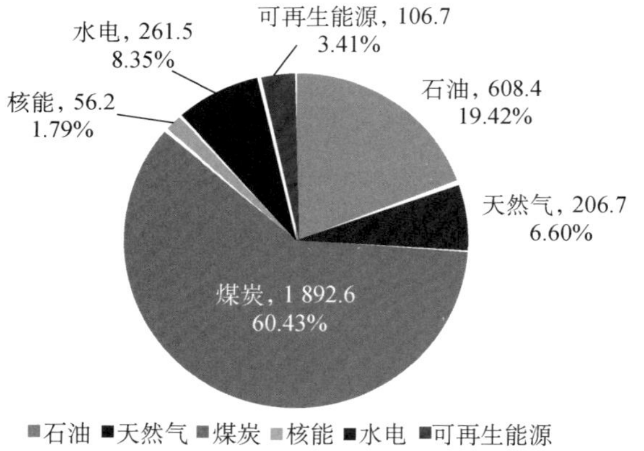

图 5-5　中国 2017 年能源消费结构(单位:百万吨油当量)

(资料来源:BP 世界能源统计年鉴)

① 数据来源:2018 年 BP 世界能源展望。

3. 能源生产结构现状

世界能源生产结构中石油、天然气、煤炭产量各有增长。2017 年用于发电的各种能源——石油、天然气、煤炭、核能、水电、可再生能源各占所有能源的 3.46%，23.15%，38.05%，10.31%，15.89%，8.42%(表 5-1)。

表 5-1　　2017 年部分国家和地区燃料发电量及其占比　　单位:TW

国家及地区	石油	天然气	煤炭	核能	水电	可再生能源	其他*	总计
中国	14.9	196.2	4 360.9	248.3	1 155.8	471.7	47.4	6 495.1
	(0.23%)	(3.02%)	(67.14%)	(3.82%)	(17.79%)	(7.26%)	(0.73%)	(100%)
美国	22.7	1 368.7	1314.0	847.3	296.5	418.9	13.6	4 281.8
	(0.53%)	(31.97%)	(30.69%)	(19.79%)	(6.93%)	(9.78%)	(0.32%)	(100%)
日本	54.8	401.5	342.5	29.1	79.2	98.9	14.1	1 020.0
	(5.37%)	(39.36%)	(33.57%)	(2.85%)	(7.77%)	(9.70%)	(1.38%)	(100%)
俄罗斯	15.8	529.9	153.3	203.1	183.3	1.2	4.7	1 091.2
	(1.44%)	(48.56%)	(14.05%)	(18.62%)	(16.80%)	(0.11%)	(0.43%)	(100%)
欧洲	61.6	774.6	841.3	850.7	576.2	715.1	81.9	3 901.3
	(1.58%)	(19.85%)	(21.56%)	(21.81%)	(14.77%)	(18.33%)	(2.10%)	(100%)
世界	883.0	5 915.3	9 723.4	2 635.6	4 059.9	2 151.5	182.6	25 551.3
	(3.46%)	(23.15%)	(38.05%)	(10.31%)	(15.89%)	(8.42%)	(0.71%)	(100%)

资料来源:2018 年 BP 世界能源展望。
注:1. * 包括未单独列出的其他来源如抽水储能,不可再生废物以及统计偏差。
2. 括号中数据为占比。

2017 年世界石油产量仅增长 60 万桶/日，连续第二年低于历史平均增速。中东(－25 万桶/日)和中南美洲(－24 万桶/日)的产量均有所下降,但这些减少被北美洲(82 万桶/日)和非洲(39 万桶/日)的增长所抵消。2017 年世界原油加工量增加 160 万桶/日，比 2016 年 50 万桶/日的增幅有所扩大。增长主要来自中国(57 万桶/日)、美国(41 万桶/日)和欧洲(37 万桶/日)。2017 年全球天然气产量增长了 4%(1 310 亿立方米),几乎是近十年平均增速(2.2%)的两倍。俄罗斯增幅最大(460 亿立方米),其次是伊朗(210 亿立方米)和澳大利亚(170 亿立方米)。世界天然气消费量增加了 3%(960 亿立方米),为自 2010 年以来最快增速。2017 年世界煤炭产量增长了 3.2%(1.05 亿吨油当量),是自 2011 年以来最快增速。

煤炭仍是世界发电的主要来源。2017 年煤炭占比 38.1%,几乎是排在第二位的天然气(23.2%)和第三位的水电(15.9%)的占比之和(表 5-1)。2017 年可再生能源在发电中占比 8.4%,较 2007 年增长了 6.1 个百分点,同期,核电占比下降了 3.4 个百分点,煤电下降了3.1 个百分点。全球核电 2017 年增长 1.1%(500 万吨油当量),高于 10 年的平均值－0.7%。世界水电增长仅 0.9%(合 500 万吨油当量),而近 10 年平均增长 2.9%。美国(700 万吨油当量)贡献了最大增量。中国的增速为自 2011 年以来最低,欧洲则下降了 10.5%(−1 600 万吨油当量)。

2006—2016 年中国能源中的石油、天然气、煤炭、核能、水电、可再生能源生产平均增长率分别为 0.8%,8.9%,2.4%,14.5%,10.2%,41.9%(表 5-2),可再生能源的发展是非常惊人的。2017 年中国用于发电的各种能源——石油、天然气、煤炭、核能、水电、可再生能源各占所有能源的 0.23%,3.02%,67.14%,3.82%,17.79%,7.26%(表 5-1)。中国的可再生能源发电增长了 2 500 万吨油当量。不仅如此,如果把 2017 年所有国家各类一次能源消费的增量进行排序,中国的天然气和可再生能源将分列第一和第二。中国核电 2017 年有 800 万吨油当量的增长。

表 5-2　　2017 年中国能源生产增速和世界占比

能源种类	2017 年/百万吨油当量	2017 年增速	2006—2016 年平均增长率	2017 年世界占比
石油	191.5	−3.8%	0.8%	4.4%
天然气	128.3	8.5%	8.9%	4.1%
煤炭	1 747.2	3.6%	2.4%	46.4%
核电	56.2	16.7%	14.5%	9.4%
水电	261.5	0.5%	10.2%	28.5%
可再生能源	106.7	31.1%	41.9%	21.9%

5.2 能源危机的成因

5.2.1 能源危机的影响因素

1. 能源价格危机的影响因素

能源价格危机是最普遍出现的能源危机,而影响能源价格的因素如果出现大幅变化,那么能源价格也会大幅波动,导致能源危机出现,这些影响因素包括基本供求因素和金融因素两种。

(1) 供给方面。影响能源危机爆发的因素包括:能源生产结构,包括 OPEC 组织的减产政策和非 OPEC 石油出口国的产量政策;经济合作与发展组织(Organization of Economic Co-operation and Development,OECD)、发展中国家和其他主要能源进口国的能源库存和能源生产情况等;长期而言,还有技术进步带来的新储量的发现、可替代能源的供给等;需求方面,影响能源危机爆发的因素包括全球经济增长和能源消耗大国的经济发展等。

(2) 金融方面。美元汇率、联邦基金利率都有造成能源危机爆发的可能性。美元指数是美国汇率的指标,世界能源市场的美元结算和美元计价决定着能源价格与美元指数呈负相关关系:当美元指数上涨,其他因素不变的情况下,能源价格将下降;当美元指数下跌,其他因素不变的情况下，能源价格将上涨。联邦基金利率代表着全球资金成本和美国货币政策方向，联邦基金利率与能源价格有着负相关关系：当联邦基金利率上涨，其他因素不变的情况下，能源价格将下降；当联邦基金利率下跌，其他因素不变的情况下，能源价格将上涨。

历次大的能源价格危机都是战争影响能源供求关系所致，例如：第一次石油危机是由于中东地区第四次战争爆发，产油国为报复支持以色列的西方国家而采取了石油禁运；第二次石油危机则主要由于两伊战争时期，伊朗石油产量锐减所致；第三次石油危机发生在海湾战争期间。

2. 能源供应中断危机的影响因素

能源供应中断危机的主要诱因包括自然灾害、气候异常、地缘政治和战争等因素。

(1) 自然灾害。能源开采的环境复杂多变，遇自然灾害将严重影响能源的供应。例如，海上开采原油遇到飓风，煤矿开采遇到火山爆发、洪灾或者地震，海边核电站（如日本福岛核电站）遇到海啸和地震等。能源运输有的依赖海上运输，有的依赖管道运输，运输过程中遇到自然灾害，能源供应也将中断。如美国2005年卡特里娜飓风后能源供应中断（美国约有30%的石油产量和24%的天然气来自受该飓风影响的墨西哥湾地区）。

(2) 气候异常。全球气候变化形势严峻，遇到极寒的冬天和极热的夏天，能源的需求将大幅增加，世界能源供应都受到挑战。

(3) 地缘政治和战争。与能源出口国相关的地缘政治影响着全球的能源供给，如发生在国家间的战争尤其是中东国家如沙特阿拉伯、伊朗、伊拉克、科威特、阿联酋和卡塔尔等国家的战争将影响全球能源的供给。1990年发生的海湾战争就使得油价创新高，并造成了全球能源供应短缺，引发能源供应中断危机。

(4) 其他因素。加税、罢工、军事政变、政治事件等都可能造成能源需求陡增、供应中断。如石油生产企业组织罢工将造成能源危机。

5.2.2 能源危机的著名案例

1. 1973年第一次世界石油危机爆发

1973年第一次世界石油危机爆发，是由于中东战争造成的世界石油供应中断或供应短缺，致使国际石油市场供不应求，油价飙升。1973年，世界能源结构中石油和天然气的比重达到了61.2%，而当时能源安全保障缺失，因此能源危机爆发并引起世界范围内的通货膨胀和经济衰退。

第一次石油危机爆发，OPEC对美国的石油禁运使整个社会产生了“恐慌”。1973年10月，美国国内原油库存处于低水平。OPEC原油禁运引发了汽油的抢购风潮，民众排长队加油并要求实行配给制。纽约市也被迫削减了公路、桥梁、医院和学校的投资，将节省下来的财政经费用来偿还银行债务，从而使得数万工人下岗。在西欧，油价上涨冲击和石油禁运使得欧洲破产企业数量和失业率激增。德国基础能源价格增长400%，对工业、运输业和农业带来了毁灭性打击，1974年近50万人由于石油危机而失业，通货膨胀率达8%。这次石油危机严重打击了发达国家的经济发展，美国、日本、欧洲国家的工业生产指数纷纷下降，GDP增长也大幅下跌。

2. 2000年美国加州的能源供应中断危机

2001年之前由于环保等因素，美国加利福尼亚州(简称加州)多年未建新电厂，电力供应一直紧张。加州电力零售价的上限使得电力终端用户不减少电力消费，而电力公司在网上批发电价不断上涨过程中由盈转亏，同时也天然阻止了新的电力公司进入市场。在经历106年未遇的酷暑和20年一遇的干旱时，加州电力危机爆发。

1999年年底至2000年，加州电力批发价与零售价倒挂，两大电力公司南加州爱迪生公司和太平洋天然气电力公司高买低卖，亏损严重。因此，加州遭受史无前例的电力短缺，爆发能源危机。2001年1月17日，加州州长宣布加州进入紧急状态，并将旧金山、加州首府萨克拉门托、圣何塞以及硅谷的许多地区住宅和商业设施纳入轮流停电管制范围，100多万人口用电受到影响。这是美国第二次世界大战以后的首次用电管制。在2001年年初，加州能源危机达到顶峰，该州的电价为每兆瓦时300美元，是正常时期的10倍。

5.3 能源危机对城市发展造成的风险

5.3.1 对社会经济发展造成消极影响

无论是能源价格危机还是能源供应中断危机，其对社会经济发展造成的消极影响都是非常严重的。这些消极影响包括通货膨胀、消费和投资减少、失业率上升以及经济增速下降等。

1. 对通货膨胀的影响

能源处于产业链上游，其价格上涨一方面将传导到产业链各个环节，导致各类半成品和成品价格上涨，从而使得工业批发价格上涨；另一方面，能源价格上涨将通过汽油、天然气和电力等终端消费拉高人们的生活成本，使得居民一般物价水平上涨。能源危机造成要素成本持续上升，导致的通货膨胀为成本推进型的通胀，很难治理。

2. 对消费和投资的影响

能源危机中能源价格大幅上涨，各个经济单位能源开支急剧增加，尤其是对能源密集型产业如钢铁行业，因此企业和家庭将被迫大幅压缩其他消费和投资，社会总需求大幅下降。

3. 对失业的影响

能源危机使得能源紧缺和能源价格上涨，部分企业会因为能源成本过高而停产，员工面临失业风险，而能源价格上涨造成的消费和投资下降则会进一步缩小企业的利润空间，导致经济衰退，失业率扩大。

4. 对经济发展的影响

能源危机使得通货膨胀加剧、消费和投资萎缩、社会总需求减少，失业率高企，经济衰退。历史上的三次石油危机对世界经济增长造成了重大影响，依据世界银行数据，1961 年以来的全球 GDP、人均 GDP、工业增加值和人均家庭最终消费支出变化如图 5-6 所示。第一次能源危机期间，全球 GDP 同比增长率从 1973 年的 6.54%分别下降到 1974 年的 1.99%和 1975 年的 0.77%，全球人均 GDP 同比增长率从 1973 年的 4.47%分别下降到 1974 年的 0.03%和 1975 年的−1.08%；第二次能源危机期间，全球 GDP 同比增长率从 1978 年的 3.99%下降到 1980 年的 1.96%，全球人均 GDP 同比增长率从 1978 年的 2.22%下降到 1980 年的 0.23%；第三次能源危机期间，全球 GDP 同比增长率从 1989 年的 3.75%下降到 1991 年的 1.43%，全球人均 GDP 同比增长率从 1989 年的 1.97%下降到 1991 年的−0.23%。由于第一次能源危机后，能源税收政策的调整、IEA 作用的发挥以及各主要进口国战略石油储备的建立等原因，第二次和第三次能源危机后的经济衰退较第一次轻。

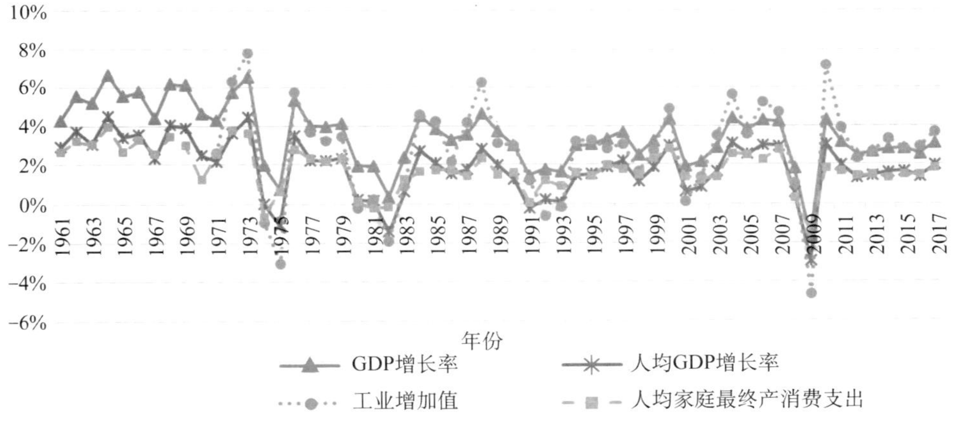

图 5-6 全球经济状况变化
（数据来源：世界银行）

5.3.2 对城市发展的影响

能源危机对城市发展的影响，一方面是非常消极的，有时甚至严重到让城市陷于瘫痪，这些影响包括贫困人口陷入困境、交通运力不足等；另一方面，能源危机也会激发起城市对新能源和节能设备的推广，促进能源新技术的研发。

1. 贫困人口陷入困境

能源危机使得家庭能源支出增加,贫困人口可能支付不起能源费用,只能忍受严寒酷暑。家庭能源支出占比大幅增加,贫困人口将被迫减少其他方面的开支。能源危机造成的失业率上升将使得贫困人口雪上加霜,陷入困境。

2. 交通运力不足

能源价格持续上扬会使得交通行业成本上升,盈利空间缩小,甚至亏损,尤其是航空、汽车等领域的企业,日子更加难过。所以,能源危机发生后,交通行业可能为了避免更多的损失,会减少产能和运力,交通部门规模收缩,进而不能满足经济发展的需要。

3. 对新能源的推广

能源危机中高涨的能源价格会促使城市不断探索新能源的利用。再加上空气污染和气候变化威胁等环境问题,发达国家的能源战略都向清洁能源和可再生能源转移。各级政府也通过法律法规和补贴大力扶持新能源和可再生能源技术的发展。

4. 促进新技术和节能设备的研发

能源危机中高涨的能源价格会促使城市的新能源利用和节能技术创新得到空前发展,具体表现在能源生产、能源利用、耗能设备等方面。例如淘汰能源利用效率低下的产品、开发新型能源高效设备、建筑物采用新型隔热结构设计等。

5.3.3 能源价格冲击对上海经济发展影响的实证分析

上海作为日益开放的国际大都市,也会受能源危机影响。本书以上海这座城市作为样本,运用其 2000 年 1 月—2018 年 8 月的月度数据,构建结构向量自回归模型(Structural Vector Autoregression, SVAR)来说明能源价格上涨对上海经济各方面的影响。

1. 实证模型

在研究油价对经济波动影响的文献中,Bernanke(1997)和 Blanchard(2007)的研究有较大影响力。Bernanke(1997)将 5 个变量放入了风险价值(Value at Risk, VAR)模型,并按照如下顺序安排反应函数的冲击:实际 GDP 的对数、GDP 平减的对数、现货商品价格指数的对数、石油市场状态指数和联邦基金利率水平(FFR);认为油价冲击对经济的传导作用不是源于油价本身,而是源于紧缩性的货币政策。Blanchard(2007)估计的 VAR 模型包含 6 个变量:以美元计的油价、CPI 通胀指数、GDP 平减指数、工资的通胀指数、GDP 的对数变化率和就业。我们参考 Bernanke(1997)和 Blanchard(2007),并考虑到中国的实际情况,将如下变量纳入实证模型:国际名义油价 oil、中国广义货币供应量 m2、上海居民消费价格指数 cpi、上海工业增加值增长率 ip、社会消费品零售总额 consume、固定资产投资 invest、净出口额增长率 tm(表 5-3)。构建的 SVAR 模型为 7 个变量,具体如下:

$$C_0 y_t = D_1 y_{t-1} + D_2 y_{t-2} + \cdots + D_p y_{t-p} \cdots + u_t \quad (t = 1, 2, \cdots, T)$$

写成 AB 型 SVAR 模型,可以得到

$$A(L)\varepsilon_t = B(L)u_t \tag{6-1}$$

对 A 和 B 施加约束,式(6-1)中变量和参数矩阵为

$$\boldsymbol{A} = \begin{Bmatrix} 1 & 0 & \cdots & 0 \\ a_{21} & 1 & \cdots & 0 \\ \vdots & \vdots & & \vdots \\ a_{71} & a_{72} & \cdots & 1 \end{Bmatrix}, \ \boldsymbol{B} = \begin{Bmatrix} 1 & 0 & \cdots & 0 \\ 0 & 1 & \cdots & 0 \\ \vdots & \vdots & & \vdots \\ 0 & 0 & \cdots & 1 \end{Bmatrix}$$

$$\varepsilon_t = (\varepsilon_{1t}, \varepsilon_{2t}, \cdots, \varepsilon_{7t})', \ u_t = (u_{1t}, u_{2t}, \cdots, u_{7t})'$$

式中,ε_t 为 VAR 模型的扰动项;u_t 为作用在 7 个变量上的结构式冲击,该冲击为复合冲击。

表 5-3　　各变量描述性统计和说明

变量名称	上海工业增加值增长率 ip	上海居民消费价格指数 cpi	固定资产投资 invest/亿元	净出口额 tm/亿元	社会消费品零售总额 consume/亿元	中国广义货币供应量/m^2	国际名义油价 oil/(美元・桶)
均值	9.68683	102.167	363.0807	−416.69	481.9589	70.10638	62.01214
中位数	9.7	102.09	349.245	−195.87	426.15	54.44	59.175
最大值	31	107.9	1 074.52	589.88	1 373.93	178.87	133.88
最小值	−11.8	97.8	28.14	−3 057.76	125.2	12.26	19.39
标准差	7.918271	1.931422	181.9381	636.9066	291.3606	51.43342	27.00329
偏度	0.04391	0.449662	0.656636	−1.75062	0.650852	0.624936	0.341922
峰度	2.60979	3.367582	3.637087	6.14577	2.399395	2.043072	2.111731
数据来源	上海统计局	上海统计局	上海统计局	海关总署	上海统计局	中国人民银行	美国能源信息管理局

2. 变量和数据

选取 2000 年 1 月—2018 年 8 月的月度数据,总共 224 组。由于 ip, consume, tm 都具有一定的季节性特征,因此在实证分析之前,将这 4 组变量利用 Census X12 进行了季节性调整。其中,上海工业增加值增长率和社会消费品零售总额 consume 有部分年度 1 月份和 2 月份数据为合并后的数据,我们按照 2000 年前公布的 1 月份和 2 月份的比例,将合并后的数据拆分为 1 月份和 2 月份。缺失的部分数据,以插值法补齐。因为 tm 有正负,取简单增长率;ip 和 cpi 取增

长率百分比数据。invest，oil，consume 为取对数差分后的数据；m2 为取对数差分再差分后的数据；所有数据处理后得到平稳数据，进入实证模型仍用小写表示，详见表 5-3。

袁申国等(2011)利用中国 1997—2008 年间宏观经济波动特征分析不同汇率制度下金融加速器效应的差异。参考该文所有变量序列都经过季节调整和 H-P 滤波去除趋势来衡量经济波动的做法，我们将上海工业增加值增长率经过季节调整和 H-P 滤波去除趋势来衡量经济波动，用 iphp 表示。

3. 实证分析

1）滞后阶数的确定

先估计一个向量自回归模型，通过检验其滞后阶数来选取实证分析的阶数。按照 HQ 准则和 SC 准则评价结果(表 5-4)，滞后阶数为 3。

表 5-4　油价上涨对上海经济影响的滞后阶数选取

Lag	LogL	LR	FPE	AIC	SC	HQ
0	2 691.465	NA	4.44×10^{-20}	−24.6959	−23.9252	−24.3845
1	3 399.507	1 323.444	9.40×10^{-23}	−30.8552	−29.3138	−30.2323
2	3 864.297	838.3595	1.94×10^{-24}	−34.7411	−32.429	−33.8068
3	4 550.249	1 192.402	5.06×10^{-27}	−40.6939	−37.61106	−39.44816
4	4 626.97	128.3468	3.94×10^{-27}	−40.95299	−37.0994	−39.3958
5	4 666.988	64.32771	4.36×10^{-27}	−40.8691	−36.2448	−39.0004

2）GRANGER 因果关系

基于 SVAR 模型，检验 oil 与 ip，consume，tm，invest，cpi，m2 之间是否有显著的 Granger 关系(表 5-5)。可以看到：油价上涨是上海经济增长和中国 m2 增长的 Granger 原因。

表 5-5　Granger 因果检验

原假设	*F*-统计量	自由度	*P* 值
oil 不能 Granger 引起 iphp	5.29548	2	0.0708
oil 不能 Granger 引起 consume	0.21241	2	0.8992
oil 不能 Granger 引起 m2	13.40971	2	0.0012
oil 不能 Granger 引起 invest	4.16504	2	0.1246
oil 不能 Granger 引起 cpi	1.53789	2	0.4635
oil 不能 Granger 引起 tm	0.95487	2	0.6204

3）脉冲响应分析

现在用脉冲响应函数来描绘宏观经济各变量对油价上涨的反应轨迹。用残差协方差矩阵的 Cholesky 因子的逆来正交化脉冲，给 SVAR 模型变量强加一个次序，并将所有传导作用变量的公共因素归结到模型中第一次出现的变量上，这个次序为 oil，consume，cpi，m2，invest，tm，iphp，得到图 5-7。说明当在本期给 oil 一个标准差冲击后(一个 S.D.是 0.084585)，iphp 逐

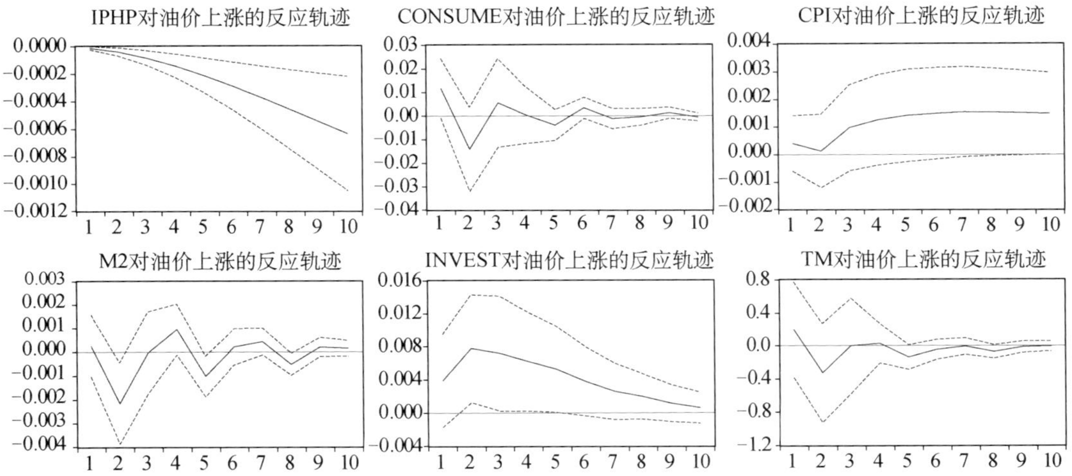

图 5-7　对上海产出传导的脉冲响应

步下降；cpi 先下降，第 2 期时上升，到第 5 期时达到 0.001417，并稳定在 0.0014～0.0015 之间，其他变量则有一定的波动，但变化不明显。这说明了油价上涨对上海经济增长有持续的负面影响，并导致物价上涨。

4）方差分解

根据表 5-6 方差分解结果可知，一年期间上海经济增长的方差有 11.32%是油价上涨导致的，两年期间有 11.53%是油价上涨导致的；一年期间上海通货膨胀的方差有 5.29%是油价上涨导致的，两年期间有 6.76%是油价上涨导致的。因此，这就进一步证明了油价上涨对上海经济增长有抑制作用，对上海通货膨胀有助涨作用。

表 5-6　　oil 对上海宏观经济变量变化的贡献

时期/月	consume	cpi	m2	invest	tm	iphp
1	1.567648	0.287264	0.080842	0.877439	0.211135	1.821241
2	1.947919	0.184556	2.939072	3.276207	0.762042	3.753958
3	1.900177	0.827739	2.871496	4.633193	0.757765	5.583312
4	1.898855	1.558965	3.097355	5.556474	0.755159	7.069445
5	1.939451	2.252978	3.391617	6.194659	0.851058	8.204942
6	1.961474	2.866149	3.40239	6.509819	0.861309	9.068022
12	1.967236	5.294977	3.548287	6.773231	0.892197	11.32647
18	1.967633	6.332843	3.553032	6.801242	0.892938	11.70219
24	1.967682	6.76202	3.553191	6.850492	0.89339	11.53246

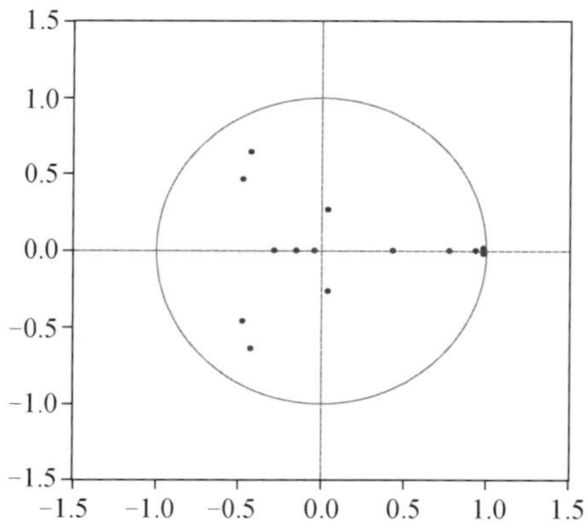

图 5-8　AR 特征多项式根图

5) SVAR 模型稳定性检验

从 AR 特征多项式根图(图 5-8)可以看出,通过如上方法建立的滞后 3 阶的 SVAR 模型的根模都在单位圆内,模型是稳定的。

4. 实证结论

通过实证分析,可以得到如下结论:油价上涨是上海经济增长和中国广义货币供应量增长的 Granger 原因。油价上涨使得上海经济增长呈负向变化,使得上海通货膨胀更加严重。在油价上涨发生的前两年期间,上海经济增长的变化率分别有 11.32%和 11.53%能由油价变化率来解释,上海通货膨胀的变化有 5.29%和 6.76%是油价上涨导致的。

5.4　应对能源危机的风险防控措施

处于经济快速发展时期的城市,面临着日益增大的能源消耗,而造成能源危机的因素复杂多变,因此城市需要采取措施提前预防,以免重蹈加州能源危机的覆辙。针对能源危机的防控措施包括对内防控措施、对外防控措施和能源保险工具。

5.4.1　对内的风险管理方法

针对能源危机,城市管理者可以建立对内防控措施,包括建立能源战略储备、大力发展可再生能源、推广能源节约型产品、鼓励能源模拟、开展能源审计、利用能源衍生品市场对能源价格冲击进行避险等。

1. 建立能源战略储备

为了防止石油禁运和石油供应中断,美国 1975 年通过了《能源政策和储备法》,授权能源部建设和管理战略石油储备系统。2003 年,我国开始在镇海、舟山、黄岛、大连四个沿海地区建设第一批战略石油储备基地,储备能力总计 1 400 万吨。城市在能源管理中也可以建立日常能源战略储备,可以建立政府战略储备、政府参与的企业储备联盟以及企业储备。不同层次的储备保持的储备量不同,可以在降低储备成本的同时,保持储备管理的灵活度。

2. 大力发展可再生能源

解决能源危机最好的办法就是减少城市对非再生能源的依赖。化石燃料的使用创造了工业时代，但已有成熟科技可以使用一些再生性能源，如水蒸气、太阳能和风能。这不仅仅是因为我们将消耗光天然气和石油等不可再生资源，而且是因为煤炭的使用将污染空气，在开采的过程中还会毁坏其他自然资源。欧洲在三次能源危机结束后，长期致力于可再生能源的开发。目前可再生能源的消费在欧洲的占比非常大，2017 年欧洲可再生能源的消费占全世界可再生能源消费的 33.4%，占比较大的国家有德国、英国、西班牙、意大利和法国等。

3. 推广能源节约型产品

将低瓦数的 LED 灯泡替代传统灯泡，可以节约非常多的电力。如果城市中的人们都将 LED 灯泡用作居住和商业照明，能源的需求量将下降，能源危机状况也将改善。

4. 鼓励能源模拟，以采取措施降低能源消耗

鼓励大公司、工厂和写字楼使用能源模拟软件，对建筑物节能耗能进行分析模拟，根据建筑物的日照、室内环境模拟分析、风环境模拟、冷热负荷的模拟等，重新设计工作空间的布局，合理布置电器灯光，降低单位员工能耗，减少商业能源成本。例如，可以使用光环境分析软件、风环境分析软件、光伏系统分析软件及再生能源系统分析软件等进行能源模拟，改进能源利用效率。

5. 鼓励开展能源审计

鼓励能源消耗较大的公司对电力、天然气、石油等能源的使用进行审计和事后管理。可以开展能源审计的项目主要有对建筑物照明与各种设备能耗进行审计、对客运与货运等交通运输部门的能耗进行审计等。

6. 利用能源衍生品市场对能源价格冲击进行避险

目前国际能源市场中有原油、燃料油、天然气、电力等品种的期货和期权。能耗较大的企业可以在能源市场价格较低的时期买入能源期货、买入能源看涨期权、卖出能源看跌期权，待能源价格上涨以后，再通过卖出能源期货平仓了结、对看涨期权行权并在市场中卖出获利。在能源市场价格异常高的时期，则可以对能源期货期权进行反向操作。

5.4.2 对外的风险防控措施

针对能源危机，城市管理者可以建立的对外防控措施包括建立能源供应安全预警机制、加强能源投融资机制创新、与国际能源机构 IEA 合作以及加强政府的作用实现供应来源多元化等。

1. 建立能源供应安全预警机制

城市管理过程中不可避免地要对城市整体能源供应进行管理，如果能建立能源供应安全预

警机制，就可以提前预知和应对能源危机。可以建立整体能源供应安全预警机制，也可以分别构建各个类别能源的供应安全预警机制。刘强等(2007)对我国能源安全预警指标及其框架体系进行了研究，建立了包括煤炭子系统、石油天然气子系统、电力子系统和能源综合评价子系统4个子系统，供需状态要素、运输通道要素、突变影响要素、经济安全要素和生态环境要素5个构成要素，共46个评价指标的中国能源安全预警评价指标体系。李宏勋和吴复旦(2018)通过选取进口安全、国内供应、需求安全三个层面13项指标，构建了我国进口天然气供应安全预警指标体系。该研究利用主成分分析表明，天然气对外依存度、消费占比、供需比、运输量和进口集中度这5项指标对我国进口天然气供应安全的影响较大。研究认为，为确保我国进口天然气供应安全，应当优化进口来源，坚持多元化进口；合理规划天然气进口量，降低运输风险；增加天然气供给，正确引导天然气消费等。

2. 加强能源投融资机制创新

能源行业属于资本密集型行业，沉没成本和技术门槛很高，中国能源行业资源大多掌握在国有企业手中，民营企业进入风险较大、融资难。进行体制机制、混合所有制等配套改革，可以吸引民企参与。可建立公平竞争的平台，实行负面清单制度，加快能源投融资机制创新，鼓励国有能源企业开展混合所有制改革，为民营企业在能源领域开展投融资提供方便。还可以鼓励金融机构通过资产证券化，盘活应收款、设施收益权、信托受益权和信贷等资产，提供融资。

3. 与国际能源机构IEA合作

应该积极与国际能源机构IEA合作，预防能源危机。IEA是能源进口国为防止国际能源价格冲击而分享信息的政府间国际组织。IEA在能源消费领域的协调行动对市场具有很大影响力。如果原油供应中断，国际能源机构可以要求成员国采取协调行动，动用公共储备和工业储备供油。IEA要求成员国同时履行两项义务：建立至少相当于90天进口量的石油储备；在石油供应中断期间，启动紧急措施以支持IEA的集体行动。

4. 加强政府的作用，实现能源来源多元化

为了预防能源危机，要实现能源资源的多样性，应建立一种能源消费组合，扩大混合能源比例；实现能源供应来源的多元化，从不同的国度获得能源供应，开辟新的国际供应渠道；建设充足的能源储备设施和能源基础设施，增强国内能源供应能力。

5.4.3 能源保险工具运用

在转移城市能源短缺风险的过程中，确保海上能源运输安全、建立稳定有效的能源储备机制，发展清洁能源、拓展能源来源多样化以及勘探开发自身化石能源，是保障城市能源安全的重要举措，而保险无异于可对这些保障措施的落实起到兜底作用，有效分散各类风险转移措施的

运营风险。

涉及上述诸多方面的保险大体分为两类:财产保险和责任保险。财产保险主要承保从事能源开发、储存、运输等活动的主体的财产损失,责任保险则主要承保此类主体在经营生产中因疏忽或过失造成的第三者的伤害。财产保险的责任范围主要是自然灾害和意外事故,但由于保险标的所处的状态、环境及其运作方式不同,它们的风险特点各异,适用的保险条款和承保的方式也各不相同。

1. 能源运输和储存方面

能源通常被视为特殊物资财产,并且是国家战略物资的重要组成部分。目前,石油和天然气在我国能源消费当中占相当大的比例,而且主要依赖中东等国家进口,其海上运输、国内储存涉及的环节多、流程长,面临的不确定性和损失可能性大。海上运输保险的基本责任包括:恶劣气候、海啸、地震、雷电、洪水等,运输工具触礁、搁浅、碰撞、沉没,共同海损牺牲、分摊和救助费用等。另外,我国不仅是进口油气的消费大国,也是海上能源物资的运输大国,所以,保障海上能源运输安全不仅要投保货物运输保险,还需要重视针对运输船舶的相关保险。

就我国而言,石油和天然气的运输方式除海上运输外,管道运输也占到很大比重。采用管道运输的油气主要来自与我国毗邻的国家,或经由接壤国家过境。管道运输责任保险范围包括火灾、爆炸、碰撞、雷电、洪水、泥石流、飞行物体坠入以及高温、高压、严寒致使管道破裂导致的管内油气损失,其保险价值按投保时油气的销售价或销售价加运杂费确定。在保单确定的输送管道期间内,自保险标的进入输送管道起至到达目的地卸离输送管道出口终止为每次运输保险责任的起讫期。油气管道作为运输油气的工具,一旦出险,管道内的油气也会遭受重大损失,可谓一损俱损,所以油气管道运输保险往往扩展到运输管道及其沿线配套设施、油罐、储气库和里面的油气,保障范围同为火灾、爆炸、高温、高压、严寒等,保险价值以重置价确定,保险期限为 1 年。

能源物资存储保险不仅包括储存罐/库里面的油气,还包括储存罐,这些都作为保险财产予以保险,保障范围也主要是自然灾害和意外事故。

能源物资海上运输保险的主要特点就是责任范围包括运输工具触礁、搁浅、碰撞、沉没以及共同海损牺牲、分摊和救助费用。由于国际形势不稳定,海上冲突时有发生,海上运输保险还可以扩展承保战争等风险,比如运输中的货物和从事运输的船舶。鉴于历史上的经验教训,海上移动物体可以加保战争风险,而陆上大型物体基本都是静止状态,比如建筑物,保险市场一般都不接受战争险,同样,海上静止物体,比如海上油气生产平台,也不能投保战争险。

管道运输和存储保险除了火灾、爆炸、洪水等风险外,保险人还负责高温、高压、严寒造成的损失,保险标的也可包括油罐和储气库等设施。

2. 清洁能源发展方面

清洁能源通常指风能、水能、核能等无污染的能源,相关保险主要包括海上风电保险、核电站保险和水电站保险等。

1）海上风电保险

（1）海上风电工程和营运保险。

我国东南漫长的海岸线和西北广袤的地区蕴藏着丰富的风能资源，为我国发展风能提供了条件。虽然我国风能开发起步较晚，但通过广大技术人员和工人多年的不懈努力，我国陆地风电场大多已经建成，并发挥了很好的效益，现在正在向技术要求更高、更复杂，风险也相对较高的海上风电迈进。

海上风电场的建造和营运不仅面临着设备质量、工程安装质量、人为误操作、船舶偏离航道碰撞及非正常抛锚钩断海缆等人为因素造成的风险，同时，还面临着海水对风电基础施加多种作用荷载，地震、海啸、海冰碰撞和破坏风电基础和风电设备，高盐雾造成金属材料的电化腐蚀气象，热带气旋等产生的瞬时风速对风电场设施结构造成破坏，雷电造成电路故障火灾，鸟类飞行撞击运行中的风机叶片而损坏风机，水生生物依附风机基础等潜在风险，涉及的风险类型十分广泛。

所以，海上风电场保险建设期适用建工一切险，营运期适用财产一切险和机器损坏保险，同时还有一些适用上述阶段的有针对性的附加险，比如，导线“舞动”损失扩展条款、海缆检测费用、等待费用、额外费用和海上取消费用等。海上风电场保险财产主要包括风电机组、海上升压站和海缆敷设等，工程保险包括试车期和工程保证期。一旦营运期发生重大事故，修理时间会比较长，对企业的经营会造成很大的影响，所以，营运期保险也可扩展财产险和机器损坏险项下的利润损失保险，以保证企业财务的稳定。

（2）风力发电指数保险。

指数保险是一种近十几年才问世的新型保险方式，省去了理赔定损过程，操作简便，赔款能迅速到位。指数保险根据事先预设的外在参数是否达到触发标准来确定赔付水平，并不是传统意义上基于被保险人的实际损失进行赔付的保险。“指数”一般指某灾害强度的指标（如风力等级）。指数保险被广泛应用在农业保险方面。近几年，在太阳能发电、陆上风力发电等方面，尤其对于这些产业中的中小企业，指数保险有较大的推广空间。其中，风力发电指数保险是指因不利风力原因导致投保人发电量低于约定的发电量触发点给予的赔付。

2）核电站保险

我国核工业起步晚于欧美发达国家，但经过实践建立起来的核安全后援和技术支持体系，在核电机组安全运行、环境保护、放射性废物处理等方面发挥了重要作用。

核电站保险就核电站建设和营运阶段而言，分为核电站建设和安装工程保险、核电站海运保险、核电站机器损坏保险和核电站物质损失保险。至于核第三者责任风险则贯穿上述整个阶段，特别附加或单独予以承保。

（1）核电站建设和安装工程保险。

核电站的建设安装工程分为两个阶段：常规建设期和核电站试车期，前一阶段一直延续到核燃料装炉，称为前期；后一阶段从核燃料装炉到业主接受核电站为止，称为后期。前期与一般工程保险相同,包括工程保险开始的计算时间、保障范围和除外责任等;后期与一般工程保险的唯一区别是反应堆压力容器和内部设备在试车期间发生事故造成的核污染风险,鉴于再保合同的限制,反应堆压力容器和内部设备以第一危险方式承保,清除核污染费用也以第一危险方式承保,以直接保险人和临分再保人的承保能力为限。

(2) 核电站海运保险。

核电站建设期工程物料、机器设备运输和运送所需的有辐射的或无辐射的核燃料物件(包括核废料)是核电站运输保险的主要对象,承保风险广泛,从自然灾害、意外事故、核事故、战争、罢工到施救费用和应分摊的共同海损费用都可承保。运输期包括货物装载上运输工具直至运抵核电站工地的整个过程,包括临时仓储期间。需要注意的是运输过程中需要投保核第三者责任险,以应对核废料产生的核风险责任。

(3) 核电站机器损坏险和核物质损失险。

核电站机器损坏险建立在常规的机损险基础上,其保险责任和除外规定等与常规的机损险基本一致,但考虑到核风险的特殊性,核反应堆压力容器及其内部设备从常规的机损险中予以除外,以第一危险方式承保其核修理费用。

核物质损失险将常规财产险和对核风险的保障合并在一张保单里,分成两大部分。第一部分为核岛设备的核风险和常规风险提供保障。除了通常的火灾、爆炸、雷电和空中坠物等风险,还承保在核裂变过程中超常规的热能释放以及核污染、核辐射等风险。对于清除核污染的费用,一般也是以第一危险方式在该部分项下负责。第二部分对其他设备所受的常规风险提供保障,核风险引起的损失在此不予承保。

核电站保险最明显的特点是承保核风险,在现行所有的财产保险中核风险都是除外的,核电站保险中的核风险贯穿核电站建设、运输和营运的整个时期,将常规保险和核保险结合在一张保单中,分别适用特定标的。核电站保险风险大,一般属政策性保险,由若干家保险公司组成共保体共同承保,并分保到国际再保市场。

3) 水电站保险

水电站保险包括建工险、财产保险、机器损坏保险和营业中断保险,主要风险包括围堰过水、大坝垮塌、边坡垮塌和设备吊装损失,与一般的工程和财产保险基本相同。

4) 煤矿保险

煤炭在我国目前能源消费中所占比例较大。早期由于各方面原因导致事故率相对较高,不仅影响煤矿工人的生命健康,也给社会造成负面影响。同时,煤炭长距离跨省运输也对产煤地区和沿途地区造成重大的环境污染。通过若干年整顿,特别是特高压技术的运用推广,煤矿的安全生产形势得到了很大的改观,环境污染也得到了很大改善。但由于产煤工作的特点,煤矿产业风险仍难以完全避免,其安全生产环境仍需采取各种措施予以改善。

(1) 矿下财产保险。

矿下财产保险的标的主要是矿井、井坑的地下建筑物、设备和物资(不包括矿井、井坑本身),承保的风险是在企业财产保险基础上扩展承保的瓦斯爆炸、冒顶塌方、提升脱钩及地下水穿孔等风险。

(2) 煤矿责任保险。

为防范煤矿重特大安全事故,国家应急部会同银保监会推出了安全生产责任保险(简称安责险),并在煤矿等八大高危行业领域强制实施。安责险突破了责任保险的传统做法,将企业员工也纳入保障范围,还创新性地引入了风险防控的理念,参与安责险的保险机构必须为投保单位提供事故预防服务。防控费用从保险费中列支,一般为保险费的10%~25%。

煤矿安责险的责任范围是生产经营中因火灾、矿井水害、瓦斯爆炸、煤层爆炸、顶板意外冒顶、片帮、煤炮冲击地压等顶板事故和其他生产安全事故造成企业员工和第三者人身伤亡,以及第三者的财产损失。同时保险公司还负责赔偿抢险救援、事故鉴定和有关法律费用。

5) 海上能源保险

海上能源开发一般分四个阶段:物探、钻探、油气田建造和油气田运营。

(1) 物探阶段。

物探(地球物理勘探)是一种间接寻找油气的方式,主要运用地震勘探的方式,由人工激发弹性波,用检波器组接受弹性波在地层界面反射回来的反射波,再由仪器把反射波记录下来。地震探测设备包括高压气枪、漂浮地震电缆、定深器、检波器、气枪及水鸟等,其中电缆长约数千米。海上与陆上地震勘探的主要区别是增加了海水这一条件。

本阶段除了探测船普通的船壳和保赔险外,最主要的保险标的是物探设备。其中,地震电缆保险由于总价值不算特别高且出险概率非常高,目前市场上的主要运用险种既有货运险,也有财产险,主要承保海上风险,也可以扩展电缆陆上维修期间的风险。

(2) 勘探阶段。

勘探阶段是使用钻探设备在物探获取的地层可能存有油气的基础上进一步探明海底情况以及取得可靠的油矿数据的过程。海上钻探需要使用钻井平台,平台类型根据水深主要分为潜式钻井平台、自升式钻井平台、半潜式钻井平台和钻井船等。

钻井平台船壳和保赔保险与一般船壳和保赔保险基本相同。就风险而言,钻井平台具有井喷爆炸的风险,所以,其保险条款规定对钻井平台从事救护井作业产生的风险不予负责,但在被保险人事先通知保险人并得到同意时,保险人可以在被保险人支付救护井钻探的保险费用的前提下对这一危险作业予以保障。另外,系泊在钻井平台边的工作船纳入平台的保障范围,包括工作船运送平台有关物资期间的风险,工作船及船上物资以钻井平台保额的25%为限。

该阶段的保险重点是作业者额外费用保险(Operator Extra Expenditure, OEE),承保井控费用、重钻费用、渗漏和污染清理费用。OEE保单的费率主要按照井深、井型、钻井阶段等拟定,以每英尺井深乘以费率计算,责任限额基本上以一口井预计投入成本的3倍以上设定。井控费用即对被保险井失去控制采取措施加以控制而支持的费用;重钻费用即恢复或重钻失控被保险井而支出的费用;渗漏和污染清理费用即支付被保险井渗漏或污染导致被保险人采取救护措施或人身伤害财产损失而支出的费用。

（3）建设阶段。

海上油气田建造分陆上预制建造、海上拖航、导管架定位吊装、平台设施安装和输油气管线铺设5个阶段。平台大部分构件都是在陆上预建，然后用起重驳船或利用自浮装置拖航到海上预定地点，将导管架定位在预定地点上，用钢桩将其打入海底固定，再在导管架上铺设甲板，安装各种设备模块。最后根据水深、开采的油或气以及海岸距离的长短决定是否铺设油气管线进行运输。

管线铺设是海上油气田建设风险较高的环节。铺设的管线都要进行涂浮并以水泥包裹加重来防腐蚀并且使其固躺在海底。加工后的管子一根一根地排放在铺管船上，将管子逐段组装焊接，焊好的管段在铺管船向前移动时，从船尾部的托管架(stinger)上滑入海中，在海底进行吹挖，放入的管线被自然掩埋。

海上油气田建设保险与其他建筑工程保险差不多，但它的保障范围更加宽泛。除了包括上述5个建设阶段，还包括测试和试车等阶段。国际海上能源保险市场普遍采用威林顿建工一切险(Welcar)条款承保，其特点就是增加针对海上工程风险的专门条款，比如额外工作、工程等待、管线寻漏等条款，对缺陷部分的赔偿也较宽泛。

（4）生产营运期。

海上生产平台运营期财产保险包括陆上财产保险、海上平台保险、机器损坏保险和海上管线保险。笼统而言，财产保险一般都是一切险保险，承保自然灾害和意外事故造成保险标的的损失，但海上平台和管线保险有其特点。保险责任方面，条款援引了船舶保险的表述，承保保险标的的物质损失或灭失的一切风险，但被保险人未克职尽责造成的损失保险人不予负责。尽管部分免责规定并未列入除外责任，但只要被保险人未克职尽责，比如平台不适航、未安装标准防喷器等，保险公司则不予赔偿。保险标的方面，被保险财产从平台分开临时存放或在港口与平台之间运输期间的风险，保险同样负责，以平台总保额25%为限且不增加总保额。赔偿基础方面，以新换旧不作扣减。保证条件方面，在井口安装标准防止井喷装置，其维护测试按照行业的做法。免责规定方面，为控制井喷、塌陷给其他平台打救护井造成的损失，除非事先通知保险人并缴纳保险费，否则该类损失不予负责。

海上管线保险对海底掏空不予负责。在浪涌的作用下，沿管线的海底时常发生掏空，当空洞达到一定深度、宽度，超出管线的自身负荷时，管子就容易断裂。保险人对这种渐进式的掏空是不予负责的，但可以承保突发的、意外的掏空。

核电站保险、航空航天保险和海上油气开发保险被保险市场公认为是高风险特殊保险。核电站保险的特点体现在核风险上，海上油气开发保险中的井喷控制和重钻费用保险则是其区别于其他保险最显著的标志，其保障内容、费率厘定和赔偿限额设置都有其独特方式。海上油气开发保险比较早地提出并实践了营业中断保险不一定基于财产险部分的物质损失能获得赔偿，例如地下井喷事故。

(5) 碳交易实务进展与保险。

碳排放交易，是指运用市场经济规律来促进环境保护的重要机制，允许企业在碳排放交易规定的排放总量不突破的前提下，可以用那些减少的碳排放量，使用或交易企业内部以及国内外的能源。例如，全球限定 100 单位的碳排放量，A 国获得 15 单位的指标，B 国获得 10 单位的指标，其他国家则获得其余 75 单位的指标。如果 A 国只排放了 10 个单位，而 B 国排放了 12 个单位，那么 B 国就可以从 A 国购买 2 个单位的碳排放量。目前，在推动碳排放交易方面，欧盟走在世界前列，已经制定了在欧盟地区适用的气体排放交易方案，通过对特定领域的万套装置的温室气体排放量进行认定，允许减排补贴进入市场，从而实现减少温室气体排放的目标。我国的碳排放交易试点是从 2011 年 11 月份开始启动的，确定了 7 个省市作为试点地区。2013 年 6 月 18 日，国内首个碳排放权交易平台在深圳启动，标志着中国碳交易市场建设迈出了关键性的一步。2017 年 12 月 19 日，全国碳排放交易体系正式启动，全国统一碳市场建设就此拉开帷幕。碳保险是为转移碳交易过程中存在的风险而产生的一类金融产品，主要目标是顺应全球低碳经济的发展、刺激各行业低碳项目减排。国际市场上的碳保险主要针对交付风险，有碳信用价格保险、碳交付保险、清洁发展机制(CDM)支付风险保险、碳排放信贷担保等产品。我国由于碳交易市场起步晚，少有保险企业推出碳保险。2016 年 11 月湖北华新水泥集团与平安保险签署碳保险开发战略合作协议，促成了首单主要针对减排设备损坏带来的损失的碳保险。

碳交易过程中主要面临的风险有对手方信用风险、超额排放风险、政治风险和汇率波动风险。保险制度安排主要应针对这几类风险，以促进碳交易市场平稳运行。

5.4.4 能源危机预警案例

能源危机的预警可以从能源利用情况、能源运输情况和能源金融情况三个不同的角度进行。以下三个不同的案例分别展示了对能源危机核心指标的预警、海上能源运输通道的风险预警和能源金融风险预警。

1. 我国能源危机核心指标预警

我国可以选取能源自给率、能源强度、碳排放强度和非化石能源消费比例作为能源危机核心预警指标，其中能源自给率是最关键的能源预警指标，应该重点进行监测和控制。根据我国能源发展和消费状况，可以分别取 85%，15%，1.7 吨 CO_2/万元，15%作为能源自给率、能源强度、碳排放强度和非化石能源消费的安全界限。然后，根据未来经济发展状态的好坏程度将其分成不同的情景，可以推算出不同的经济情景下，各个能源危机核心指标可能发生的变化，实现提前预警。

2. 马六甲—南海等 4 条海上运输通道的风险预警模型运用

海上能源运输通道风险预警对于减少能源在海上运输中的潜在损失、降低海难事故等具有重要意义。目前对海上运输通道风险的研究主要偏向于定性分析，Kalman 算法基于状态空间模型解决状态估计问题，广泛应用于气象预报、飞行器导航研究，适用于存在大量的未知因子、时变、非固定输入及多输入多输出系统。可以在分析海上能源运输通道风险的基础上，建立卡拉曼(Kalman)滤波递推预警模型，将前一刻预报误差反馈到原来的预报方程，及时修正预报方程系数，以提高下一时刻的预报精度，并将马六甲—南海等 4 条海上运输通道风险预警作为算例，进行预警验证，对真实值与预测值进行比较分析。

首先进行海上能源运输通道的风险因子选择。海上运输通道风险系统包含多个影响因素：气候环境因素、海底地形因素、海盗袭击、恐怖袭击、海峡自然条件限制、船员素质及协作水平等。本书结合客观情况综合考虑选择海盗事件导致的经济损失、危险性海底地震发生频数、船上工作人员的培训经费及其他 4 个指标作为预警模型的风险指标；然后根据 Kalman 滤波递推系统，构建海上运输通道风险动态预警模型，依据历史资料，对存在警情但尚未发生危机的通道作出预报；最后，根据历年风险数据滤波不断更新模型系统方程中系数和协方差矩阵，将算例中 4 条海上运输通道 1996—2010 年的风险数据和状态值纳入模型，得到各年的预测值，并应用多元线性回归估计相关参数的初始值，进行误差分析。基于 Kalman 滤波的海上运输通道风险动态预警是一个递归更新的过程，在对状态形成初始估计后，通过对初始加入每年的修正风险信息以修正估计，逐渐达到真实值与预测值稳定的状态，反映了海上运输风险动态发展规律。2008—2010 年预测值和真实值的平均误差为 8.156%，预测效果较好。

3. 我国能源金融风险预警

能源金融风险预警指标可以借鉴国内外相关研究文献，选取能源金融风险的预警指标，可以选择包括宏观经济指标(如 GDP 增长率、GDP 平减指数、货币供应量增速、汇率波动和上证综合指数等)、能源产业指标(如商品燃料价格指数、能源企业景气指数等)以及银行与能源企业指标(如不良贷款率、拨备覆盖率、资产负债率、利息保障倍数和资产报酬率等)。然后可以利用分位数回归对指标进行筛选。还可以利用遗传算法优化的 BP 神经网络法，建立更完善、适应性更强的能源金融风险预警模型。

5.4.5 应对能源危机的非传统风险转移与保险

能源危机属于市场风险，市场风险为动态风险，在传统保险中属于不可保风险。随着需求增加和风险管理技术发展，包含创新运用保险工具在内的非传统风险转移应运而生。

21 世纪以来，越来越多的城市管理探索将金融保险工具融入政府财政治理，以加强城市的财政抗风险能力和城市建设恢复能力。利用保险机制盘活财政救灾资金，通过杠杆作用高度放大产生增量资金以用于政府各种灾害和危机的应对。量身开发的保险解决方案和风险管理办法，已被国际上发达城市列入整体化风险管理、创新解决方案的首选。

当代中国城市面临各种传统和非传统风险挑战，亟须提高管理能级和水平。借鉴国外先进经验，创新运用包括保险在内的金融工具，是提升能级水平的有效技术路径之一。属于市场机制之一的保险，既是金融体系的三大支柱之一，又是社会保障体系的重要组成，因它处于经济社会多维空间的核心和交集部分，可产生特殊作用机制，也就决定了它无论在传统还是非传统风险管理中具有必要性和重要性。

1. 非传统风险转移

非传统风险转移是创新的保险市场和资本市场相结合的风险管理方法，它是为实现风险管理目标，在保险市场和资本市场之间转移风险的产品、渠道和方案。为了制订最优的基于非传统风险转移的风险管理计划，经常结合使用多种产品、工具和方案。主要产品有保险与再保险、多风险产品、保险连接证券、应急资本工具和保险衍生品；主要工具有专业自保公司和风险自留集团、特殊的再保险人、百慕大变换人、保险人拥有的资本市场子公司；其方案是在整合的基础上使用多种工具管理风险的广泛计划。

非传统风险转移的产品和方案以量身定做为特征，旨在实现针对特殊的风险管理目标，因此有时定做该产品和方案是一个耗费时日的过程，它与其他金融和保险产品不同，非传统风险转移的产品和方案一般不适用于长期使用的商品，它是为满足每位客户和风险筹资供应方以及地方法规的特定要求而定制的。只有当取得大量经验后，特定产品和服务才可能较为标准化。

2. 分层保险

在现代城市风险管理中，为了以最合理的价格取得最优的保险组合，通常可采用分层保险。分层保险允许投保人、被保险人对不同的风险种类和程度使用不同的保单。在建立整体化风险管理计划时，在原保险基础上的分层保险作为一种重要手段，以其最简单的形式，要求保险人提供适合其风险承受、业务组合和专长的损失补偿。一些保险人愿意接受规模较小但容易导致损失的风险，这些保险人喜欢接近损失分布平均数的风险，即所谓第一损失保险，该损失比较能被预测和管理，提供第一损失保险的保费收入也一般较多；另一些保险人则可承保较大且不容易导致损失的风险，他们喜欢远离损失分布平均数的风险，即提供超赔保险，处在这种地位的保险人负责第二、第三或更高层数的保险。城市风险管理者可以依据不同保险人的管理风险专长进行选择，实现整体化风险管理和降低风险转化成本。

3. 多风险产品

多风险产品是非传统风险转移市场上一种创新的、灵活的并逐渐流行的产品。它是把多种风险结合到一个合同中，向客户提供一种有效的对付风险的方案。既然多风险产品根据多种损失事件的发生提供损失后筹资，那么这种联合概率的效应一般使其提供的风险保障较分别投保各种风险更为廉价。多风险产品被认为是风险管理或整体化风险管理的一个组成部分。尽管整体化风险管理通常以承保多风险为特征，但多风险产品也把风险转移的特征放入单个合同中，以下介绍两大类多风险产品。

（1）多种损失原因产品。多种损失原因产品对多种相关的或无关的损失原因提供保险，又称为多险种或一揽子产品。它作为风险合并方案，把需求者所有指定的风险集合到一个具有总计保费、免赔额、保险限额的多年期保单中。因为编制这种综合保险计划投入的时间和精力颇多，所以这种合同的期限大多数为3～7年。多种损失原因合同具有保费低和较少超额保险机会的优点。为了防止出现不足额保险问题，这种综合保单通常包括一种复效条款，允许在保险期满之前在已用完保险限额的情况下恢复保险限额。多种损失原因产品出现在国际保险市场已有多年，它包括多险种保单、商业普通责任保单和商业超额损失保单等。试图获得多种损失原因保障的需求者通常使用多险种保单，它也称为商业一揽子保单。这一揽子保单的责任范围包括商业风险（可含能源危机）、财产、营业中断、普通责任、设备、内陆运输和汽车等。

（2）多触发条件产品。与多种损失原因产品不同，多触发条件产品只有当多种事件发生时，如巨灾事件和财务事件同时发生，才会提供补偿。如果只有其中一个事件发生，保险人不向被保险人赔付。双重触发条件合同要求两个事件同时发生才会赔付，三重触发条件合同则要求三个事件同时发生。既然多触发条件产品要求当第二个或第三个事件也发生时才赔付，其赔付的概率要低于类似的多种损失原因产品，这意味着被保险人因此能获得更廉价的保障。例如，发电厂遭受物质损失的概率是10%，油价上涨的概率也是10%，二者同时发生的概率只有1%，较低的赔付概率意味着那些曾经被认为是不可保的风险变为可保。多触发条件产品也是多年期保险合同，并可以每年重新安排触发条件。

触发条件的性质和水准是由保险双方进行专门协商的，为了避免道德危险因素，触发条件之一一般是根据一个外界标准来确定的。然而，这一外界触发条件必须与被保险人的风险相互关联。事实上，一个触发条件可以是一种财务事件或非保险事件，也可以是一种特定的保险风险。财务触发条件可以是电力价格、股票指数水平、利息率、经济增长率和气温指数，而保险风险触发条件是营业中断损失、财产损失和环境责任等，也可以考虑两个财务触发条件和两个非财务触发条件。当然，被保险人必须具有可保利益。

虽然理论上多触发条件产品对事件的保险责任范围非常广，但实际上这种交易大多发生在能源部门，因其供求关系、气候、能源价格上涨等原因共同作用而有可能造成大量损失。美国数家大的保险公司建立了专门的能源风险小组，研究这类损失不可测事件。

4. 保险衍生品

衍生品转让是一种可供选择的权益，因此它可以供套期保值或投机博弈使用。这一点使它有别于保险合同，保险合同是以可保利益为基础的，不能用它来产生投资利润。虽然衍生品可用于投资，但许多管理者用它来规避风险，使之成为一种重要的损失筹资工具。既然衍生品不是补偿合同，那么购买时一般要承担一些基本风险，如汇率风险、利率风险能通过衍生品精确匹配，但对与保险相关风险的衍生品却不能做到。由于衍生品购买要承担较多风险，因此它也成为一种廉价的风险管理工具。

（1）上市交易的保险衍生品。

上市交易的衍生品均使用标准合同条款，使所有参加者以相同工具交易，从而具有较大的流动性，减小出价与报价的价差。国际市场上，保险衍生品与最具流动性的参考短期和长期利率、汇率、股票指数、黄金等商品的重要金融指数的上市交易衍生品比较，虽不如它们活跃，但对于这类衍生品国外在非巨灾的气温风险方面也有探索。国内 2007 年安信农业保险公司推出了首个天气指数保险，即西瓜天气指数保险，提供强降雨与连阴雨的保险保障。2012 年 8 月，瑞士再保险公司与鼎和财产保险公司合作为广东梅雁水电股份有限公司提供了国内首例降水发电指数保险方案，这是国内首次将天气指数保险应用到能源企业。该合同约定，如果投保区域降水不足导致实际发电量低于预期发电量，保险人最高赔偿额可达 8 000 万元人民币。

（2）场外交易的保险衍生品。

场外交易市场的特点是灵活性，因此最具有创新的保险衍生品不断通过场外交易市场开发和交易。事实上，对交易的量身定做使得场外交易市场对管理保险风险更加及时有效，那些需要通过衍生品进行风险管理的需求者必须使用场外交易市场，因为正规交易所中常把一些上市的巨灾衍生品除名。

国内的城市风险管理，以往较多针对的是传统风险，城市各个部门负责管理对应行业、机构，从行政管理角度，这种管理模式是没有问题的。但非传统风险的复杂性、潜隐性和危害性增大，加之现代城市商业、金融十分发达，针对城市非传统风险，科学合理配置使用包括保险在内的金融工具，无论从成本、效率、效益还是持续性方面均具所长。近些年来不少地方政府从行政管理角度，陆续开展了形式和内容各异的一些试点、探索，但运用保险和其他金融工具还较少。新时代，应对城市非传统风险，法律法规和技术层面的机制工具缺一不可，政府应当致力于从系统、动态和综合决策的角度应对新的风险和挑战。

本章参考文献

[1] ANDRIOSOPOULOS K, GALARIOTIS E, SPYROU S. Contagion, volatility persistence and volatility spill-overs: The case of energy markets during the European financial crisis[J]. Energy Economics, 2017(66):217-227.

[2] BERNANKE B, GERTLER M, WATSON M. Systematic monetary policy and the effects of oil price shocks[R].Brookings Papers on Economic Activity, 1997(1):91-142.

[3] BLANCHARD O J, GALI J. The macroeconomic effects of oil shocks. Why are the 2000s so different from the 1970s? [R].NBER Working Paper No. 13368, 2007.

[4] CABRAL L S. The California energy crisis[J].Japan and the World Economy, 2002(14):335-339.

[5] DORNBUSCH R. Expectations and exchange rate dynamics[J]. Journal of Political Economy, 1976, 84: 1161-1176.

[6] FRANKEL J. Expectations and commodity price dynamics: the overshooting model[J]. American

Journal of Agricultural Economics，1986，68(2)：344-348.
[7] GU J A. Dark energy crisis[J]. Nuclear Physics A，2010(844)：245c-247c.
[8] MIDTTUN A，PICCINI P B. Facing the climate and digital challenge：European energy industry from boom to crisis and transformation[J].Energy Policy，2017(108)：330-343.
[9] UZ D. Energy efficiency investments in small and medium sized manufacturing firms：The case of California energy crisis[J].Energy Economics，2018(70)：421-428.
[10] 方德斌，时珊珊，杨建鹏.新常态下中国能源需求预测预警研究[J].资源开发与市场，2017，33(1)：8-13，26.
[11] 胡健，孙金花.基于 FI-GA-NN 融合的区域能源安全外生警源分级预警研究[J].资源科学，2017，39(6)：1048-1058.
[12] 胡润青.德国银行可再生能源投融资模式研究[J].中国能源，2014，36(9)：17-20.
[13] 李宏勋，吴复旦.我国进口天然气供应安全预警研究[J].中国石油大学学报(社会科学版)，2018，34(4)：1-6.
[14] 李丽红.中国能源金融市场风险预警——基于 PCA&ARMA 模型的研究[J].经济问题，2015(2)：52-57.
[15] 李连发，辛晓岱.银行信贷、经济周期与货币政策调控：1984—2011[J].经济研究，2012，47(3)：102-114.
[16] 卢二坡.短期波动对长期增长影响的经验研究综述[J].经济学动态，2008(4)：67-71.
[17] 卢二坡，王泽填.短期波动对长期增长的效应——基于省际面板数据的经验证据[J].统计研究，2007(6)：32-36.
[18] 卢二坡，曾五一.转型期中国经济短期波动对长期增长影响的实证研究[J].管理世界，2008(12)：10-23，187.
[19] 王新霞，林晓霞，黄显林.能源金融风险预警模型研究——基于 GABP 算法[J].区域金融研究，2016(7)：24-28.
[20] 王新霞，林晓霞.能源金融风险预警指标体系研究[J].西部金融，2016(6)：83-86，96.
[21] 袁申国，陈平，刘兰凤.汇率制度、金融加速器和经济波动[J].经济研究，2011，46(1)：57-70，139.
[22] 张帅.基于 Kalman 滤波方法的海上能源运输通道风险预警分析[J].物流科技，2015，38(11)：151-153.
[23] 赵春富，刘耕源，陈彬.能源预测预警理论与方法研究进展[J].生态学报，2015，35(7)：2399-2413.
[24] 舟丹.为新能源投融资创造良好环境　推动新能源发展[J].中外能源，2018，23(1)：44.

6 老龄化风险

6.1 人口老龄化概述

6.1.1 人口老龄化定义

人口老龄化是指老年人口在总人口中所占的比例不断上升的过程。1982 年维也纳世界老龄问题大会提出，总人口中 60 岁及以上老年人占比 10%以上，或 65 岁及以上的老年人占比 7%以上的国家或地区为老龄化国家或地区。

6.1.2 世界人口老龄化的现状

随着生育率的下降和人口寿命的延长，人口老龄化这一现象开始成为全球各国、各地区和各国际组织共同关注的紧要问题之一。

根据联合国发布的《世界人口展望:2017 年修订版》估算，全球共有 9.62 亿的 60 岁以上人口，占全球总人口比例的 13%，并且这一比例正在以每年 3%的速度攀升。目前，欧洲的人口老龄化情况最严重，占总人口比例的 25%，详情见图 6-1。在人口老龄化速度不断加快的形势下，该报告预计，在 2050 年除了非洲以外的全球其他区域，老龄化水平都将接近或超过 15%，全球

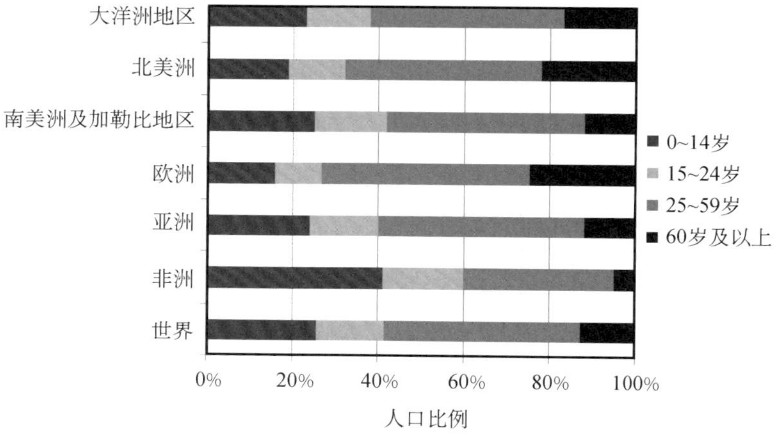

图 6-1 2017 年世界各地区不同年龄阶段人口比例

（资料来源：United Nations. Department of Economic and Social Affairs，Population Divion[R]. World Population Prospect：The 2017 Revision. New York：United Nationm，2017.）

老龄人口总量将在2030年达到14亿，在2050年达到21亿。在接下来的几十年里，考虑到人口出生规模，全球人口老龄化水平的进一步提高几乎不可避免。

人口老龄化水平还将对老年抚养比（Potential Support Ratio, PSR）造成深远的影响，老年抚养比的定义为总人口中劳动年龄人口数与非劳动年龄人口数之比，即年龄在20～64岁的人口与65岁及以上人口的比值。据该报告统计，2017年非洲的老年抚养比为12.9，亚洲为7.4，拉丁美洲和加勒比地区为7.3，大洋洲为4.6，北美洲为3.8，欧洲为3.3。作为老年人口抚养比最低的国家，2017年日本的老年抚养比仅为2.1%，同时，9个欧洲国家和美属维尔京群岛的老年人口抚养比也均低于3%。到2050年，预计有7个亚洲国家、24个欧洲国家、5个拉丁美洲国家或加勒比地区的老年抚养比将低于2%。这些国家在未来的几十年中可能在公共卫生保健系统、养老金和社会保障等方面面临巨大的财政压力和政治压力。

6.1.3 我国人口老龄化的现状

1. 我国人口老龄化概述

人口发展与社会经济发展是相互影响、相互依存、相互制约的关系。新中国成立初期到20世纪70年代末，我国人口高速增长，随着改革开放和计划生育政策的实施，经济迅速发展，生活水平不断提高，医疗卫生条件改善，人均寿命延长，人口出生率、死亡率大幅下降，老龄化加速。我国自20世纪末开始进入老龄化社会，并且老龄化程度逐年加深。根据《国家应对人口老龄化战略研究总报告》，从2015年到2053年，我国老年人口将从2.22亿增加到4.87亿，在总人口中的比重将由16.1%增加到34.8%。据国家统计局的数据显示，至2017年年末，我国60岁以上人口为2.4亿，达到总人口比例的17.3%，中国已是老年人口最多的国家。据预测，到2050年，全世界老年人口将达到20.2亿，其中中国老年人口将达到4.8亿，几乎占全球老年人口的1/4。表6-1为中国人口老龄化趋势。

表6-1 中国人口老龄化趋势

年份	时期	发展状况
1982—1999	人口老龄化过渡期	60岁以上老年人的比例从改革开放初期的7.64%上升到21世纪初的10.7%，相对于发达国家几十年以上的时间，中国只用了十几年就完成了这个历程
2000—2010	人口老龄化加速期	进入21世纪，老龄化率从10.3%增长到12.54%，步入老龄化国家行列。由于少年儿童的基数较大，一定程度上延缓了老龄化的速度，老龄化率平均每年上升0.1%
2010—2040	人口老龄化加速增长期	60岁以上老龄化年增长率为0.4%，老龄化率上升到26.53%，老龄化人口总数将达到4.07亿，人口老龄化率将达到峰值
2040—2060	人口老龄化发展减速期	60岁及以上老龄化率的年增长率下降为0.1%，65岁以上的老人比重达21%～25%
2060—	人口老龄化发展稳定期	老龄化率逐渐停滞，人口结构回归平衡，人口总数开始下滑

面对人口基数大、老年人口数量多的情况，国家和地方政府还没有应对指导人口老龄化工作的具体法律法规，也没有建立服务老年人口的养老体系。对于城市老年人如何得到赡养，机构养老、社区养老、居家养老的关系如何处置，公立机构和民营机构如何配置，养老资金如何筹集，等等，都没有得到很好落实。未来几年，我国将面临更加巨大的养老金支付压力，一些地方的养老金账户开始显现紧张情况。老年人的服务设施还不是很完备，公立养老床位紧张，养老服务人员严重缺乏，业务素质、道德修养有待提高。

2. 我国人口老龄化特征

受我国计划生育和改革开放政策的影响，伴随我国人口老龄化呈现的是家庭结构小型化、青壮年人口的城乡间流动、未富先老及空巢老人数量增加等问题。

与这些问题对应的我国人口老龄化特征主要表现为：

(1) 绝对规模大。我国老年人口预计在2025年突破3亿，在2033年突破4亿，在2052年达到峰值4.87亿，届时分别占亚洲老年人口的2/5和全球老年人口的1/4。

(2) 发展速度快。我国人口老龄化水平将由目前的1/7快速攀升至21世纪中叶的1/3，老龄化程度从10%提高到30%。我国将仅用41年就走完英国、法国、美国等西方发达国家经历了上百年才走完的人口老龄化历程，是除日本以外老龄化速度最快的国家之一。

(3) 高龄化显著。2050年我国80岁及以上高龄老年人口将达到1亿，是2010年的5倍，高龄比(高龄老年人口占老年人口总量的比重)达到22.3%，是2010年的2倍，相当于届时发达国家高龄老年人口的总和，占世界高龄老年人口总量的1/4。

(4) 发展不均衡。我国人口老龄化水平城乡倒置，21世纪农村人口老龄化程度将始终高于城镇，差值最高的2033年将达到13.4%。区域常住人口老龄化呈现出东部放缓、中西部不断加快的态势，随着中西部青壮年人口向东部流动，这种态势还将进一步加剧。省份间的老龄化进程差异巨大，最早和最迟进入人口老龄化的上海和西藏之间相差40余年。

(5) 未富先老。发达国家是在基本实现现代化的条件下步入老龄化阶段的，人均GDP已经达到5 000～10 000美元，基础公共设施建设以及养老保障体系建设相对完备，属于先富后老。而2000年我国步入老龄化之时，人均GDP不到1 000美元，即使到2010年，人均GDP仅为4 433美元，现代化尚未实现，应对老龄化的措施也未完善，属于未富先老。表6-2为不同国家进入老龄化社会时的人均GDP情况。

表6-2　不同国家进入老龄化社会时人均GDP情况

国家	进入老龄化时间	人均GDP/元[①]	人均GDP达1万美元时间
法国	1865年	1 924	1979年
意大利	1927年	2 531	1986年
德国	1930年	3 973	1979年

（续表）

国家	进入老龄化时间	人均 GDP/元[①]	人均 GDP 达 1 万美元时间
英国	1930 年	5 441	1985 年
美国	1945 年	11 709	1978 年
加拿大	1945 年	7 133	1980 年
澳大利亚	1946 年	6 595	1980 年
日本	1970 年	9 714	1981 年
中国	2000 年	3 421	“十三五”

资料来源：世界银行 Maddison Project.
注：① 此列 GDP 单位“元”为 1990 年国际元。

6.2 人口老龄化风险识别

人口老龄化已逐渐成为现代社会发展的趋势，世界各国随着经济发展水平的提升、医疗技术水平的提升，人口的死亡率不断下降，同时受教育程度的提高所带来的生育观念的转变也使人口出生率不断下降，人口老龄化不可避免地发生。

6.2.1 人均寿命不断增加

经济发展水平与人口老龄化存在着密切关系，经济发展水平的提高，教育和健康水平也会相应提升，因而人均预期寿命也相应地提升，死亡率下降，人们生育观念也因受教育水平的提高而改变，造成出生率下降。因此人均 GDP 与 60 岁人口占总人口比重呈正相关关系，社会经济发展到一定程度后，人口增长模式必定会发生转变。

一般而言，世界人口发展的历程，大致经历了三个阶段。第一阶段是高出生率、高死亡率、低增长率。工业革命之前，人类的发展水平落后，此时世界人口的增长模式大都处于第一阶段，该阶段的人口总数少且增长缓慢。

第二阶段是高出生率、低死亡率、高增长率。工业革命之后，人类社会的生产力水平迅速提高，人们生活条件和医疗卫生水平也有显著提升，因此死亡率大幅下降。第二次世界大战结束后的婴儿潮导致人口爆发式增长，世界人口增长达到了历史高峰。

第三阶段是低出生率、低死亡率、低增长率。随着社会生产力水平的不断提升，社会经济发展程度高，社会财富积累程度高，医疗水平高，加上受教育水平高，导致生育率下降，死亡率下降，人口的自然增长率呈现出下降的趋势，此时人口零增长甚至负增长，出现了人口老龄化的危机。据联合国经济及社会理事会统计，自 1950 年至 2095 年，非洲、亚洲、欧洲、拉丁美洲及加勒比地区、北美洲、大洋洲及全球的人均寿命及预期人均寿命都呈现明显的增长趋势，详情如图 6-2所示。

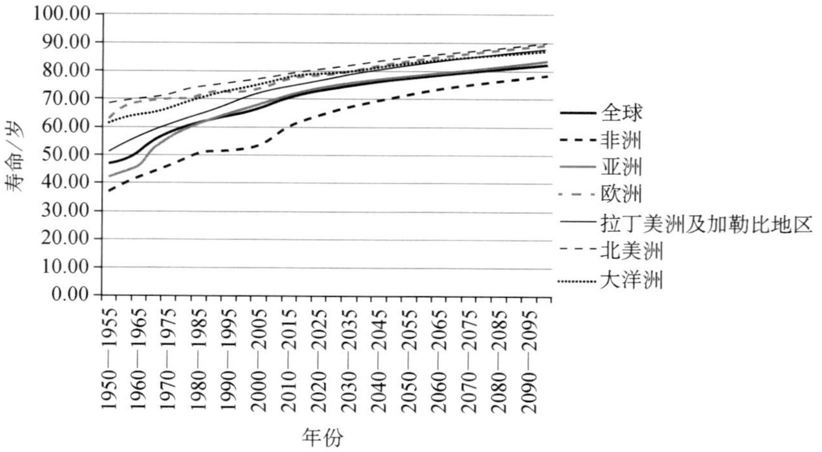

图 6-2　全球主要地区人均寿命及预期人均寿命

（数据来源：United Nations. Department of Economic and Social Affairs，Population Divion[R]. World Population Prospect：The 2017 Revision. New York：United Nation，2017.）

6.2.2　生育意愿持续下降

随着社会经济发展水平的不断提高，人们受教育水平的不断提升，年轻人不愿意生育已经成为世界各国的普遍难题。因为生活成本和生活压力的增加，以及人们对于婚姻、家庭的观念的改变，人们的生育观念发生了巨大的转变，生育意愿大幅下降，越来越多的年轻人选择单身、晚婚、丁克等，生育观念已经从多生多育转变为少生优育。

过去多生多育的重要原因是农村社会需人口提供劳动力以及养儿防老的观念。但是现在养儿对防老的作用已经不明显，大部分老人通过社会统一的养老保险制度，已经能够保障自己老年的基本生活需求，不需要通过下一代来抚养自己。在这种情况下，多生育的意义已经完全改变，家庭更愿意选择生育较少的孩子，并给予他们更好的生活环境和教育条件，达到少生优育的效果，因此现代社会生育观念的转变也是生育率低（本书将生育率定义为一名妇女一生所生育的孩子数量）的重要因素之一。据联合国经济及社会理事会统计，自 1950 年至 2095 年，非洲、亚洲、欧洲、拉丁美洲及加勒比地区、北美洲、大洋洲及全球的平均生育率和预期平均生育率都将呈现大幅度下滑趋势。非洲、亚洲和拉丁美洲及加勒比地区的平均生育率正逐渐向欧洲、北美洲和大洋洲等平均生育率一直呈现较低水平的地区趋近，详情如图 6-3 所示。

6.2.3　计划生育政策的实施

计划生育的方针政策与制度措施等的主要意义是有效地控制人口增速过快，以防止因人口过快增长影响国家的经济发展，以及因资源不足而引发社会矛盾。计划生育的主要内容和目标

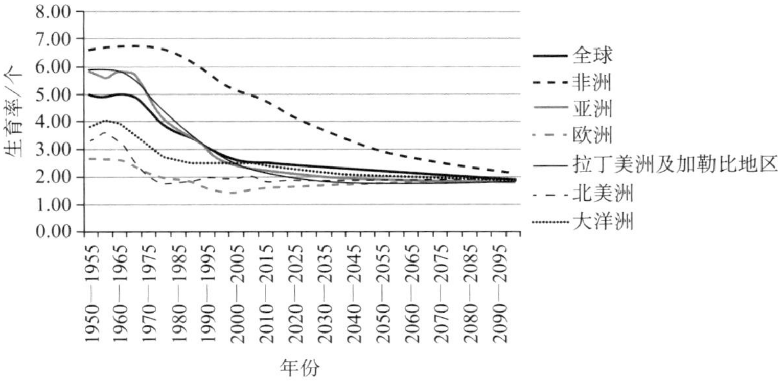

图 6-3 全球主要地区平均生育率及预期平均生育率

（数据来源：United Nations. Department of Economic and Social Affairs，Population Divion[R]. World Population Prospect：The 2017 Revision. New York：United Nation，2017.）

是提倡晚婚、晚育，少生、优生，从而有计划地控制人口。

以我国为例，我国计划生育政策实施以来，有效控制了人口过快增长。统计显示，我国人口出生率由 1970 年的 33.4‰下降到 2012 年的 12.1‰，人口自然增长率由 1970 年的 25.8‰下降到 2012 年的 4.95‰，是世界平均水平的一半。与其他发展中国家相比，我国的计划生育政策大大降低了我国的生育率，有效缓解了人口对资源环境的压力，起到了提高人口质量并优化资源配置的作用，详情如图 6-4 所示。但是，计划生育政策同时也加速了我国人口老龄化的进程。计划生育直接导致我国的生育率大幅降低，同时也导致我国社会的生育观念产生巨大变化，即便是已经开放二孩政策，但由于生活压力的增加，年轻人选择生育二孩的比例仍较低。目前中国已经成为世界上生育率最低的国家之一，人口生育政策急需进一步调整，以应对人口老龄化。

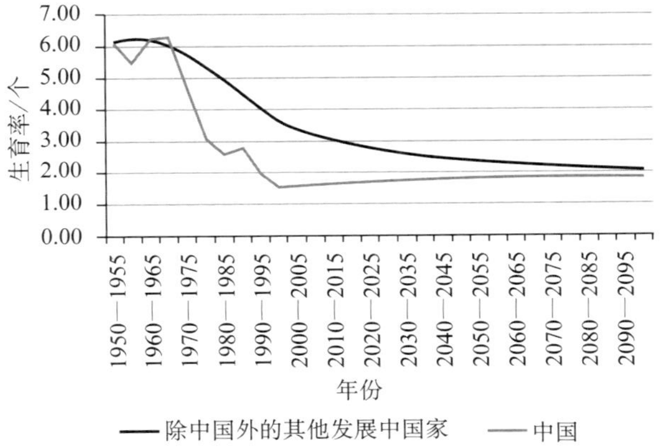

图 6-4 中国及除中国外的其他发展中国家平均生育率及预期平均生育率

注：图中中国平均生育率及预期平均生育率数据未包含香港、澳门及台湾地区。

（数据来源：United Nations. Department of Economic and Social Affairs，Population Divion[R]. World Population Prospect：The 2017 Revision. New York：United Nation，2017.）

6.2.4 人口流动导致区域差异

人口老龄化的速度同时也受到人口流动的影响。移民的涌入通常会降低一个地区的人口老龄化水平，因为移民往往从经济水平较低的地区迁移到就业机会更多的经济发达地区，而他们普遍年龄较低并且生育率较高。例如，在欧盟东扩后，一大批东欧新移民涌入德国等经济发达的欧盟成员国，虽然对原欧盟国家的社会和经济造成了一定程度的冲击，但也为这些老龄化程度较高的城市、国家和地区补充了适龄劳动人口，减缓了老龄化的发展速度。另一方面，老龄人口的迁入会提高该地区的人口老龄化水平。例如，在加勒比地区，其他地区老龄移民的迁入和本地区老龄移民的回迁加速了该地区的人口老龄化水平的提高。根据人口统计学家的预计，移民将在未来的人口老龄化过程中发挥更加突出的作用，特别是在人口规模稳定或下降的低生育率国家。全球各地区人口迁入及迁出数量如图 6-5 所示。

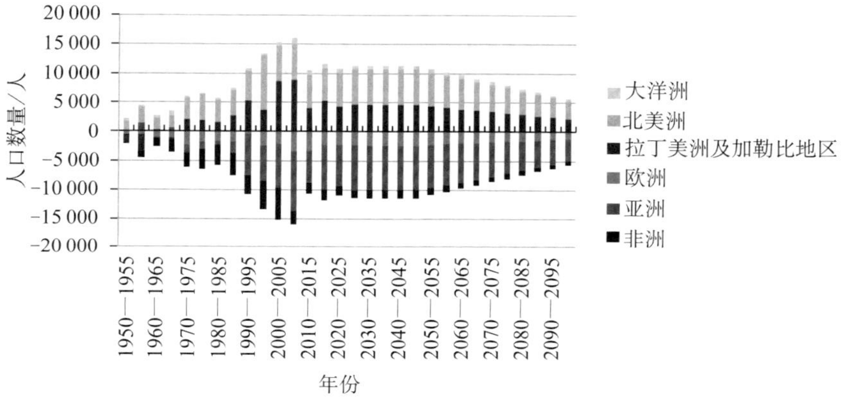

图 6-5　全球各地区人口迁入及迁出数量

（数据来源：United Nations. Department of Economic and Social Affairs, Population Divion[R]. World Population Prospect: The 2017 Revision. New York: United Nation, 2017.）

6.3 人口老龄化风险分析与评估

6.3.1 人口老龄化对劳动力市场的影响

人口老龄化最直接的表现就是劳动年龄人口占总人口的比重下降而老年人口占比上升，从而使劳动力供给减少。而劳动力是生产要素的一部分，劳动力数量及其所占比重决定着经济的健康可持续发展。适龄劳动人口数量变少会使经济增长减缓，这在日本、法国等发达国家已经得到了验证。而对于我国而言，随着我国老年人数量的不断增多，越来越多的劳动密集型企业开始外迁到东南亚、拉丁美洲和非洲等国家，我国廉价劳动力的时代渐行渐远，以往依靠投资和出口带动经济的发展模式不足以支撑经济的增长，经济增长趋于平缓。

6.3.2 人口老龄化对产业结构的影响

人口老龄化对产业结构的影响主要包括供给与需求两方面。在供给方面，出生率的降低会造成适龄劳动人口数量的减少和适龄劳动人口规模的缩小，而高龄劳动者由于学习和创新能力随着年龄的增长均会有不同程度的弱化，难以适应快速发展和高压力的社会环境，这在一定程度上会影响工作效率，降低社会劳动生产率，不利于产业结构趋向高级化，还会造成生产资料的闲置。在需求方面，由于老龄产业需求和老龄消费者的增加，消费需求结构也将会产生变化，虽然将增加第三产业在整体中的占比，但由于老龄化会导致对当前产品的需求饱和并降低对新产品创新的刺激，将对第二产业的发展产生较大的抑制作用。

6.3.3 人口老龄化对养老保障体系的影响

人口老龄化使得老年人增多，国家的养老负担增加。以我国为例，2001 年我国的总负担系数(劳动适龄人口与非劳动适龄人口之比)为 2.3∶1，到 2015 年这一系数就变为 2.1∶1，显而易见，伴随着老龄人口数量的增加，劳动人口的抚养压力也在不断增加。除此之外，老龄化对养老保障体系的影响不只体现在逐年增大的养老保险基金缺口上，很多发达国家在老龄化开始消耗大量国家资源之前就实现了经济繁荣，但发展中国家在还没有实现经济繁荣之前就已面临老龄化的严重考验，给其经济的可持续发展带来了巨大的负担，导致经济发展不良和养老保障不足之间的恶性循环。

6.3.4 人口老龄化对医疗保障体系的影响

随着老龄化的发展，国民平均体质下降，对各类疾病治疗需求增多，我国医疗保险背负越来越多的压力，其中资金压力以及制度的健康发展影响尤甚。首先，随着目前人口老龄化的高速增长，在职人员相对退休人员来说较少，因此医疗保险基金的来源范围狭窄；其次，老龄化使医疗保险的支出大幅增加。据调研，排在人类死亡谱中的疾病有很多与高龄呈正比关系，而在医学发达的今天，像心血管病、呼吸系统疾病等都可以通过药物或者手术的方式加以治疗，如此必然加重医疗保险的负担，极大地增加医疗保险费支出。

6.3.5 人口老龄化对政府税收政策和财政支出的影响

人口老龄化使得劳动力减少，纳税人数量也就相应降低，而作为国家的主要经济来源，政府为了保证社会经济的正常运转，必然会加大企业的税收力度，用以增加财政收入，这在一定程度上会提高企业的经营成本，影响企业的发展，并且，为了确保老年人的生活质量，政府会加大社会服务的财政支出，包括养老卫生医疗等。

6.3.6 人口老龄化对金融体系的影响

老龄化对金融体系的影响主要包括储蓄、消费的影响，资本市场、保险市场等的影响。人口老龄化趋势主要通过三个途径对金融市场的规模和结构产生影响，一是通过储蓄影响金融市场的规模，二是通过风险偏好的改变影响金融市场的结构，三是通过增加对保险服务的需求影响金融市场的结构。不同生命周期的人口对消费、储蓄的倾向不同。储蓄率随着年龄的提高而下降。储蓄是投资的根本，储蓄量的减少会导致投资减少。老龄化的加速会推动金融体系的市场化变迁，通过储蓄、房地产、社保基金等影响金融体系的稳定性。

6.4 人口老龄化风险预警与防控

6.4.1 加强人口老龄化风险预警

探索人口老龄化发展规律，把握人口老龄化发展趋势，加强人口老龄化风险预警，有助于人口老龄化风险及时和有效的应对。

加强对人口老龄化风险预警的必要步骤是进行人口普查及相关预测。人口普查是为政府提供基本人口数据的主要来源，也是获取关于人口数量和人口结构资讯的基本调查方法，对政府及相关部门制定老龄化防控制度和推行老龄化防控手段具有重要的意义。在进行人口普查的基础上，可以根据普查数据进行总人口中劳动年龄人口数与非劳动年龄人口数之比的计算以确定老年抚养比，进而衡量一个国家或地区社会的老龄化风险水平。同时，由于人口老龄化风险的形成和影响过程是长期的，还应当通过历史数据和合理的预测模型的运用，建立老龄化风险的长效识别机制，对人口年龄结构、育龄妇女数量和育龄妇女生育率等风险因素进行动态监控和预测。除此之外，政府还应当组织人口老龄化问题相关学科领域的专家、学者和权威人士组成研究团队，对收集的信息进行系统化整理和分析，从而达到对老龄化水平和潜在风险因素进行监控和预警的目的。

与此同时，还应当加大对人口老龄化预警的政策支持。作为一个庞大的系统工程，人口老龄化的预警工作需要政府出台相关的法律法规，确保老龄化风险预警机制构建有章可循，应设立专门的管理机构并加大资金支持。

6.4.2 促进人口年龄结构均衡发展

人口老龄化的主要影响是老龄人口的占比增加，年轻劳动力不足，因此应对人口老龄化的措施之一就是促进人口年龄结构的均衡发展，适当增加年轻人口的数量，增加适龄劳动力的数量，或者通过延迟退休来维持劳动力的数量，以降低老龄化带来的城市经济发展停滞的风险。

1. 鼓励生育政策

人口老龄化带来的最直观的风险就是适龄劳动力的不足，而适龄劳动力不足的根本原因就是人口出生率降低，从而导致年轻劳动力数量下降。因此，要解决劳动力不足的问题，提升人口出生率是最直接的解决方式。由于社会经济的不断发展，现代人的生育意愿下降，为了提升人口出生率，发达国家都采取相应的鼓励生育的政策，通过给予相应的补贴、税收优惠等来鼓励生育。

1）法国的鼓励生育政策

早在1918年，法国就开始实施生育家庭津贴政策。1939年，法国正式出台了鼓励生育政策，通过几十年的努力，现在法国是欧洲生育率最高的国家之一。20世纪90年代，法国通过多方面的政策加持已经确立了较为完善的鼓励生育政策体系，包括育儿补贴在内的现金补贴、税收减免和产假制度等。此外，为父母育儿、儿童教育等方面提供良好完备的公共服务也是法国生育支持政策的重点。对于未婚及未生育人权，法国政府从1920年开始就利用税法鼓励生育，向未婚无孩的纳税人征税时，多征收除正常纳税额外的25%。

2011年法国政府在鼓励生育方面的相关财政支出就已经达到830亿欧元，占国内生产总值的5%。法国对于新生儿家庭会给予一次性补贴，生育第一胎的家庭每月可获得约177欧元的补贴；在三年之内生育第二胎，补助金会上升到约600欧元，一直到孩子年满6岁；再生育第三胎，补贴则增加到900多欧元，一直到孩子满18岁。在法国，如果家中生育了超过三胎及以上子女，还可享受交通费用减免。

2）俄罗斯的鼓励生育政策

在俄罗斯生育子女多的妇女会被人们称为“英雄母亲”，可以享受3年带薪产假。2006年，俄罗斯颁布实施了“母亲基金”法案，从收入、教育、住房、就业及社会保障等多个层面深入挖掘俄罗斯人口增长潜力，这个法案对生育第二个以及更多孩子的家庭提供补贴政策支持。从2013年开始，俄罗斯大多数共和国、州、边疆区和直辖市更是采取措施加大刺激生育的力度，根据各地的实际情况向生三胎或更多子女的家庭提供每月5 000～11 000卢布的资金支持。为了让女性在生育后没有后顾之忧，2013年12月俄罗斯国家杜马通过法案，确保生育三个孩子的女性可以有四年半的产假用于在家照顾子女，并且会获得一定的补助。近些年的生育鼓励政策，让俄罗斯的生育率从1999年的1.16回升到2012年的1.6，出生率提高了30%。

3）德国的鼓励生育政策

德国的鼓励生育政策，是以高额福利津贴来鼓励生育的。德国政府于2003年启动“家庭政策联盟”计划，并于2006年开始推出一系列支持家庭提高生育水平的家庭保障政策，使年轻父母免于经济压力，根据规定停职在家照顾孩子的父母全年每月可得到相当于税后月收入2/3的补贴，每月最高可达1 800欧元。如果父母中的一方继续停职2个月，则可享受14个月的补贴，即最高为2.52万欧元的生育福利津贴。2007—2013年，德国增加了0～3岁婴儿保育院的数量，为之前的3倍，使35%的适龄儿童可以在公共看护机构受到照顾。德国《联邦解雇法》规定，雇主不得解雇处于生育假期中的年轻父母，从而帮助年轻育龄父母实现工作与家庭生活的平衡。据测算，德国政府各类公共服务供给和津贴实际承担了家庭42%的育儿支出。

4）我国的生育政策及其转变

由于我国的经济发展，人口受教育水平、医疗水平在过去几十年间不断发展，人口出生率不断发生变化，人口的结构也在不断改变，从高出生率到低出生率，到出现人口老龄化的情况只用了短短的30年，因而我国的生育政策也在不断调整，从20世纪七八十年代的计划生育政策，逐步调整为全面二孩政策，通过提高人口出生率以减缓人口老龄化进程。根据全国第五次、第六次人口普查等数据，采用年龄移算法和队列要素法进行研究，结果表明，“全面二孩”政策的实施不仅可以减缓老龄化进程，还可以降低老年抚养比。但是由于我国的人口基数大，与发达国家的国情不完全一样，不能简单照搬发达国家出台鼓励生育的政策，否则带来的影响可能更多是负面的，例如，人口短期内激增可能带来居住条件差、就业困难、环境污染加剧和生态环境恶化等问题。我国生育政策的调整应该借鉴发达国家应对人口老龄化采取的鼓励生育的政策，同时从我国的国情和社会现状出发，逐步调整，以应对人口的老龄化风险。表6-3为我国生育政策转变时间。

表6-3　　我国生育政策转变时间

时间	转变政策
1971年7月	国务院批转《关于做好计划生育工作的报告》，把控制人口增长的指标首次纳入国民经济发展计划
1980年9月	党中央发表《关于控制我国人口增长问题致全体共产党员、共青团员的公开信》，提倡一对夫妇只生育一个孩子
1982年9月	党的十二大把计划生育确定为基本国策，同年12月写入宪法
1991年5月	中共中央、国务院出台《关于加强计划生育工作严格控制人口增长的决定》，明确贯彻现行生育政策，严格控制人口增长
2002年9月	《中华人民共和国人口与计划生育法》施行
2013年11月	《中共中央关于全面深化改革若干重大问题的决定》提出“启动实施一方是独生子女的夫妇可生育两个孩子的政策”
2013年12月	中共中央、国务院印发《关于调整完善生育政策的意见》
2015年12月	全国人大常委会表决通过了人口与计划生育法修正案，全面二孩政策于2016年1月1日起正式实施

2. 增加劳动人口

适龄劳动力的不足以及社会经济负担的增加，将影响城市的经济发展，经济发展的停滞将影响城市的发展进程。因此，为了缓解老龄化给城市发展带来上述影响，各国推行的重要举措包括提高劳动参与率与适当延长企业员工的退休年龄，鼓励企业员工达到退休年龄后再劳动，或者从事劳动强度相对低的工作岗位，以缓解社会老龄化问题，增加劳动力的数量，以维持城市的经济发展状态。

1）提高劳动参与率

人口老龄化会导致劳动年龄人口规模和劳动参与率下降，年轻劳动力供给不断萎缩，导致劳动力供给短缺和结构老化，因此应对人口老龄化的一大举措便是提高劳动参与率。劳动参与率的提高能够增加劳动力的人数，有助于缓解劳动力的短缺，同时更多的人参与劳动，能够增加社会财富积累，增加养老金的收入，一定程度上减轻政府的养老负担。由于我国一直处于劳动参与率水平较高的位置，特别是女性的劳动参与率高于世界平均和主要发达国家，因此在我国提升劳动参与率提及不多，但是就世界范围来看，劳动参与率完全可以在现有基础上进一步提升。表 6-4 为世界各国 15 岁以上劳动力参与率。

表 6-4　　世界各国 15 岁以上劳动力参与率　　单位：%

国家	年份									
	2008	2009	2010	2011	2012	2013	2014	2015	2016	2017
中国	71.88	71.45	70.97	70.74	70.53	70.3	70.04	69.74	69.37	68.93
澳大利亚	65.62	65.53	65.53	65.55	65.25	65.01	64.77	65.05	64.89	64.81
巴西	66.92	67	65.84	64.65	64.35	64.23	63.95	64.1	63.84	63.67
德国	59.21	59.36	59.44	60.02	59.99	60.32	60.38	60.28	60.49	60.48
韩国	60.8	60.1	60.3	—	—	—	—	—	60.83	62.63
俄罗斯	62.7	62.7	62.7	—	—	—	—	—	63.35	63.53
法国	56.22	56.39	56.28	56	56.16	56.11	55.78	55.58	55.42	55.21
加拿大	67.21	66.75	66.58	66.37	66.21	66.17	65.7	65.54	65.39	65.2
南非	55.3	53.7	52	—	—	—	—	—	53.29	54.72
日本	60.58	60.37	60.08	59.53	59.28	59.62	59.81	59.99	60.46	60.21
土耳其	47.6	48.6	49.5	—	—	—	—	—	50.27	51.62
英国	62.4	62.1	61.9	—	—	—	—	—	62.66	62.34
印度	57.36	56.33	55.32	54.64	53.96	53.97	53.96	53.95	53.93	53.79
瑞士	68.3	68.3	67.8	—	—	—	—	—	68.52	68.42
瑞典	64.2	63.6	63.7	—	—	—	—	—	64.45	64.04
新西兰	68.1	67.8	67.7	—	—	—	—	—	67.4	69.21
希腊	53.82	54.27	54.41	53.82	53.61	53.34	52.98	53.09	53.16	52.87
世界	63.47	63.18	62.76	62.56	62.41	62.34	62.21	62.12	62.1	61.94

数据来源：International Labour Organization. Key indicators of the labor market[DB/OL].[2018-10-10]. http://www.ilo.org/.

近年来,随着各国老龄化程度的不断加深,越来越多的国家开始鼓励提高女性与老年人的劳动参与率。以日本为例,日本的女性和老年人的劳动参与率自2012年以来一直处于快速上升的态势。2012—2017年,15～64岁女性的劳动参与率大约提高了6个百分点。2017年,日本15～64岁的劳动人口中,男性劳动参与率为85.6%,女性劳动参与率为69.4%,创下了历史最高纪录,超过了美国和法国的女性劳动参与率,65岁以上老年人的就业人数占比也从2012年的19.9%提高到2017年的23.4%。女性和老年人劳动参与率的提高对于补充日本劳动力的供给不足发挥了非常重要的作用,使日本在总人口和适龄劳动人口减少的情况下,保证了实际就业人数的增加或持平,这成为促进日本经济温和复苏的支撑因素。

随着日本女性劳动参与率的提升,双职工家庭增加。由于双职工家庭比单职工家庭的消费支出金额、储蓄倾向都更高,一定程度上有助于减缓日本储蓄率持续下降的趋势,消费和储蓄状况的改善有利于促进经济实现良性循环。

为了鼓励日本女性参与劳动,日本主要政策导向是减轻女性的幼儿抚养负担,有效地改善女性就业环境,真正让女性可以兼顾工作与家庭,从2012年到2017年的这6年,日本几乎每年都会出台相关内容的法案,包括增加托儿所等儿童保育设施,倡导所有上市公司积极提拔女性担任管理层职务,协助育儿休假的女性顺利回归职场,扩大女性得到雇用及升迁机会,改善女性工作环境,减少女性职场歧视,减轻女性的家庭负担等,以创建“女性能够持续工作的社会”为目标,积极鼓励女性参与劳动,以应对少子化、超老龄化和人口减少对日本经济承受力的考验。

相较日本及大多数发达国家而言,中国的劳动力参与率较高,这是中国的工资和福利政策、教育和社会保障的发展程度等多方面原因共同决定的。中国尚处于社会主义初级阶段,虽然改革开放以来,中国经济实现了快速增长,但由于中国经济发展起点较低,与其他发达国家相比,中国工资收入仍处于较低水平,因此需要更多的家庭成员参与社会劳动来增加家庭收入。虽然目前中国的劳动力参与率处于较高水平,但是近年来随着劳动力总量的减少,经济的潜在增长率也出现下降,此时提高劳动力供给来源的主要方式只能是提高劳动参与率。中国社科院学部委员、人口与劳动经济研究所所长蔡昉建议,通过提高劳动参与率提升经济的潜在增长率,目前我国的劳动参与率为60%～70%,如果2011年到2020年间劳动参与率每年增加1个百分点,就能使经济的潜在增长率提高0.88个百分点。

2）延迟退休年龄

根据世界卫生组织(World Health Organization, WHO)公布的《2018年世界卫生统计》(World Health Statisitcs 2018)的数据,2018年全球总体人口平均预期寿命已经达到72岁,其中女性寿命预期仍高于男性,前者为74.2岁,后者为69.8岁。世界主要发达国家的人口平均预期寿命基本都超过了80岁,例如日本、法国、加拿大、英国、德国的人均预期寿命分别为84.2岁、82.9岁、82.8岁、81.4岁、81岁。一些发展中国家的人均预期寿命也都超过70岁,例如巴西的预期寿命为75.1岁,古巴的预期寿命为79岁。国家卫生健康委员会发布的《2017年我国卫生健康事业发展统计公报》报告显示,2017年我国大陆的人均预期寿命由2016年的

76.5 岁提高到 76.7 岁。

可见随着人口预期寿命的不断增加，适度延长老年人的退休年龄，能缓解国家给付养老金的压力。老年人相对于年轻人有更为丰富的工作经验，特别是一些高级技术人员更是一种难得的社会资源，过早地让这些拥有宝贵经验和技术的人员退休，不利于人才发挥自身的价值。同时，延迟退休年龄，能让老年人自行创造价值，丰富生活，发挥其自身价值和社会价值。发达国家进入老龄化的时间较早，已经通过延迟退休来缓解养老压力。

（1）美国延迟退休政策

美国是最早制定社会保障法律的国家之一，1935 年制定的《社会保障法》中明确规定领取退休金的年龄为 65 岁，1983 年的《社会保障法修正案》中则将退休年龄从 65 岁延长到 67 岁，并根据不同的出生日期，设定了不同的正常退休年龄，例如，1937 年及以前出生的，退休年龄为 65 岁，1943—1954 年出生的，退休年龄为 66 岁，1960 年及以后出生的，退休年龄是 67 岁。除此之外，美国的退休政策分为三个层次的弹性激励方式：

① 提前退休，年满 62 岁的居民就可以选择提前退休，但是只能领取全额退休金的 70%，每推迟一个月领取则逐月提升比例(例如 63 岁、64 岁、65 岁、66 岁、67 岁的退休金领取比例为 76%，82%，88%，94%，100%)。

② 正常退休，居民年满 67 岁退休则可领取全额退休金。

③ 延迟退休，居民能在原有的退休金基础上获得奖励性的收益。例如，居民如果选择在 70 岁或 70 岁以后退休，那么每个月能拿到 132%的退休金。美国的退休政策以自愿为原则，采取渐进式的退休制度设计，让人们可以根据自身情况进行选择，而拉开档次的退休金获得比例，特别是对于延迟退休的奖励性收益，一定程度上鼓励了美国人延迟退休。

（2）德国延迟退休政策

德国是世界上最早实行社会保障制度的国家。1889 年，德国总理俾斯麦在人类历史上首先创建了由国家提供的退休金制度，并且首先以 65 岁作为退休年龄。目前德国法律规定的退休年龄，将从 2012 年的 65 岁调至 2029 年的 67 岁。德国退休政策也考虑了一些特殊情况，例如，对于参加养老保险达到 45 年的人，依然可以在 65 岁退休时领取全额养老金；对于参加养老保险达到 35 年的人，可以在 63 岁开始申请提前退休，但必须承担一定比例的养老金损失——根据距离法定退休年龄相差的月数，每个月养老金将被扣除 0.3%；对于所有 1963 年以后出生的人，如果选择 63 岁退休则其领取的养老金将被扣除 14.4%。

（3）我国退休政策的实施现状

我国当前仍是按照 1978 年第五届全国人民代表大会常务委员会第二次会议原则批准的《国务院关于安置老弱病残干部的暂行办法》和《国务院关于工人退休、退职的暂行办法》所规定的退休制度，即男职工退休年龄是年满 60 周岁，女职工退休年龄是年满 50 周岁或 55 周岁。

与世界上其他国家相比，我国的国民退休年龄相对较低，按照我国目前人口老龄化的趋势，如果今后不对退休制度进行修改的话，我国将面临严重的老龄化后果。2013 年 11 月 12 日，中国共产党第十八届中央委员会第三次全体会议通过《中共中央关于全面深化改革若干重大问题的决定》也明确指出，要研究制定渐进式延迟退休年龄政策。因此，我国未来可以借鉴国外的经验，从我国的现实国情出发，渐进式地、非行业地、弹性地延迟退休，逐步延长退休年龄，对于延迟退休的老人应该增加今后领取的养老金金额以起到鼓励、刺激延迟退休的作用。对于提前退休的应该进行严格的控制，并且相应地减少养老金领取的数额。

3. 引入外来移民

欧洲发达国家相对较早进入老龄化社会，已经开始通过吸收外来移民来缓解人口老龄化的问题。发达国家通过比较优势，以调整移民政策来吸引人才和技术移民，对知识创新型和技术型人才积极简化移民审核和批准手续，放宽停留时间，提供与国民等同的社会福利待遇，扩大外籍高端劳动力的数量以应对人口老龄化的危机。

发达国家的移民政策可以分为三类。第一类是传统的移民输入国，如美国、加拿大、澳大利亚等，这些国家一般通过鼓励永久移民的政策来应对人口老龄化。例如，美国作为传统的移民大国，外来移民取得永久居住权之后就可以享受与美国公民同等的子女学费减免、就读公立学校、多种医疗优惠等福利待遇。从 1996 年起，美国多次修改移民法，提高 HB-1 签证限额，以获取更多的高科技人才。加拿大为了与美国竞争人才，也不断放宽技术移民政策。

第二类是欧洲各国，随着 20 世纪 70 年代老龄化程度的加深，它们逐渐开始成为移民输入国，通过各类政策鼓励高素质人才移民，从而获得优质的劳动力资源。例如，德国自 2005 年开始实施《新移民法》，联邦政府从法律上正式将德国决定为移民国家，2012 年进一步修改《移民法》中有关“高级人才”引进的相关规定，从政策上降低医生、律师、工程师、教师等持有专业技能证书、执照和证明的高技术人员的入籍要求，鼓励在德留学的外国毕业生开展与其科研领域相关的创业就业活动。在各类鼓励移民政策的推动下，目前德国已经成为全球第二大移民国家，据德国联邦统计局 2017 年发布的数据显示，截至 2016 年，德国居民中具有外国移民背景的数量已达总人口数的 22.5%，其中具有外国国籍的移民人数占德国常住人口的 10%以上，此外 2016 年德国接收难民的数量也达到了 28.66 万人。

第三类是原本吸收外来移民非常谨慎，但是由于受人口老龄化影响而导致劳动力短缺的国家，不得不考虑放宽移民政策的限制。例如，日本历来对外来移民相当排斥，1990 年之前严格限制移民，即便是在劳动力极度缺乏的第二次世界大战后经济快速发展时代，宁可通过延长工作时间、雇佣老年人及学生从事兼职工作，也不愿意接受外来移民。但是随着日本少子化、人口老龄化带来的劳动力短缺的情况越来越严重，从 1990 年起日本放松了对技术移民的限制。日本的劳动力供给严重不足，导致了日本的非法移民现象严重，日本政府也开始转变思想，通过开拓合法移民的渠道来治理非法移民。

针对中国老龄化不断加快的进程，虽然目前劳动力市场上仍有大量劳动力处于失业状态，但是随着劳动力数量的逐步减少，经济的快速发展必定受到老龄化的影响，很可能会和现在的欧洲发达国家一样需要引入外来移民来弥补劳动力的不足。就现阶段而言，虽然不需要大量引入移民来弥补劳动力的不足，但是仍应采取一定的措施，未雨绸缪。一是积极吸引留学人才归国发展，把留学的高端技术人才吸引回国，这是弥补劳动力不足，尤其是高端技术人才短缺的首选方法。二是适度引进国家发展所需要的国外高端技术移民，一定程度上可以对国外高科技人才放宽政策，适度引进高层级外籍人才。三是严厉打击非法移民，加强对在华外国人的登记管理，减少非法移民对中国社会经济发展的负面影响。

6.4.3 进行产业结构优化调整

人口老龄化会直接导致劳动力供给的减少，直接影响劳动密集型产业的发展，企业将不得不面临招工难和用工成本上升的问题，从而企业利润将被削减，影响城市的经济发展。老龄人口的增加，会降低社会的整体消费水平，从而影响城市产业结构优化升级的进程，不利于城市的长期发展。对于发达国家来说，进入人口老龄化之时，社会经济水平已经发到一定程度，但我国面临的却是未富先老的状态，我国制造业长期利用人口红利带来的劳动力成本低的优势将逐步下降甚至消失，直接影响我国的出口利润。为了改变老龄化带来的城市经济发展的危机和困境，必须首先大力发展经济，只有加快经济结构的转型，提高社会劳动生产率，加速经济发展，增加社会财富积累，才是解决人口老龄化的根本保证。

1. 推动经济转型

1）劳动密集型产业转型，经济结构调整

人口老龄化将使得适龄劳动力占总人口比例逐渐降低，而劳动力是生产要素的一部分，劳动力数量及占比直接关系到经济的健康可持续发展。劳动力资源的不足，将不利于第一、第二产业即劳动密集型产业的发展。

从第一产业来看，必须大力发展现代化农业，需要高素质人才将科技创新成果运用到农业中，降低农业的人力成本。农业生产的机械化水平越高、人力成本越低的同时，农业的生产效率就越高。例如，美国的农业机械作业规模化、智能化使得美国农业的生产效率高，市场竞争力强。根据2015年的统计数据，中国种植玉米、稻谷、小麦、大豆和棉花的人工成本分别是美国的14.78倍、4.11倍、16.33倍、8.5倍和28.23倍，可见我国的劳动生产率远远低于美国，这与我国目前的农业机械化程度较低有直接的关系。

从第二产业来看，发展中国家的第二产业以劳动密集型的产业为主，需要消耗较多的体力，生产节奏快，中老年人的身体素质不适合传统的第二产业的生产模式，因此产业结构必须向资本和技术密集型产业转变。例如，德国、日本的生产线上有大量的中老年技术人员，其原因在于德国、日本企业大量采用先进设备和自动化生产线，只需要高素质的技术工人和工程专业人士来操作生产设备，而不是大量的体力劳动者来进行生产。

2017 年在德国 8 180 万总人口当中，年龄在 65 岁及以上者约为 1 770 万，接近总人口的 22％，到 2050 年，这一比例将攀升至 30％。德国一直面临劳动力短缺的问题，在 2015 年各国竞争力指数的报告中，劳动力是德国唯一弱于创新驱动型国家平均水平的一项。但是在劳动力严重不足的情况下，德国仍是欧洲最大经济体的重要原因就在于德国的先进设备和自动化的生产线弥补了劳动力不足的弱点。

人口红利时代所带来的经济高速增长必定会受到人口老龄化的影响而放缓增速，因此必须将产业结构进行优化升级，产业结构的优化升级在一定程度上解决人口老龄化所导致的劳动力数量下降，以及经济发展放缓甚至停滞等问题。当前我国的人口红利逐渐消失，必须学习发达国家的先进经验，降低劳动密集型产业的比重，将产业结构向着人力资本密集型产业发展，更多地依赖科技和技术的进步，而非单纯的廉价劳动力，以降低人口老龄化对经济的冲击。

2）发展高新产业，增加社会财富积累

人口老龄化导致劳动生产率下降、社会消费能力下降，其根本原因在于老年人口的“未富先老”。由于社会财富积累不足，老年人的退休收入有限，退休后的消费能力下降。因此，要缓解人口老龄化所致的消费下降的影响，必须从根本上解决社会的财富积累问题，从而增强老年人的支付和消费能力。只有加快高新产业的发展才能有效提升社会财富积累，从而提高老年人在社会再分配中的占比和总量，才能提高老年人的支付能力和保障水平，在经济发展与人口老龄化之间寻找新的支撑点，从根本上解决老龄化问题。

2. 发展老年产业

人口老龄化对于社会整体消费能力和消费习惯将造成巨大影响，因此大力发展老年产业，能在一定程度上推动老年人消费产业，即俗称的“银发产业”的建立，培养老年人的消费市场，有助于经济的可持续发展，避免因人口老龄化带来的消费水平下降、经济增长放缓。

随着老年人口数量的不断增加以及人民生活品质的不断提高，老年人消费需求的范围在不断扩大，消费需求的层次也在不断提高，因此老年消费市场有极大的发展潜力。日本通过多年的探索发展，目前老年产业已逐步成为日本国民经济的增长点。相关研究数据表明，日本60 岁以上人口的消费占消费市场的比重：1980 年为 13％，1990 年为 18％，2000 年为 24％，2010 年已经上升至 36％。

1970 年，日本 65 岁以上的人口占总人口的比例为 7.06％，正式进入“老龄化社会”，日本从老年人的消费需求出发，通过制定详细的行业标准，将老年人日常所需的产品和服务细化分类，修改完善保障老年消费者的相关法律，推动相关老年产业的发展。单就日本居家护理服务而言，其种类就多达 14 种，包括居家养老的老人所需的远程医疗、社区健康、家政服务、运输、供给膳食及照顾起居等服务，并且带动了一大批家用医疗器械、康复器械、远程医疗及护理服务等企业提供专业化养老服务。

然而就我国现状而言，我国老年产业处于尚未完全开发的状态，老年消费市场的潜力巨大，老年消费产业未来极可能成为朝阳产业，例如养老护理、老年食品等，针对老年人的文化旅游产品、老年服饰、保健用品等也都存在很大的市场需求。老年产业的发展既能满足丰富老年人的生活、娱乐和健康等需求，又能够对经济发展起到促进作用，一定程度上消除老年人口数量增加给消费市场和经济发展带来的负面影响。

因此，未来政府也应当从多方面支持老年产业的发展，从政策上引导鼓励老年产业的建立和发展，从法律上完善相关产业的行业标准和规定，从制度上健全老年产业链和医疗养老服务体系。特别对于老年产业中的养老产业、医疗产业，政府应当加大扶持力度，可以通过适度地给予经营者一些税收优惠条件，鼓励社会资本投入社会养老产业建设中，加快养老院、养老休闲园区、疗养医院等基础设施的建立，充分发挥社会力量，有效缓解政府财政支出的压力，减轻社会的养老压力。今后养老产业的积极发展，将有助于推动社会经济的增长，提升老年人的晚年生活质量，让老年人真正老有所养、老有所乐。

6.4.4 建立可持续的保险体系

人口老龄化导致的老年人口数量的上升，将直接导致城市养老负担和家庭养老负担的加重，公共财政在基本养老金、退休金、保险费补贴和医疗方面的支出增加，将对城市的经济发展带来影响。而家庭养老负担的加重，则会影响社会的稳定，引发大量的社会矛盾和冲突，不利于城市的健康稳定和谐发展。因此，如何在老年人退休后确保老年人生活品质有所保障，同时缓解社会在养老支出方面的压力，世界各国一直在探索建立可持续的养老保险体系，积极应对当前日益严重的人口老龄化问题，达到减轻个人、家庭和社会养老负担的效果。

从世界范围而言，目前推行的养老保险主要为三支柱模式，在全球具有较高的普适性，表 6-5 为全球部分国家养老金模式。三大支柱的组成主要包括：第一支柱，即由国家主办并强制推行的社会养老保险，它是养老保险的“精神支柱”，是底线保障，主要功能是覆盖面广、满足基本生活保障；第二支柱，即由雇主自愿设立并运行的私人养老金计划，一般在我国称之为企业年金；第三支柱，即个人商业养老保险计划。第二、第三支柱作为第一支柱的补充，将增加老年人退休后的财富积累，为老年人的退休生活起到保障作用，同时有效缓解社会及家庭的养老负担，对增强养老保险制度的灵活性和可持续性具有重要意义。除了三大支柱之外，加拿大等国家还建立了“零支柱”养老保险，即非缴费型养老金。

表 6-5　全球部分国家养老金模式

国家及地区	零支柱	第一支柱	第二支柱	第三支柱
美国	—	联邦社保基金	401(K)等计划	IRA
澳大利亚	国民年金	—	超级年金	自愿性质的职业年金，个人养老金储蓄和投资

（续表）

国家及地区	零支柱	第一支柱	第二支柱	第三支柱
加拿大	老年收入保障计划	公共养老金	退休养老金	注册养老储蓄账户等
英国	—	国民养老金	完全积累制的私营养老金	个人储蓄养老保险
智利	—	公共养老金	个人账户养老金	个人储蓄性养老保险
中国	—	国家基本养老保险基金	企业补充养老保险	个人储蓄养老保险
德国	—	基本养老保险	企业补充养老保险	私人自愿性储蓄养老保险
荷兰	—	国民养老金	职业养老金	—
瑞士	—	联邦基本保险计划	职业养老金计划	个人养老保险计划
中国香港	—	—	强制金计划	—
新加坡	—	—	中央公积金计划	—

注：IRA—Individual Retirement Account，是 401(K)以外另一个美国人管理退休金的常用账户类别。

在过去 10 年里，全球养老金资产规模增长超过了 50%。2018 年全球 21 个主要国家平均养老金规模为 401 730 亿美元，平均占本国 GDP 规模的 60.4%，各国养老金规模及其占 GDP 比重如图 6-6 所示。其中，美国、日本和英国是目前全球养老金规模最大的国家。

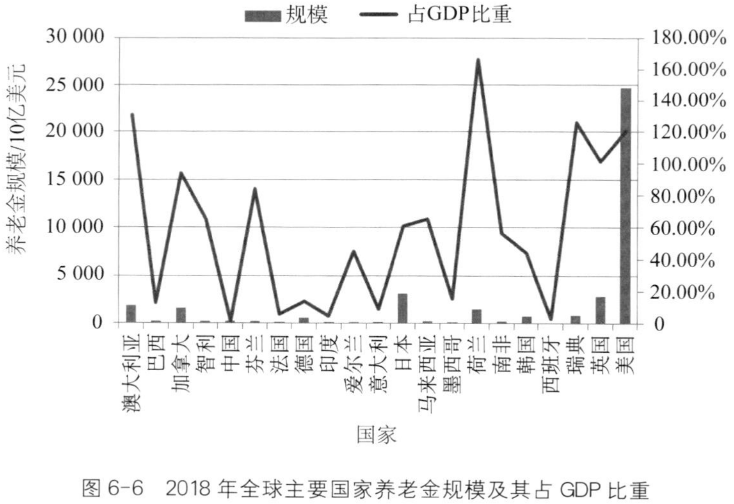

图 6-6　2018 年全球主要国家养老金规模及其占 GDP 比重

（资料来源：Willis Towers Watson. Pensions & investments/Thinking Ahead Institute world 300[DB/OL].[2019-02-25]. https://www.thinkingaheadinstitute.org/.）

1. 加强养老保险基金运营管理

通货膨胀会造成货币贬值，因此将养老基金在一定期限内资本化，是国内外普遍采取的通行做法。随着人们生活水平的提高以及医疗水平的进步,居民的平均寿命得到了延长,尤其是法定退休人员的余岁增加导致退休金领取平均年限也随之增加,使得对养老保险基金的需求总量也会变得越来越大。再加上生育率下降造成的老年抚养比增长,导致养老金支付压力问题日益显著。

为了对抗通货膨胀造成的货币贬值和老年抚养比的不断增长,受托管理的相关部门需要努力拓宽养老保险基金的渠道来源,加强养老保险基金运营管理,确保养老保险基金的保值增值,以弥补逐年增大的养老保险基金缺口。

2018 年在全球养老保险基金资产规模前七的国家中,养老保险基金的资产配置以权益类为主,尽管对比 1998 年占比有所下降,但仍在所有投资渠道中占比最高;占比其次的投资渠道为债券;除此之外,养老保险基金的投资渠道还包括现金等。2018 年全球养老保险基金资产规模前七国家的资产配置情况和 1998—2018 年其平均资产配置变化如图 6-7 和图 6-8 所示。

1) 美国养老基金运营管理模式

美国的养老保险基金管理和投资是严格按照性质不同来进行分类的,其运营方式主要分为联邦社会保证金、美国个人账户基金以及私有退休基金三种。

(1) 联邦政府管理下的社会保证金运营管理模式。美国的社会养老保险基金采用现收现付制,基金的结余部分主要通过形成社会保障信托基金来购买特别债券。社会保障信托基金购买的特别债券不能上市流通,可分为以日计息的短期"负债凭证"和以年计息的长期债券两种。

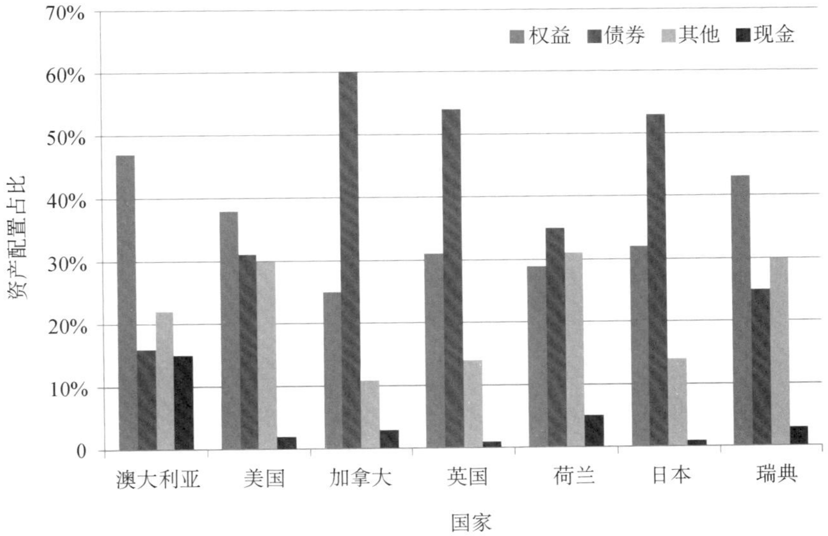

图 6-7 2018 年全球养老保险基金资产规模前七国家的资产配置情况

(资料来源:Willis Towers Watson. Pensions & investments/Thinking Ahead Institute world 300[DB/OL].[2019-02-25]. https://www.thinkingaheadinstitute.org/.)

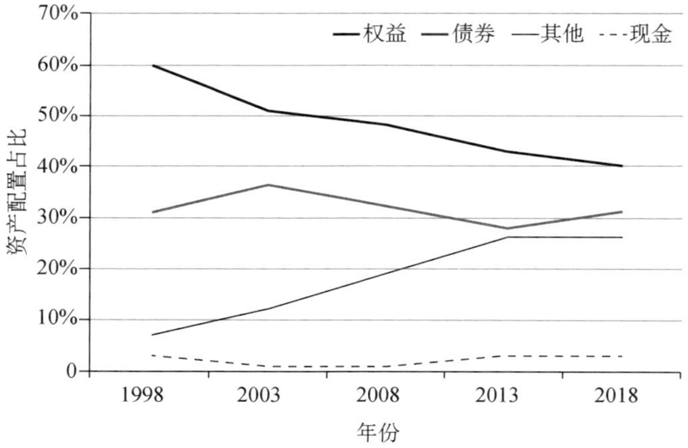

图6-8　1998—2018年全球养老保险基金资产规模前七国家的平均资产配置变化

(资料来源：Willis Towers Watson. Pensions & investments/Thinking Ahead Institute world 300[DB/OL].[2019-02-25]. https://www.thinkingaheadinstitute.org/.)

（2）美国个人账户基金的运营管理模式。随着美国养老保险制度和保险基金运营管理模式的转变，美国个人账户基金的投资渠道从投资于银行逐渐转变为投资于共同基金。目前，共同基金是在美国个人退休账户基金中占比最高的投资方式。美国的共同基金，包括社会保障信托基金和医疗保险信托基金，是美国财政部开设的用于缴存基本养老和医疗保险收入、管理保险费用和支付保险金的财务账户。

（3）私有退休基金（雇主支持性退休计划）的运营管理模式。私有退休基金的运营管理，特别是其中的确定缴费型退休基金的运营管理，与个人退休账户基金类似，也主要通过购买共同基金进行投资。

美国联邦社会保证金、美国个人账户基金以及私有退休基金三种养老保险基金的运营管理模式是依具体情况和时期而定的，并非完全固定不变。这种养老保险基金运营管理模式在规避投资风险的同时也能较好地实现基金的保值、增值，但在巨大的人口老龄化压力之下，如何提高投资回报率和减轻政府负担仍是美国长期面临的风险与危机。

2）智利养老保险基金运营管理模式

智利养老保险体系的三支柱分别为：政府为国民提供的最低生活保障；来源于个人缴费并由商业养老基金公司负责投资运营的个人账户养老金；包括社会账户和个人账户两部分的个人储蓄性养老保险。其中，个人账户资金实行完全市场化的运营，资金可以随时支取。

智利养老保险基金的运营管理模式是典型的私有私营制模式，以完全积累式的个人账户制为政策核心，主要由符合政府监管要求的私人养老基金管理公司（Administradoras de Fondos de Pensiones，AFPs）负责投资运营，政府则直接对社会救助等领域提供保障并对AFPs进行立法监督和管理。

在传统的政府负责的基金管理模式中，由于缺乏竞争机制，养老保险基金的投资收益率普遍较低。而在智利养老保险基金的运营管理过程中，私营竞争的管理方式不但在很大程度上减轻了政府的负担，而且还有效地提高了基金收益率，但也产生了养老金运作成本较高的问题。

3）我国养老保险基金运营管理模式

我国也建立起了以三个支柱为支撑的养老保险体系。其中，第一支柱为国家基本养老保险基金，第二支柱为企业补充养老保险，第三支柱主要为个人储蓄养老保险。

对于作为国家养老保险体系第一支柱的基本养老保险基金，为降低其投资运营风险，我国只允许该项基金在预留两个月支出的基础上，采用购买国家债券和存入银行专户两种投资方式。

对于企业补充养老保险，其运营管理相较于国家基本养老保险更为宽松，投资渠道更为多元化。根据《企业年金基金管理试行办法》(以下简称《办法》)的规定，企业年金基金的投资渠道包括股票、银行定活期存款、短期债券回购、证券投资基金和投资性保险产品等。但同时，为控制其投资风险水平，该《办法》同时也对企业年金基金在各项投资渠道上的投资比例进行了详细规定。

对于个人储蓄养老保险，在我国运行管理的第一准则仍是安全性。目前，该保险类型在我国采用社会统筹与个人账户相结合的"统账结合"管理模式，由各省市的养老保险经办部门负责投资管理。在运营管理方面，我国的养老保险基金运营管理模式在最大程度上保证了养老保险基金的安全，但各项养老保险基金的实际投资运营渠道仍较为单一，市场化程度较低。

2. 发展递延型税收养老保险

递延型税收养老保险(Income Tax-deferred Pension)，有的国家称之为个人养老保险计划，允许投保人购买商业养老保险所需支出的保费在一定比例内，可以在个人所得税前予以扣除，等到投保人领取养老金时，再按照当时的费用扣除标准以及适用的税率缴纳个人所得税。

递延型税收养老保险作为商业养老保险，属于养老保障体系中第三支柱的范畴，能在基本养老保险外提升老年人退休后的养老保障水平。区别于一般的商业养老保险，递延型税收养老保险中政府通过建立相应的税收优惠模式，一定程度上减轻了投保人购买保险的保费压力，起到了购买的激励作用，同时促进养老保险产业的积极发展，建立多层级的养老保险体系，有助于缓解人口老龄化给政府带来的养老压力。作为一种享有国家税收政策优惠的商业养老保险，递延型税收养老保险在西方发达国家是非常通行的做法，最具代表性的就是美国的 IRA 计划，德国的李斯特、吕库普计划等。

1）美国 IRA 计划

美国是世界上最早采用递延型税收养老保险模式的国家，早在 1974 年的《雇员退休收入保障法案》(ERISA)中就规定了完全由个人自愿参与的养老金计划，即个人退休账户(Individual Retirement Account, IRA)，不论个人是否已经参与其他养老金计划，都可以享受由政府提供相应税收优惠的 IRA 计划，以鼓励个人储蓄养老的发展。

在美国 IRA 有许多类型，目前主流的是传统 IRA 和罗斯 IRA（表 6-6）。传统个人退休账户（Traditional IRA）采取税收迟延方式，即个人在向账户注入资金时免征所得税，在取出账户资金时需根据税法征收个人所得税，但是资金所获得的投资收益免税。特殊形式的个人退休账户（Roth IRA）则采取投资免税方式，即对注入账户的资金不免税，但是对账户资金所得的投资收益免税。

表 6-6　　传统 IRA 与罗斯 IRA 的对比

对比内容	传统 IRA	罗斯 IRA
税收模式	账户本金延迟收税	账户投资免税
参与要求	（1）年龄不超过 70.5 岁； （2）有报税收入	无年龄限制
领取方面	（1）年满 59.5 岁以后才可提取，提前取出 IRA 资金，需要交纳 10%的罚款； （2）超过 70.5 岁，无法存入资金，且必须满足最低资金提取数额的规定	（1）除特殊情况外，存款满 5 年以上才可领取（取出后不可再存入），否则需要缴纳 10%的罚款； （2）无强制提取年龄，年满 60 岁后可自由领取
每年存入上限	2018 年的存入上限是 50 岁以下 5 500 美元，50 岁以上 6 500 美元	2018 年的存入上限是 50 岁以下 5 500 美元，50 岁以上 6 500 美元

美国 IRA 的特点主要有：

（1）由于有税收优惠，对于注入账户的资金总额有限制。

（2）资金管理方式一般由具有相应资格的第三方金融机构（银行、投资公司等）进行托管或代管。

（3）IRA 持有的养老金资产，主要由 IRA 转账、IRA 缴费和 IRA 投资收益组成。

IRA 转账是指雇员在跳槽或退休时从雇主养老金计划转账过来的资产，例如从 401(K)，403(b)，457(b)等雇主养老金计划转账到 IRA 的资产。IRA 资产的最大来源是转账，并且 IRA 的类型还包括由雇主发起的 SEP IRA，SAR-SEP IRA，SIMPLE IRA，因此 IRA 兼具第二支柱及第三支柱的属性，并非是纯粹的第三支柱养老保险体系。

2）德国李斯特养老金改革计划

2000 年，德国劳工部长瓦尔特·李斯特（Walter Riester）开始计划实施其主导的德国养老金体制的改革，2001 年 1 月 26 日内阁正式批准实施这项重大改革，并于 2002 年 1 月 1 日开始实施，这被称为李斯特养老金改革计划。

（1）目标。

李斯特养老金改革计划是一种自愿性质的私人储蓄性养老计划，被设计用来弥补人口老龄化下法定养老金支付水平下降所带来的养老金缺口。2001 年德国李斯特改革确定了三个具体的、分阶段的、可量化的目标（表 6-7）。

表 6-7　　李斯特养老金改革计划

项目	改革计划
课税类型	税延型
缴费阶段	直接补贴，免税（目前最高可享受免税的缴费金额为每年 2 100 欧元）
领取阶段	养老金 100%课税
	年满 62 岁开始领取
	终身年金，按月支付；领取阶段开始后一次性领取的已储蓄金额不超过 30%
金融产品	保险合同、银行储蓄合同、基金储蓄合同和李斯特住房储蓄合同
适宜人群	法定养老保险覆盖人群，特别适合低收入雇员和多子女家庭

一是稳定公共养老保险缴费率。20 世纪初德国法定养老保险缴费率为 19.59%，随着老龄化趋势的进一步加深，公共养老保险缴费率到 2030 年将达到 31%。为了控制缴费率的过快增长，2001 年李斯特改革中规定 2020 年目标缴费率要低于 20%。2030 年则要将其控制在 22%以下，但同时要保持 2030 年工资替代率在 67%以上。2004 年德国为增加养老保险体系的可持续性，将 2030 年目标工资替代率调整为 58.5%。

二是引入私人补充性养老金计划。德国李斯特改革的又一目标就是在现有社会养老保险体系中引入一种补充性的私人养老金计划。政府对该计划缴费实施直接补贴、税收折扣或个税递延等储蓄激励手段。这种私人养老金计划是自愿的，不具有强制性。

三是降低现收现付制体系的福利待遇水平。李斯特养老金改革计划采用直接补贴、税收折扣和个税递延的储蓄激励方式，李斯特储蓄激励机制中直接补贴和税收折扣额在 2002—2008 年期间逐年提高，2008 年达到最大值。李斯特改革所确立的另一目标就是随着补贴数额的提高，现收现付制体系的福利待遇水平要成比例地下降，以减轻政府的财政负担。

(2) 激励方式。

李斯特养老金产品的提供商为银行、基金及保险公司。德国具有李斯特补贴资格的公民只要与上述三者签订满足特定标准的私人养老储蓄合同，就可以申请国家财政补贴。银行、基金及保险公司为德国民众提供了大量私人储蓄性养老产品供其选择。李斯特储蓄激励具体计划激励方式包括以下三种。

一是直接补贴。直接补贴又分为基础补贴和儿童津贴两部分。对于基础补贴，只要具有补贴资格的个人每年按时向李斯特养老金改革计划缴费并提交补贴申请就可以获得这部分补贴额，计划提供商将收到直接补贴，并将其计入个人账户作为总缴费的一部分；对于儿童津贴，只要储蓄者有孩子就可以额外享受这部分补贴。

二是税收折扣。具有李斯特补贴资格的个人除了可享受上述直接补贴外，还可以得到政府给予的税收折扣，即李斯特养老金改革计划缴费在折扣限额范围内抵减个人当期应纳税所得额。高收入人群税收折扣额一般会大于直接补贴额，因此他们会选择税收折扣的激励方式。

三是所得税延期。除直接补贴和税收折扣外，德国税法还规定私人养老金计划缴费可采取税收递延，个人所得税延期至领取阶段缴纳。实际上德国对个人储蓄性养老金计划运行的是EET征税模式，这种模式具有一定的激励作用，因为在被保险人领取养老金阶段，总体收入水平会下降，累进所得税制下适用税率也会降低，个税缴纳额就会相应减少。

（3）特征。

李斯特养老金改革计划的特征主要有以下三点。

一是以构建德国多层次养老保险制度体系为核心。德国李斯特改革的核心是重构德国多层次社会养老保险体系，改变过分依赖法定养老保险的现状，发展职业年金计划和私人储蓄性养老计划。

二是养老责任主体多元化。德国李斯特改革实施之前，公民养老安排的缴费主体是个人；李斯特改革实施之后，政府通过直接补贴、税收折扣及个税递延等储蓄激励措施实际上将个人缴费变为个人缴费与国家缴费相结合的方式，养老责任主体也相应变成个人和国家的多元责任主体，极大激发了个人购买商业养老保险计划的热情。

三是产品定位具有特殊性。李斯特养老金改革计划在建立之初就被界定为用于养老目的的金融产品，由联邦金融监管局负责监管，而非州养老局或联邦养老局监管。同时李斯特养老金改革计划的供给主体也不局限于保险公司，银行、基金公司也都可以开发相应的养老计划。

3）我国税延养老保险政策

2007年上海市政府启动税延养老重点课题研究项目，标志着我国税延养老保险政策理论研究正式起步。上海保险业积极配合中央政研室、财政部、税务总局等部委，在税延养老保险可行性研究、调研论证、制度设计、系统建设及流程优化等方面开展了一系列试点推动工作，为税延养老保险试点政策顺利落地打下了坚实基础。

2017年7月，国务院办公厅印发《关于加快发展商业养老保险的若干意见》，明确提出“在2017年年底前启动个人税收递延型商业养老保险试点”。这是国家层面首次明确个税递延型养老保险发展的时间规划表和发展路径图。

当前我国第一支柱的养老金替代率不足50%，且已出现个人账户长期“空账”运转、部分地区收不抵支等情况；第二支柱覆盖率有限，且在不同地区和企业之间差距巨大；第三支柱的替代率水平不足1%。大力发展第三支柱，特别是个税递延型养老保险，能够为第一支柱“补缺口”，为第二支柱“补短板”，对于建立健全多层次养老保障体系、促进养老服务业多样化发展、应对人口老龄化趋势、进一步保障和改善民生以及促进社会和谐稳定等具有重要意义。

2018年4月12日，财政部、国家税务总局、人力资源和社会保障部、中国银行保险监督管理委员会和证监会联合发布通知，决定自2018年5月1日起，在上海市、福建省（含厦门市）和苏州工业园区实施个人税收递延型商业养老保险试点。试点期限暂定一年。试点政策从个人税收递延型商业养老保险的缴费、投资收益和领取三个环节作了税收优惠规定。

（1）个人缴费支出环节可税前扣除，直接减轻个人当期税负。取得工资薪金、连续性劳务报酬所得的个人，其缴纳的保费准予在申报扣除当月计算应纳税所得额时予以限额据实扣除，扣除限额按照当月工资薪金、连续性劳务报酬收入的6%和1 000元孰低办法确定。取得个体工商户生产经营所得、对企事业单位的承包承租经营所得的个体工商户业主、个人独资企业投资者、合伙企业自然人合伙人和承包承租经营者，其缴纳的保费准予在申报扣除当年计算应纳税所得额时予以限额据实扣除，扣除限额按照不超过当年应税收入的6%和12 000元孰低办法确定。这样，可以直接减少当期应纳税额，达到减税效果。

(2) 积累环节投资收益暂不征税，直接增加个人收益。个人商业养老保险资金账户由专业的保险公司运营，投资收益稳健，账户权益长期增值，但是这一阶段的投资收益暂不征收个人所得税，将直接增加个人商业养老保险资金账户的收益。

(3) 个人领取环节，可以享受减免税优惠。个人领取商业养老金收入时，其中25%部分直接予以免税，其余75%部分按10%的比例税率计算缴纳个人所得税，实际税负仅为7.5%。

从试点政策内容看，虽然额度有限，但已迈出关键一步，对促进我国养老保险“第三支柱”的发展、构建多层次养老保障体系具有深远意义。一方面，解决养老问题是世界各个国家的大问题，当我国社会老龄化的脚步越来越近时，实现老有所养、老有所医的目标也越来越紧迫。因此，试点个人税收递延型养老险是落实全国两会《政府工作报告》有关养老问题的重要举措之一。另一方面，尽管我国养老保险制度不断完善，正在加速网络化、信息化，然而全面推广还需要解决资金和模式等问题。因此，今后要解决老龄化所带来的养老问题，基本养老金、企事业单位年金、个人储蓄养老三个支柱全面平衡发展是关键，大力推动“第三支柱”建设，发展个人税收递延型养老保险，能够进一步完善社会保障体系，同时有利于扩大内需、改善民生和促进实体经济发展。

3. 探索住房反向抵押养老保险

住房反向抵押养老保险，俗称“以房养老”，通常是指拥有住房的老年人与银行、保险公司等金融机构订立合同，以其拥有产权的住房作为抵押，向金融机构借款消费，同时老年人仍保留房屋居住权直至死亡或永久迁出。承办金融机构，根据老年人的年龄、预期寿命、房屋现值、未来的增值折损情况及老年人死亡时房产价值进行综合评估后，按其房屋的价值化整为零，分摊到预期寿命的年限中，按期支付现金给老年人，一直延续到老年人去世。老年人去世后，相应的金融机构将该抵押房屋进行出售，所得的房款用来偿还贷款本息，并享有房产升值部分的利益，房款剩余部分归抵押人或者其继承人所有。

传统住房抵押贷款的借款人按期归还欠款，与此同时对抵押的住房权益逐步增加，欠款逐步减少，此亦称为正向住房抵押贷款。与之方向相反，住房反向抵押贷款是借款人住房权益递减，逐期从贷款人处领取现金，亦称为“倒按揭”。住房反向抵押养老保险是应对老龄化社会趋势的一种金融产品，对于改善老年人的生活质量、减轻社会保障压力具有积极意义。

在国际上“以房养老”模式一般被称为“住房反向抵押贷款”，最早起源于荷兰，荷兰社会子女成年后在经济上完全独立于父母，双方之间不存在赡养义务，因此荷兰老人在子女成年独立成家之后，往往会卖掉之前居住的面积较大的房屋，换成专为老人设计的，靠近医院、超市、医疗及日常生活配套设施更为完善成熟的小区，置换房屋还能使得退休老人在退休金之外获得一部分资金用于养老，一定程度上起到了国家养老保险的额外补充作用。

美国的“住房反向抵押”，英国、法国的“抵押房产、领取年金”，新加坡的“反向按揭”“屋契回购计划”和“乐龄安居花红计划”，中国香港的“安老按揭试验计划”等，都属于“住房反向抵押贷款”。从实施效果看，美国的“住房反向抵押”最为成功。

住房反向抵押贷款模式：目前的一是一定程度上减轻了国家在社会保障方面的压力，可缓解养老金严重不足的问题，即老年人不需卖掉房子也能拥有一笔固定收入用于维持和改善晚年生活。它促进了社会福利制度的完善和发展，保证了社会弱势群体的生活安定，维护了社会的稳定。二是可以促进银行、保险公司等金融机构的业务向多元化方向转变，也使得金融机构，特别是保险公司将社会责任和盈利目标紧密结合在一起。三是可以弱化存钱养老的观念，转变人们的消费意识。借由反向抵押贷款，买房不仅是一种消费行为，同时也成为一种投资和积蓄行为，这样不仅刺激和挖掘了消费，拉动了内需，也促进了国民经济的增长。

1）美国住房反向抵押贷款模式

美国虽不是最早提出住房反向抵押制度的国家，却是目前住房反向抵押运行模式发展最有效的国家。美国的住房资产转换抵押（Home Equity Conversion Mortgage，HECM）计划是为老年房主提供一种提前贴现其住房余值来养老的金融机制，使得老年住户获得养老资金的同时不必搬出或出售住房，不仅帮助老年人将房产价值顺利转化为可利用资产，提高老年人生活水平，还在很大程度上减轻了社会保障负担，减轻子女的养老压力和国家的财政压力，更好地激发子女发挥才能创造财富，为国家经济发展提供动力。

1961年，美国缅因州波特兰市的Deering储蓄和贷款银行为足球教练Nellie Young设计了美国首个住房反向抵押贷款产品。此后20年间，美国各地都对反向抵押贷款进行研究和探索，但是由于该产品无固定的存续期，难以合理估值，并且缺乏政府的支持，贷款机构参与的积极性不高，该产品的市场效果不佳。直到20世纪80年代，美国政府开始不断加强在该领域的影响和作用，相继推出一些政策和产品，使得该产品逐渐恢复社会活力。目前，美国市场上主要有三种住房反向抵押贷款类型：一是由金融机构销售、美国政府提供担保的房产价值转换抵押贷款（HECM），二是由美国政府资助、企业销售并担保的住房持有者贷款（Home Keeper），三是完全由民营机构提供、无政府担保的纯私人性质反向抵押贷款财务自由贷款（Financial Freedom）。这三种反向抵押产品满足了不同老年群体的需求，提高了老年人的生活水平，其中HECM计划是唯一一个由政府提供担保的反向抵押贷款项目，也是目前在美国运用最为普遍的一种住房反向抵押贷款模式，占市场份额的90%以上。

美国1987年通过的HECM计划是《住房和社区发展法案》授权美国住房与城市发展部（The Departmentof Housing and Urban Development，HUD）为老年房屋拥有者提供的第一个全国性的示范项目。先由美国住房与城市发展部对住房价值转换抵押贷款计划进行设计和修改,之后联邦住房管理局负责具体的计划实施,再由通过审核并经过认定的私人银行、抵押贷款公司或者其他私营金融机构发放贷款。详见表 6-8。

HECM 计划的实质是由联邦住房局为借贷双方提供保险从而促进反向抵押贷款的发展。通过联邦住房局提供的保险,无论房屋最终销售价格或贷款账户平衡状况如何,贷方都可以足额获得贷款清偿,而借方可以获得约定的贷款金额和期限,不论贷款总额是否超过房产价值或是否有贷方违约倒闭等风险。美国政府为这类产品提供了较为完备的保障体系,为住房反向抵押贷款的风险控制提供了最为坚实的保障。

表 6-8 HECM 计划要点一览

借款人年龄	借款人(或最年轻的共同借款人)年满 62 周岁
房屋价值	不超过 625 500 美元
贷款总额	根据借款人年龄和选择产品的不同,一般为房屋评估价值或联邦住房管理局公布的贷款上限(孰低原则确定)的 51%～77%
抵押保险费(MIP)	首付:房屋价值的 2%;存续期间:年度贷款余额的 1.25%
借款人权利保障	若贷款人无法履行约定的给付,联邦住房管理局代行支付
消费者权益保护	强制性的贷前咨询服务;财务成本上限控制;无追索权贷款;保障借款人居住权
贷款人、投资人权利保障	联邦住房管理局足额给付未偿贷款或损失

2) 我国住房反向抵押养老保险

2013 年,国务院在《关于加快发展养老服务业的若干意见》中提出,鼓励开展老年人住房反向抵押养老保险试点。2014 年 6 月,原保监会正式发布《关于开展老年人住房反向抵押养老保险试点的指导意见》,并提出在北京、上海、广州、武汉开展住房反向抵押养老保险试点。2016 年 7 月,原保监会决定将试点范围扩大至各直辖市、省会城市、计划单列市以及江苏省、浙江省、山东省、广东省的部分地级市,试点期间延长至 2018 年 6 月 30 日。

2017 年 7 月,国务院印发《关于加快商业养老保险的若干意见》,要求大力发展反向抵押保险等适老性强的商业保险,并提出支持商业保险机构开展反向抵押保险业务,在房地产交易、登记、公证等机构设立绿色通道,降低收费标准,简化办事程序,提升服务效率。2018 年 8 月 8 日,银保监会印发《中国银保监会关于扩大老年人住房反向抵押养老保险开展范围的通知》,将老年人住房反向抵押养老保险扩大到全国范围开展,要求保险机构:要做好金融市场、房地产市场等综合研判,加强老年人住房反向抵押养老保险业务的风险防范与管控;积极创新产品,丰富保障内容,拓展保障形式,有效满足社会养老需求,增加老年人养老选择。

"以房养老"保险作为一种补充养老的方式,意在拓宽老年人的养老选择,但根据试点的情况来看,这种养老方式在我国市场上的反响平平。截至 2018 年 6 月底,多家保险公司获得了试点资格,但只有一家保险公司开展了业务,共有 98 户家庭 139 位老人完成承保手续。除了中国传统养老观念的原因外,现阶段针对"以房养老"的相关法律、政府监管等方面的不足,以及经济波动带来的市场风险较大，也是影响老年人积极参与“以房养老”保险的原因。

老年人住房反向抵押养老保险是对养老保障体系的一个有益补充，它的出现为有条件的老年人提供了一个新的财务计划选项和一个额外的退休解决方案，旨在提高他们的退休现金流收入和提高他们的生活质量。从试点情况来看，以房养老保险有效提高了参保老人的可支配收入。上海保监局数据显示，截至 2018 年 6 月底，上海参加住房反向抵押养老保险的签约客户共 46 户，领取养老保险金的有 32 户，每户月均领取养老金约 12 104 元。因此虽然试点情况的效果一般，但是不可否认“以房养老”保险具有一定的创新价值和实践意义，未来随着经济社会转型以及市场不断培育，“以房养老”保险市场的潜在需求将会逐步显现。我国今后推广“以房养老”保险必须健全相关法律法规，以应对在开展保险业务过程中可能出现的长寿风险和利率风险。同时，还要管控好房地产市场波动风险和房产处置风险，建立规范有序的住房反向抵押养老保险市场。

4. 配套发展商业健康保险

商业健康保险同样也是有助于缓解老龄化风险的手段之一，主要包括疾病保险、医疗保险、失能收入损失保险和护理保险等险种，其需求在老龄化趋势下呈现不断攀升趋势。

首先，老龄化程度的加深代表着老年慢性病患病人群比例的增加。对于老年慢性病患病人群而言，社会医疗保障往往无法全面涵盖慢性病治疗和调养所需的直接和间接费用，因此，针对此类人群的健康保险，特别是医疗保险和疾病保险的开发和完善在应对老龄化风险时具有重要作用。

其次，老龄化程度的加深将增加对医疗护理服务的需求，老人护理成为亟须解决的社会问题，在这一背景下，长期护理保险将在商业健康保险市场中占据更大的比例。除了现金给付外，长期护理保险还可以通过提供居家护理服务、专业机构服务和具体的医疗设备等方式满足被保险人的需求。

最后，现代化社会引发的环境污染、职业伤害、人口流动等增加了劳动者面临的失能风险，加上失能率与年龄呈现正相关关系，失能收入损失保险同样也具有平滑老龄化风险的作用。

5. 积极开展养老机构责任保险

城市人口老龄化也促使养老服务事业得到了较快发展，养老院、敬老院、老年公寓及老年护理院等各类型的养老机构数量不断增长。养老机构产业的不断发展在缓解城市老龄化带来的负面影响时，其成效显而易见。但同时，养老机构在经营过程中也存在各种各样的风险，需要通过行政手段和市场手段来规避或转移。

养老机构责任保险作为市场手段的一种，一方面能够有效保障入住养老机构的老龄人口的合法权益，另一方面也能够降低养老机构的经营风险，转移养老机构的风险和赔偿责任。根据《中华人民共和国保险法》第六十五条，责任保险是指以被保险人对第三者依法应负的赔偿责任为保险标的的保险。对于养老机构责任保险，被保险人一般指养老机构，第三者一般指入住养老机构的老年人。当入住养老机构的老年人由于护理人员疏忽等机构原因，发生意外事故进而受到人身伤害时，养老机构责任保险就会发挥作用。根据相关统计显示，此类意外事故主要包括骨折、摔伤、坠床、烫伤、误服和噎食等。

近年来，我国高度重视养老机构保险的发展和规范，为建立和完善养老机构风险防范与分担机制，提升养老机构责任意识和风险意识，维护老年人合法权益，发布或修订了一系列相关法律法规政策。《国务院关于加快发展养老服务业的若干意见》(国发〔2013〕35 号)和《中华人民共和国老年人权益保障法》(2018 年修正)第四十九条指出，国家鼓励养老机构投保责任保险，鼓励保险公司承保责任保险。《关于推进养老机构责任保险工作的指导意见》对养老机构责任保险的意义、工作要求、主要任务和保障措施提出了指导意见。

除此之外，我国不少地方政府也出台了相关政策以支持和规范养老机构责任保险的发展。以上海市为例，上海于 2007 年在浦东新区开始实践养老机构入住老人意外责任险试点，并于 2008 年发布了《上海市民政局关于推行养老机构意外责任保险的通知》(沪民福发〔2008〕33 号)和《上海市民政局关于实施养老机构意外责任保险投保方案的通知》(沪民福发〔2008〕47 号)等相关政策。目前，上海市的养老机构意外责任保险由上海市政府采购中心统一公开招标，按"统一条款、统一费率、统一投保、统一管理"的原则开展。例如 2019 年，宝山区、静安区、闵行区、青浦区、崇明区、普陀区、奉贤区养老机构由太平洋保险公司统一承保；杨浦区、长宁区、徐汇区、松江区、金山区、市属及嘉定区养老机构由安信保险公司统一承保；浦东新区、虹口区、黄浦区养老机构由人民保险公司统一承保。

6.4.5 完善社会养老环境

1. 开发智能养老系统

智能养老指的是通过信息化手段实现物联网、互联网、智能化服务从个体、家庭至社区的全面覆盖，大到对楼宇的智能监管，小到个体监护、个人健康设备的连接等。通过将互联网与信息管理中心、移动智能设备相结合，充分为老年群体提供个性化服务，智能设备还可提供预防和监控服务。建立数据库系统是开发"互联网＋居家护理"的基础，包括老年人基本情况数据库、老年人护理服务需求信息数据库、老年人电子健康档案数据库及社会护理资源共享数据库。这些基础数据库与政府相关职能部门以及金融机构、医疗机构相互联通，以实现数据的实时共享、互通互联，进而建立覆盖省、市、区、街道、社区"五位一体"的居家护理服务信息平台。智能设备可以让任何人随时随地获取医疗服务，同时也方便子女远程监测父母的身体状况及日常活动，随时记录和上传老年人的健康状况，实现远程的、实时的、个性化的护理精神关怀。

2. 加强养老服务队伍建设

职业院校应开设养老护理方面的专业，专心服务于养老领域。医科院校应开设有关老年疾病诊治的专业,重视老年领域的医药、器械及科研工作,培养专职服务老年人的医疗队伍。应积极发展老年人群众组织,参照全国妇联等组织形式组建中国老年人联合会,形成上下贯通的老年人社会组织体系网络,充分发挥老年人群众组织的自我管理、自我教育、自我服务和自我保护功能,组织引导老年人参与当地经济发展和社会公益活动,提高老年人的社会参与水平。

3. 建设老年人宜居环境体系

开展“老年友好型城市”“老年宜居社区”和“老年温馨家庭”创建活动。增强代际文化融合,弘扬尊老、敬老、助老的美德,在全社会树立尊重、关心、帮助老年人的良好社会风尚,形成老少共融、代际和谐的社会氛围。

为了避免养老配套服务设施建设用地被侵占,需要加强前期的规划建设,并根据老龄化社会的发展特点和城市规划的目标确立一套富有弹性的养老设施配套建设控制性规划指标体系,根据老龄化程度的不同和社会发展时期的不同选用不同的参数取值,在充分满足老龄人口需求的同时减少资源的浪费。此外在未来的土地利用和城市规划中还要纳入老年人社区服务设施建设的相关内容,在进行城市规划和建设时要充分考虑老年人的居住环境优化以及社会服务提供,尽可能满足老龄人口对养老机构和养老设施的需求。为了避免给政府造成过大的经济压力,要积极引导社会力量在养老设施建设上的投入,注重多种类型的养老服务的提供,包括照料型服务和养老型服务等,同时对服务的床位安排比例和收费标准进行合理的规划。

对适老型住宅的内外部环境设计要进行改造和优化,在满足老年人生活需求的同时注重其美观性的提升,为了减少老年人行走的不便,充分发挥其自理能力,要提高无障碍道路的比例,在公共服务设施和景观设施中,在传统的通道旁边要加设相应的无障碍通道,丰富老年人的社会生活。在适老型住宅的内部设计上,要充分考虑老年人生理和心理的特点,对细节进行改造和创新,例如,降低卧室床铺的高度、浴室采用防滑地面设计、降低楼梯台阶的高度等。

4. 完善养老服务体系建设

应完善家庭养老支持政策,实施有利于家庭养老的税收和住房政策,鼓励家庭成员赡养老人;积极探索子女照料失能老年父母的支持政策,在假期和用工制度方面,适当向照料老年父母的子女倾斜,探索建立带薪护理假制度;完善户籍政策,适当放宽父母投靠子女的落户条件,为老年人随子女迁移提供便利;建立社会诚信系统,将赡养父母行为纳入公民个人诚信评级和党政干部考核内容。

“医养结合”在欧洲被视为是“整合照料”的一部分,在美国被认为是“长期照护”,强调整合医疗和养护资源,实现社会资源利用的最大化。“医养结合”强调了社会照顾与医疗照顾相结合,是对传统养老服务的充实,在养老服务内容中,将老年人健康医疗服务放在更加重要的位置。医养结合型机构大多以医疗机构或者养老机构为主要载体,可以是以养老设施为载体、内部增加医疗服务功能,也可以是养老设施与医疗设施相互合作等形式。功能上,医养结合机构应该根据不同老年人的服务需求和活动能力作出相应的适应性调整，划分诸如慢病预防管理区、大病康复护理区、急病诊治区、临终关怀区及生活照料区等主要功能区域。空间上，注重医疗服务空间和养护服务空间的衔接，创造多元化的空间属性、多层次休闲活动空间以及小规模的居住单元来实现养老机构与医疗机构的有机配合，从而达到"医养护"相结合的照护模式。

长期护理保险制度，是国外长期护理保险模式，日本、韩国、荷兰、以色列、德国以及卢森堡先后选择了社会性长期护理保险模式，美国采用了商业性长期护理保险模式。2005 年国泰人寿推出"康宁长期护理健康保险"，开启了我国商业长期护理保险的序幕，然而十多年来该险种一直处于供需双冷的局面。根据当前经济社会发展现状，在推进建立统一的长期护理保险制度过程中，应设计如下制度构建方案：

(1) 制度覆盖范围为城乡居民。建立稳定多元化的筹资机制，扩大资金来源。筹资采取社会化模式和责任共担机制，筹资主体主要为政府、企业和个人；筹资渠道主要有政府补贴、社会支持、医疗保险基金以及企业和个人缴费等；政府根据制度实施的不同阶段以及基金收支结余情况调整政府、企业和个人的分担比例，建立动态稳定的筹资机制。

(2) 建立多层次的护理服务形式。重视预防护理，以居家护理、社区巡护为主，机构护理为辅，严控基金给付，实物给付与现金给付相结合，完善长期护理费用个人自付机制。

(3) 加强风险管控与质量监督，建立严格的审核监督机制。政府相关部门负责定点护理机构的审核与监管，建立日常监督管理检查机制，并引入第三方评估机构。

本章参考文献

[1] SZPALSKI M, GUNZBURG R, MÉLOT C, et al. The aging of the population: A growing concern for spine care in the twenty-first century[J]. European Spine Journal: Official Publication of the European Spine Society, the European Spinal Deformity Society, and the European Section of the Cervical Spine Research Society, 2003, 12(2):S81.

[2] HOU J W, LI K. The aging of the Chinese population and the cost of health care[J]. Social Science Journal, 2011, 48(3):514-526.

[3] WEIL D N. Chapter 17 the economics of population aging[J]. Handbook of Population & Family Economics, 1997, 1(254):967-1014.

[4] XIA B S. The challenges of aging population: Demographic development of labor force and immigration policy[J]. Chinese Journal of Urban & Environmental Studies, 2016, 4(2).

[5] LITVAK J. The aging of the population: A challenge that goes beyond the year 2000[J]. Bol Oficina Sanit Panam, 1990, 109(1):1-5.

[6] RONES P L. The aging of the older population and the effect on its labor force rates[J]. Monthly Labor Review, 1982, 105(9):27-29.

[7] KURODA T, HAUSER P M. Aging of the population of Japan and its policy implications[J]. Nupri Research Paper, 1981.

[8] YENILMEZ M I. Economic and social consequences of population aging the dilemmas and opportunities

in the twenty-first century[J]. Applied Research in Quality of Life, 2015, 10(4):735-752.

[9] HENRY K. The economic impact of Australia's aging population[J]. Sais Review of International Affairs, 2004, 24(2):81-92.

[10] MAESTAS N, MULLEN K, POWELL D. The effect of population aging on economic growth[J]. Working Papers, 2014.

[11] JONES R S. The economic implications of Japan's aging population[J]. Asian Survey, 1988, 28(9):958-969.

[12] WILLIS T W. Pensions & investments / Thinking Ahead Institute world 300[DB/OL].[2019-02-25]. https://www.thinkingaheadinstitute.org/.

[13] 杜鹏，翟振武，陈卫.中国人口老龄化百年发展趋势[J].人口研究，2005，29(6):90-93.

[14] 穆光宗，张团.我国人口老龄化的发展趋势及其战略应对[J].华中师范大学学报(人文社会科学版)，2011，50(5):29-36.

[15] 王志宝，孙铁山，李国平.近20年来中国人口老龄化的区域差异及其演化[J].人口研究，2013，37(1):66-77.

[16] 吴玉韶，党俊武.中国老龄事业发展报告(2013)[M].北京：社会科学文献出版社，2013.

[17] 彭希哲，胡湛.公共政策视角下的中国人口老龄化[J].中国社会科学，2011(3):121-138.

[18] 穆光宗.老年发展论——21世纪成功老龄化战略的基本框架[J].人口研究，2002，26(6):29-37.

[19] 胡鞍钢，刘生龙，马振国.人口老龄化、人口增长与经济增长——来自中国省际面板数据的实证证据[J].人口研究，2012，36(3):14-26.

[20] 王宇鹏.人口老龄化对中国城镇居民消费行为的影响研究[J].中国人口科学，2011(1):64-73.

[21] 彭秀健.中国人口老龄化的宏观经济后果——应用一般均衡分析[J].人口研究，2006，30(4):12-22.

[22] 姜向群，丁志宏.对我国当前人口老龄化问题研究的概念和理论探析[J].人口学刊，2004(5):10-13.

[23] 黄毅，佟晓光.中国人口老龄化现状分析[J].中国老年学，2012，32(21):4853-4855.

[24] 李军.人口老龄化条件下的经济平衡增长路径[J].数量经济技术经济研究，2006(8):11-21.

[25] 柴彦威，刘璇.城市老龄化问题研究的时间地理学框架与展望[J].地域研究与开发，2002，21(3):55-59.

[26] 于涛方.中国城市老龄化空间特征及相关因素分析——基于"五普"和"六普"人口数据的分析[J].城市规划学刊，2013(6):58-66.

[27] 周典，周若祁，等.适宜"老有所居"的城市老龄化社会居住环境建设方法研究[J].华中建筑，2009，27(3):78-81.

[28] 朱珠.上海城市老龄化居住模式研究[D].上海：同济大学，2008.

[29] 仇雨临.人口老龄化对医疗保险制度的挑战及对策思考[J].北京科技大学学报(社会科学版)，2005，21(1):27-29.

[30] 孙祁祥，朱俊生.人口转变、老龄化及其对中国养老保险制度的挑战[J].财贸经济，2008(4):68-73.

[31] 田雪原.人口老龄化与养老保险体制创新[J].人口学刊，2014，36(1):5-15.

[32] 何文炯，徐林荣，傅可昂，等.基本医疗保险"系统老龄化"及其对策研究[J].中国人口科学，2009(2):74-83.

[33] 林义，林熙，等.人口老龄化与养老保险制度可持续发展需要重视的问题[J].老龄科学研究，2015(3):61-69.

[34] 陈淑君,刘冰冰.浅谈我国人口老龄化对医疗保险基金支出的影响[J].经济研究导刊,2018,361(11):101-103.
[35] 张媛.人口老龄化对医疗保险的影响[J].中国卫生经济,2006,25(4):53-56.
[36] 朱波,周卓儒.人口老龄化与医疗保险制度:中国的经验与教训[J].保险研究,2010(1):27-35.
[37] 卢元.试论人口老龄化过程中我国城镇职工养老保险的可持续发展[J].人口研究,2 000,24(3):59-62.
[38] 陈滔,马绍东.失能收入损失保险国际经验及借鉴[J].保险研究,2010(6):31-36.
[39] 孔静霞.老龄化背景下商业健康保险发展前景[J].人民论坛,2014(17):84-86.
[40] 于卉.老龄化背景下我国商业健康保险发展现状与启示[J].西昌学院学报(社会科学版),2015(3):74-77.

7 突发公共卫生事件风险

人类社会在长期的生存发展过程中，公共卫生风险一直相伴随行，而到经济社会高度发展的当代，无论是风险源还是环境变化，包括城市化、现代化、全球化，人流、物流，生产、建筑、商业、财富积聚等，均使得我们面临的不确定性事件陡增，而其中突发公共卫生风险呈现危害性更大、损失更严重的趋势，尤其凸现于人口集中的城市，因而我们将之归为城市非传统风险。重要的是，2020 年新型冠状病毒肺炎（世界卫生组织命名为 COVID-19）疫情在全球 200 多个国家爆发，重灾区多为大城市，给人类造成不可估量的损失。事实又一次告诫人们：洞察突发公共卫生事件风险变化和科学应对处置，对现代城市、国家乃至整个人类命运均是刻不容缓的，因此，加强相关领域的科学研究、强化公共卫生管理职能和全方位配套制度建设尤为必要。

7.1 突发公共卫生事件概述

在各种因素相互关联的当今世界中，卫生安全是一项全球性问题。联合国系统内的国际卫生问题指导和协调机构——世界卫生组织（World Health Organization, WHO）在促进流行病和地方病的防治，提供和改进公共卫生、疾病医疗和有关事项的教学与训练、相关标准制定等方面充当着全球引领和联合实施推行者的角色，主要通过《国际卫生条例》对突发公共卫生事件进行指导管理。我国作为 WHO 重要成员国，在《国际卫生条例》框架下，根据国情制定了系列法律法规和实施制度，2006 年 11 月国务院颁发的第 376 号令《突发公共卫生事件应急条例》，是我国专门针对突发公共卫生事件管理方面的法律规范。

7.1.1 突发公共卫生事件概念

突发公共卫生事件是突发事件的一种，世界范围内"突发公共卫生事件"概念的表述多有差异，本章主要介绍世界卫生组织和我国法律法规的相关界定。

1. 世界卫生组织的相关定义

WHO 在《突发公共卫生事件快速风险评估》(*Rapid Risk Assessment of Acute Public Health Events*)中对"突发公共卫生事件(Acute public health event)"给出的定义是：任何可能对人类健康造成负面影响的事件。包括尚未引起人类疾病，但可能会通过受污染、感染的食物、水、动物、产品或环境而引起人类疾病的事件。同时，“突发事件公共卫生风险(Risk of acute pubic health event)”的概念为突发事件对公众健康造成负面影响的风险。

2005 年更新发布的《国际卫生条例(2005)》是包括 WHO 所有会员国在内的 196 个国家达成的为实现全球卫生安全做出共同努力的一项协议，力图通过实施《国际卫生条例》，强化卫生安全，以“针对公共卫生风险，同时又避免对国际交通和贸易造成不必要干扰的适当方式，预防、抵御和控制疾病的国际传播，并提供公共卫生应对措施”为目标内容，不限于特定疾病，而是适用于新的和不断变化的公共卫生风险，它与针对疾病出现和传播的国际应对措施长期相关，还为适用于国际旅行和运输以及国际机场、港口和陆路口岸使用者的卫生保护措施的重要卫生文件提供了法律基础。其中对“国际关注的突发公共卫生事件(Public health emergency of international concern)”的界定是，根据该条例规定所确定的不同寻常的事件：①通过疾病的国际传播构成对其他国家的公共卫生风险；②可能需要采取协调一致的国际应对措施。而对“公共卫生风险(Public health risk)”是指发生不利于人群健康的事件，特别是可在国际上播散或构成严重和直接危险事件的可能性。“公共卫生观察(Public health observation)”则是指为了确定疾病传播的危险性在一段时间内监测旅行者的健康状况。

2. 我国对突发公共卫生事件的界定

依据中华人民共和国《突发公共卫生事件应急条例》(国务院令，第 376 号)界定的“突发公共卫生事件”，是指突然发生、造成或者可能造成社会公众健康严重损害的重大传染病疫情、群体性不明原因疾病、重大食物和职业中毒以及其他严重影响公众健康的事件。其中重大传染病不专指甲类传染病，乙类与丙类传染病暴发或多例死亡，罕见的或已消灭的传染病，临床及病原学特点与原有疾病特征明显异常的疾病，以及新出现传染病的疑似病例等均包含在其中。

2007 年第十届全国人民代表大会常务委员会第二十九次会议通过的《中华人民共和国突发事件应对法》对“突发事件”也给出了定义：“是指突然发生，造成或者可能造成严重社会危害，需要采取应急处置措施予以应对的自然灾害、事故灾难、公共卫生事件和社会安全事件。”显然，突发公共卫生事件也归于其中。

7.1.2 突发公共卫生事件分级分类

突发性公共卫生事件的分级、分类方法有多种，常见的有以性质、危害程度分级，以发生原因分类以及按事件表现形式分类等。

1. 以性质、危害程度分级

根据《国家突发公共卫生事件应急预案》(国务院，2006)总则 1.3“突发公共卫生事件的分级”，突发性公共卫生事件分为特别重大(Ⅰ级)、重大(Ⅱ级)、较大(Ⅲ级)和一般(Ⅳ级)四级，具有表7-1情形之一的为对应级别的突发公共卫生事件，其中重大（Ⅱ级）、较大（Ⅲ级）和一般（Ⅳ级）包含的内容是各地制定的标准，不同地方的标准会有所不同。

表7-1　　突发公共卫生事件分级

等级	主要包括情形
特别重大（Ⅰ级）	（1）肺鼠疫、肺炭疽在大、中城市发生并有扩散趋势，或肺鼠疫、肺炭疽疫情波及2个以上的省份，并有进一步扩散趋势； （2）发生传染性非典型肺炎、人感染高致病性禽流感病例，并有扩散趋势； （3）涉及多个省份的群体性不明原因疾病，并有扩散趋势； （4）发生新传染病或我国尚未发现的传染病发生或传入，并有扩散趋势，或发现我国已消灭的传染病重新流行； （5）发生烈性病菌株、毒株、致病因子等丢失事件； （6）周边以及与我国通航的国家和地区发生特大传染病疫情，并出现输入性病例，严重危及我国公共卫生安全的事件； （7）国务院卫生行政部门认定的其他特别重大突发公共卫生事件
重大（Ⅱ级）	（1）在一个县（市）行政区域内，一个平均潜伏期内（6天）发生5例以上肺鼠疫、肺炭疽病例，或者相关联的疫情波及2个以上的县（市）； （2）发生传染性非典型肺炎、人感染高致病性禽流感疑似病例； （3）腺鼠疫发生流行，在一个市（地）行政区域内，一个平均潜伏期内多点连续发病20例以上，或流行范围波及2个以上市（地）； （4）霍乱在一个市（地）行政区域内流行，1周内发病30例以上，或波及2个以上市（地），有扩散趋势； （5）乙类、丙类传染病波及2个以上县（市），1周内发病水平超过前5年同期平均发病水平2倍以上； （6）我国尚未发现的传染病发生或传入，尚未造成扩散； （7）发生群体性不明原因疾病，扩散到县（市）以外的地区； （8）发生重大医源性感染事件； （9）预防接种或群体性预防性服药出现人员死亡； （10）一次食物中毒人数超过100人并出现死亡病例，或出现10例以上死亡病例； （11）一次发生急性职业中毒50人以上，或死亡5人以上； （12）境内外隐匿运输、邮寄烈性生物病原体、生物毒素造成我境内人员感染或死亡的； （13）省级以上人民政府卫生行政部门认定的其他重大突发公共卫生事件
较大（Ⅲ级）	（1）发生肺鼠疫、肺炭疽病例，一个平均潜伏期内病例数未超过5例，流行范围在一个县（市）行政区域以内； （2）腺鼠疫发生流行，在一个县（市）行政区域内，一个平均潜伏期内连续发病10例以上，或波及2个以上县（市）； （3）霍乱在一个县（市）行政区域内发生，1周内发病10～29例或波及2个以上县（市），或市（地）级以上城市的市区首次发生； （4）一周内在一个县（市）行政区域内，乙、丙类传染病发病水平超过前5年同期平均发病水平1倍以上； （5）在一个县（市）行政区域内发现群体性不明原因疾病； （6）一次食物中毒人数超过100人，或出现死亡病例； （7）预防接种或群体性预防性服药出现群体心因性反应或不良反应； （8）一次发生急性职业中毒10～49人，或死亡4人以下； （9）市（地）级以上人民政府卫生行政部门认定的其他较大突发公共卫生事件
一般（Ⅳ级）	（1）腺鼠疫在一个县（市）行政区域内发生，一个平均潜伏期内病例未超过10例； （2）霍乱在一个县（市）行政区域内发生，1周内发病9例以下； （3）一次食物中毒人数30～99人，未出现死亡病例； （4）一次发生急性职业中毒9人以下，未出现死亡病例； （5）县级以上人民政府卫生行政部门认定的其他一般突发公共卫生事件

2. 以发生原因分类

突发性公共卫生事件可分为生物病原体所致疾病，食物中毒事件，有毒有害因素污染造成的群体中毒、出现中毒死亡或危害，自然灾害，意外事故引起的死亡，不明原因引起的群体发病或死亡。

(1) 生物病原体所致疾病：主要指传染病、寄生虫病、地方病区域性流行、暴发流行或出现死亡；预防接种或预防服药后出现群体性异常反应；群体性医院感染等。

(2) 食物中毒事件：食物中毒是指人摄入了含有生物性、化学性有毒有害物质后或把有毒有害物质当作食物摄入后所出现的非传染性的急性或亚急性疾病，属于食源性疾病的范畴。

(3) 有毒有害因素污染造成的群体中毒、出现中毒死亡或危害：这类公共卫生事件可由于污染所致，如水体污染、大气污染和放射污染等，波及范围极广。也可为化学性因素中毒，化学品一般具有选择性毒性，危害大小与毒物的性质、剂量、作用部位和个体机能状态有关，化学性因素造成的潜伏期一般较短。

(4) 自然灾害：如地震、火山爆发、泥石流、台风和洪涝等的突然袭击会在顷刻间造成大批生命财产的损失、生产停顿和物质短缺，灾民无家可归，生存环境被严重破坏，可引发多种疾病，特别是传染病的发生和流行，由此还会产生种种社会问题，带来严重的、包括社会心理因素在内的诸多公共卫生问题。

(5) 意外事故引起的死亡：煤矿瓦斯爆炸、飞机坠毁等重大事故，一些生活意外事故都在严重威胁着人们的生命安全。这类事件由于没有事前的准备和预兆，往往会造成巨大的经济损失和人员伤亡。

(6) 不明原因引起的群体发病或死亡：由于不明原因所致，危害可较前几类更严重。一般公众缺乏相应的防护和治疗知识，同时也没有针对该类事件特定的监测预警系统，重要的是在事态控制上无成熟技术和经验，管理上难度较大。

3. 按事件表现形式分类

根据事件的表现形式可将突发公共卫生事件分为以下两类。

(1) 突发危害型：一定时间、一定范围、一定人群中，当病例数累计达到规定预警值时所形成的事件，包括传染病、不明原因疾病、中毒(食物中毒、职业中毒)、预防接种反应、菌种或毒株丢失等，以及县以上卫生行政部门认定的其他突发公共卫生事件。

(2) 继发危害型：在一定时间、一定范围，当环境危害因素达到规定预警值时形成的事件，病例为事后发生，也可能无病例，包括传染病菌种、毒株丢失，病媒、生物、宿主相关事件，化学物泄漏事件、放射源丢失、受照、核污染辐射以及其他严重影响公众健康的事件(尚未出现病例或病例事后发生)。

7.1.3 突发公共卫生事件特征变化及趋势

突发公共卫生事件自始就呈现出一些基本特征，而随着工业化进程加快、环境污染、传染病流行变化等因素影响，当代全球突发性公共卫生事件特征发生变化，出现了一些新的趋势。

1. 基本特征

1）突发性

突发公共卫生事件是一种无预兆、无准备的事件。通常在较短时间内发生，没有特别的发生方式，突如其来，有很大的偶然性，不易预测，使人们难以及时预防。2018 年 2 月世界卫生组织公布的以埃博拉（Ebola Virus）和寨卡（Zika Virus）病毒为代表的 10 种对人类健康造成“紧急”威胁、需开展密切追踪的致命病毒，曾在过去几年间造成可怕的流行病，均是发病来势汹汹。

2）公共性

突发公共卫生事件具有群体性特点，它可危害大众的生命财产安全，或是针对不特定的人群，当事件发生时，涉及范围内的人都有可能受到伤害，直接或间接影响人们的生活、学习和工作。同时，这类事件的发生突然而关乎群体，对它的处理、调查等各项工作，往往需要多个部门协调一致地开展，由国家政府统一组织、妥善处理，涉及违法违规事件，还依赖代表公共利益的政府职能部门依法依规处置。

3）危害性

突发公共卫生事件可以对公众健康和生命安全、社会经济发展、生态环境等造成危害，这种危害后果往往较为严重，既可能是对社会造成的即时性严重危害，也可能是经过一段时间后逐渐显现出来的长期危害。它对公众健康的影响可表现为直接危害，即一般为事件直接导致的即时性危害；也可表现为间接危害，一般指事件的继发性损害或危害，不局限于某一个固定的领域或区域，例如，事件引发的公众恐惧、焦虑情绪等，对社会、政治和经济产生的影响等。

2. 特征变化及趋势

1）传播更快、危害严重

突发公共卫生事件发生后，轻者可在短时间内造成人群发病和死亡，使公共卫生和医疗体系面临巨大的压力，致使医疗力量相对短缺、抢救物资相对不足等，甚至冲击医疗卫生体系本身、威胁医务人员自身健康、破坏医疗基础设施；重者可对经济、贸易、金融等产生严重影响，直至引起经济衰退、社会稳定和威胁国家安全。随着经济全球化的发展，公共卫生安全不再是一个国家和区域内的问题。以传染病流行为例，它肆虐于人类数千年历史中，曾造成世界性巨大灾难，尽管科技进步发明了抗生素及疫苗等药物和生物制剂，使传染病有所控制，但是由于传染源不断变异或侵袭力增加、传播途径增多、易感人群流动频繁等因素，导致当代突发性传染病多数时候流行传播速度更快，而且由于经济社会全球化发展到一定程度，其造成的危害面更广、影响更大。这从新冠肺炎疫情来看，就显得非常清楚：病毒感染的传播速度极快，远超出人们以往对公共卫生风险事件的认知和经验，使全球大多数国家及地区遭到重创，经济面临停顿和倒退危机。再例如核泄漏污染问题，如 2011 年日本福岛核电站泄漏，事故发生 4 年后仍有放射性物质泄漏，并且在北美洲海岸被检测出来，造成的污染波及面极广，这类是当代突发公共卫生事件中情况甚为严重、影响深远的事件。

2）复杂性增加

当代突发公共卫生事件的复杂性主要体现在种类繁多、原因复杂、多因素影响作用。例如，引起传染病暴发的微生物就有细菌、病毒等 8 大类，某种情况下即便检测到了引起传染病暴发的病原体，也难以追踪到准确来源，新型冠状病毒肺炎（COVID-19）便是典例；还有的情况是引起传染病暴发的病原体也未知，WHO 于 2018 年公布的人类健康威胁病原体名单中首次提及的“X 疾病”（Disease X）就是如此；而引起中毒事件的物质仅理化类，全球已登记的化学物种类就已超过 4 000 万种，对其毒性认识较深刻的仅数千种；同样的毒物，不同接触途径、剂量和个体差异，都会带来表现形式的差异。有的事件直接造成人体或财物损害，有的只是潜在的威胁，但可能持续较长时间。有的事件本身还可能是范围更大的突发事件的一部分。同类事件的表现形式千差万别，处理也难用同样的模式来框定，很难预测其蔓延范围、发展速度、趋势和结局。以往突发公共卫生事件发展和转归多具一定规律性，而如今类似规律、经验似乎越来越不具有参考意义。部分公共卫生事件突发由复合原因所致，事前有一定的潜隐性，事件前、中、后期均可与人的因素相关，甚至可能主要是人为因素。

3）处理需要具有综合性和系统性

当代突发公共卫生事件事发突然、情况紧急、危害严重，如不能采取措施迅速处理，事件的危害将进一步加剧，造成更大范围的影响。应急处理必须在尽可能短的时间内作出决策，而许多突发公共卫生事件不仅仅是公共卫生问题，还会成为社会问题，需要各有关部门共同努力，甚至全社会都要动员起来参与这项工作。突发公共卫生事件的处理涉及多系统、多部门，政策性很强，必须在各级政府领导下，协调一致、恰当应对，尤其许多原因不明或特别严重的突发事件，由于第一时间事发原因、条件等未能全面了解，需要综合各方面信息和力量，系统地分析，采取针对性措施，才能将其危害降到最低程度。此外，某些传染病如艾滋病、禽流感变异之类尚未找到特效治疗方法和药物，存在全球化散播威胁，则需要国际社会综合各国最新研究成果和应对力量。针对新的事件，需要提高系统研究、尖端开发能力和研究应对技术，如技术设备设施、专业技术人员储备、基础科研和监控网点等。

3. 我国突发公共卫生事件现状及特点

新中国成立后，我国公共卫生事业取得了举世瞩目的成就：建立了较为完善的公共卫生制度体系；严重影响人民群众健康的传染病、地方病、职业病等疾病得到有效防治；城乡环境卫生面貌发生了根本变化；妇女儿童的健康得到有效保障；人民群众的健康水平得到极大提高。改革开放之后，我国的各项事业得到迅速发展，医疗卫生水平也在不断提升。尤其在经历 SARS 以后，我国加快医疗卫生应急体系建设，完善健全法律法规，以有力有效地应对各类卫生应急事件。国家和各地区针对重大疾病、重要健康危险因素和重点人群健康问题，制定和实施了 15 岁以下人群补种乙肝疫苗、贫困地区儿童营养改善、农村无害化卫生厕所建设等重大公共卫生服务项目，累计覆盖近 2 亿人，实施效果相当显著。经过近 10 年的不懈努力，我国卫生应急能力不断提升，在应对历次重大突发公共卫生事件和突发事件紧急医学救援中，初步建立起具有中国特色的卫生应急体系。2015 年以来，由国家卫生健康委员会卫生应急办公室牵头，已建立起由 20 多个部门参与的应对突发急性传染病疫情联防联控工作机制。同时，在 23 个省份布局建立 4 类 48 支国家卫生应急队伍，实现国家队各省份全覆盖，基本实现队伍车载化、集成化和自我保障化，形成应急处置的“拳头”力量。此外，上海、广东承建的国家紧急医学救援队分别通过世界卫生组织认证，成为全球首批和第二批国际应急医疗队。国家卫生健康委员会的统计数据显示，“十二五”与“十一五”期间突发公共卫生事件报告情况对比，事件数下降 67.55％，病例数下降 79.88％，死亡数下降 38.51％。近些年来，我国传染性疾病的发病率和死亡率在疾病谱和死亡谱中的排位也明显下降，艾滋病、血吸虫病、结核病、肝炎和鼠疫等重大传染病防治取得新的进展。在传染病现代应急管理方面，2017 年我国已建成全球最大的传染病疫情和突发公共卫生事件网络直报系统，突发公共卫生事件信息平均报告时间从原来的 5 天缩短到 4 小时内，并具备了在 72 小时内检测 300 余种病原体的能力。

在医疗卫生基础投入方面，至 2018 年年末，全国共有医疗卫生机构 100.4 万个，其中医院 3.2 万个；基层医疗卫生机构 95.0 万个；专业公共卫生机构 1.9 万个，其中疾病预防控制中心 3 469个，卫生监督所（中心）3 141 个；同期卫生技术人员达 950 万人，医疗卫生机构床位达 845 万张，分别为 1949 年的 19 倍和 106 倍。一系列医疗卫生服务的软、硬实力提升在相当程度上对突发公共卫生事件发生起到了减少和控制作用。特别是新冠肺炎疫情暴发后，我国 31 个省、直辖市、自治区先后启动重大突发公共卫生事件一级响应，公共卫生应急管理体系经受住了严峻考验，抗疫取得积极成效，我们的宝贵经验也让世界各国受益。

然而，由于我国人口众多，在经济转型发展和快速城市化进程中存在如下问题：人员流动频繁，城市人口快速积聚膨胀；改革开放初中期粗放型发展造成部分地区生态环境破坏；复杂环境变化催生各类病原体加速变异、感染，威胁人们的健康。目前我国城市突发公共卫生事件主要有如下特点。

(1) 各类传染病仍然是突发公共卫生事件的主要内容。在我国城市化进程中，突发公共卫生事件主要是由各类传染病引起的。进入 21 世纪以来，从 2003 年“SARS 病毒”到 2009 年的“甲型 H1N1 流感”，到 2013 年的“H7N9 禽流感”，再到 2020 年的“COVID-19”均如此。主要原因如下：首先，传染病的种类较多，如新型肺炎、艾滋病、肺结核和肝炎等都是危害人类生命安全的主要源头，几乎每隔几年、十几年均有大规模的流行事件爆发，传染病依然成为突发公共卫生事件的主要威胁;其次,传染病的死亡率较高,一般在潜伏期不易被察觉,一旦发生致死率较高;再次,传染病一旦流行、未得到及时有效的控制,则会迅速传播,影响面广;最后,一些被控制的传染病如结核、疟疾等因为流行因素依然存在,会死灰复燃、卷土重来,如局部城市肺结核、狂犬病和艾滋病等的死亡率呈现阶段上升趋势。

(2) 食品安全已经成为公众普遍关注的重要问题。由于一些食品安全监管环节薄弱,化学物品滥用是日常生活中毒事件的主要源头,例如:农作物的农药残留严重超标,对于抵抗力较差的婴幼儿和老年人,易发生中毒事件;黑心厂商为赚取非法利润,在食品中添加不可食用的化学药品,如三鹿奶粉添加三聚氰胺致婴幼儿患病、死亡事件。

(3) 各类污染所致的城市公共卫生风险。经济转型时期的中国,既有工业化初期频发的水污染、气体污染和职业中毒等事件的发生,又有对外贸易中外来物种侵入和动植物检疫等非传统风险,还有新型传染病的国际传播引致的突发公共卫生事件风险等。

7.2 突发公共卫生事件成因

突发公共卫生事件成因多种多样,既与地域环境、生物因素有关,又与人的行为、卫生管理、资金投入等种种因素相关,现代城市非传统风险尤其体现为多种因素交织作用。

7.2.1 风险因素

突发公共卫生事件风险因素一般指促使突发公共卫生事件发生的可能性增加或扩大损失幅度的因素。

1. 自然风险因素

自然风险亘古有之,但当代自然风险出现各种变化,世界各国主要面临的自然灾害也有所不同。2019 年 1 月我国应急管理部报告,2018 年中国自然灾害以洪涝、台风灾害为主,干旱、风雹、地震、地质、低温冷冻、雪灾和森林火灾等灾害也有不同程度发生。虽然 2018 年我国自然灾害灾情较过去 5 年明显偏轻,但据核定结果,各种自然灾害仍然造成全国 1.3 亿人次受灾,589 人死亡,46 人失踪。当代自然灾害另一变化倾向是:受人类过度开发、生态环境破坏的影响,较易产生次级灾害,水源污染、传染病流行之类的公共卫生事件突发风险大。同时,当代自然灾害引起的各种建筑设施破坏,对人们健康的影响乃至对整个经济社会多个层面可能造成的损失是以往任何时期都无法比拟的。此外,从病原体致病方面来看,随着自然界的演变,一些病原体也在发生变异,其滋生、侵袭、传播力增强,并导致新的传染病流行。目前,全球首次发现的新的传染病(狭义新发传染性疾病)至少有 32 种,有半数已经在我国出现,新出现的传染病对人们的健康构成极大的潜在危险,也是对公共卫生的重大威胁。

2. 人为风险因素

当代突发公共卫生事件有相当一部分与人的行为有关，如人们快速推进工业化、现代化，使得人类赖以生存的自然环境逐渐恶化，出现雾霾、酸雨、厄尔尼诺等极端天气和气候变化；人们对农药、肥料、兽药和化学添加剂等的普遍依赖使用，严重影响食品安全，危及健康等。以食物中毒为例，它可以由他人违法违规造成，如不良商家、个人违法生产经营不符合卫生标准的食品，包括将非食品当作食品、用非食品原料加工以及使用受到有毒有害物质污染的原材料等，甚至是犯罪分子恶意投毒；也可以由于个人、群体有意无意地食用了存在有害因素的食物(含不洁食物)，引起传染病、食物中毒或者其他食源性疾患。

纵观全球，人为因素造成的突发公共卫生事件屡见不鲜，这从近 40 年保险损失最大的人为灾难统计数据(表 7-2)也可得到印证。

表 7-2　　全球保险损失最大的人为灾难

年份	国家	人为灾难事件	保险损失/10 亿美元	遇难人数/人
1979	美国	核电站受损	1.4	—
1988	英国	帕波尔·阿尔法钻井平台爆炸事故	3.0	167
1989	美国	石化厂蒸汽烟雾爆炸	2.4	23
2001	法国	爆炸摧毁化肥厂	1.3	30
2001	美国	世贸中心、五角大楼和其他建筑物遭到恐怖袭击	25.2	2 982
2015	中国	天津港存放危险化学品的仓库发生爆炸	>10	173

注：1. 资料源于瑞士再保险、天津保监局(2017)，经整理。
2. 保险损失为 2015 年价格。

3. 复合风险因素

当代非传统风险的产生还多受复合因素影响。2017 年已跃升为全球死因排序第 7 位的慢性阻塞性肺病(Chronic Obstructive Pulmonary Diseases, COPD)便是典例。据《柳叶刀》杂志(*Lancet*)于 2018 年 11 月公布的“2017 全球疾病负担研究数据”，2007 年前 COPD 并未进入全球死因前十位。COPD 与肺部对香烟烟雾等有害气体或有害颗粒的异常炎症反应有关，也即它的风险因素包括个体易感和其他，如吸烟(包括被动吸烟)、职业性粉尘和化学物质、空气污染(化学气体如氯、氧化氮、二氧化硫等，对支气管黏膜有刺激和细胞毒性作用)、感染，甚至包括个体社会经济地位(这也许与室内外空气污染程度不同、营养状况等差异有一定的内在联系)等，复合因素导致人体呼吸气流受限，进行性发展则引起全身不良反应终致死亡。

目前某些预防接种或预防服药后出现群体性异常反应，也是受到疫苗或药物批量生产或接种操作的质量控制、中间各运输传递环节和局部储存温度等多因素影响；还如群体性医院感染等，也与致病菌、医院管理和病人密度等复合因素有关；职业中毒，既可与生产性毒物的毒性、接触时间和接触浓度等外部因素有关，又可与个体差异、保护措施等有关，这些复合风险因素又使得职业中毒表现为不同类型。

值得注意的是，当代常见尚未明确或发生初始阶段不明原因和影响因素的突发公共卫生事件，如SARS疫情发生之初，对病原方面认识不清，虽然知道这是一组同一症状的疾病，但对其发病机制、诊断标准和流行途径等认识不清，这便是群体性不明原因疾病的典型案例。早期禽流感也是类似情况，属于群体性不明原因的疾病（即一定时间内，某个相对集中的区域内同时或者相继出现多个共同临床表现患者，又暂时不能明确诊断的疾病），这种疾病可能是传染病，可能是群体性癔病，也可能是某种中毒。此轮COVID-19流行，虽较快测出了病毒的基因序列，但准确的跨物种传播途径至写作成书时还未能探明。

7.2.2　条件、诱因与风险因素作用方式

一般说来，突发公共卫生事件与一定条件和诱因有关，各种风险因素也有多种作用方式。

1. 突发公共卫生事件的条件

风险因素、风险事故和损失是风险构成的三要素。风险因素是风险事件发生的潜在原因；风险事故是造成财产损失和人身伤亡的偶发事件；风险因素通过风险事故引发损失结果。这三者构成风险统一体，相互之间存在一定的因果关系，即风险因素可能引发风险事故，风险事故可能导致损失，但均是在一定条件下发生的。

$$\text{风险因素}\xrightarrow{\text{一定条件下}}\text{风险事故}\xrightarrow{\text{一定条件下}}\text{损失}$$

突发公共卫生事件亦然。以病原微生物所致传染病暴发流行为例，细菌一般要在自然界环境温度适合时才可生存或者具有致病性，病毒必须要有宿主才能够生存，这些都是典型的一定条件。我国《传染病防治法》中划归的甲类传染病之一——霍乱，是由人感染霍乱弧菌（埃尔托生物型）所致，这种病菌在外界水体中维持存活的温度为16℃，以22℃最为适宜，流行季节的水温多在20～30℃。随着全球气候变暖，具备这样水温的区域逐步扩大，它的流行威胁也在增加。此外，气候变暖，适宜媒介动物生长繁殖的时空范围扩大，使细菌和病毒的生长繁殖期扩大，通过昆虫进行传播的传染病，如疟疾、血吸虫病和登革热之类，气候变暖条件促使昆虫繁衍，提早出蛰，提前形成密度高峰，并使其体内的病原体毒力增强，致病力提高。传播多种疾病的蚊子是一种变温昆虫，由卵发育到成虫一般需2周，水温高时可短到1周；气温低于16℃时，蚊子基本上不会叮咬吸血，20℃才开始活动，25℃以上活动显著增多。乙型脑炎病毒在蚊子体内发育时，气温低于20℃时失去感染能力，26～31℃时体内病毒浓度上升，传染力增强。登革热病毒在蚊子体内繁殖复制的适宜温度在20℃以上，低于16℃不繁殖，登革热流行也即终止。间日疟原虫孢子增殖时间，在14.5℃时为105天，而在27.5℃时只需8.5天。综上可见，气

温升高是蚊虫传播疾病的一定条件。此外，在变暖的气候条件下和不断增加的人或动物宿主的接触，会使病原体(尤其是病毒)突破其寄生、感染的分布区域，形成新的传染病病原体，对人类产生更大危害。2003年春季在我国广东、北京、河北、山西、内蒙古等地相继暴发的SARS传染病，因为暴发时人们对SARS病毒存活和繁殖的环境条件不清楚，给预防和治疗这种传染病带来很大的困难。

突发公共卫生事件的诱因是指促进事件发生发展的因素，它存在于外部而对事件发生起关键作用。例如，某中学食堂在加工四季豆时，没有煮熟煮透，导致124名学生突发四季豆红细胞凝集素中毒，那么食堂加工四季豆没有煮熟，便是此事件的诱因；再如某建筑工地突发高温群体中暑事件，当时的气象条件——高温，就是诱因，它引发建筑工人群体中暑，健康受损，甚至危及生命。概言之，诱因是驱使事件突发的外驱力，是一种特定的外部因素。

2. 风险因素的作用方式

当代公共卫生事件发生不仅与自然风险因素、人为风险因素、复杂风险因素和条件有关，还与多因素作用方式关联。探析突发公共卫生事件风险的多因素作用方式，对于科学风险管理，包括运用保险工具进行风险分解和转化均具有重要的实践价值。

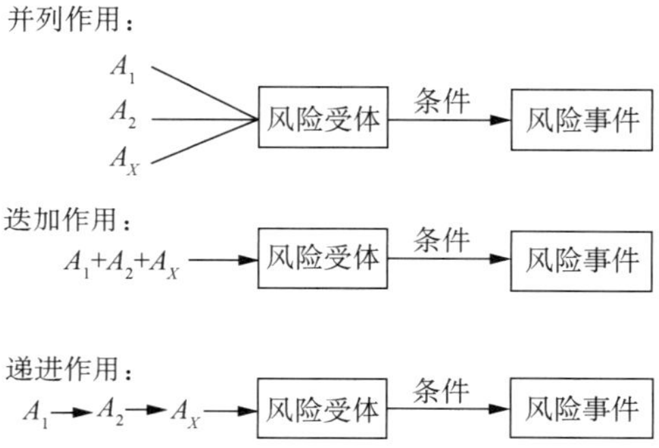

图7-1 多风险因素的主要作用方式

以新发传染性疾病为例，一个国家或地区新发生的、新变异的或新传入的传染病流行暴发及其产生的结果，与外部和内部的各种单因素影响有关，如病原体致病力、易感人群、气候条件和卫生服务水平等，也与多因素作用方式关系密切。探究这些复杂多样的作用方式(图7-1)，对突发公共卫生事件应急处理和防控有非常重要的意义。

7.2.3 风险源与高危险性分析

风险源，指风险的来源。从7.2.1节可知，风险因素在开放系统中属于宽泛概念，从实务层面需要对突发公共卫生事件的风险源和危险性进行具体分析。

1. 突发公共卫生事件风险源分析

通常对于风险事件来说很难确定哪个风险因素就是真正的“源”，一般把可识别的、对风险能够产生重大影响的、根本性的因素称为风险源，它特指能够带来风险的人或物，又或事件。突发公共卫生事件风险源主要有传染病、工业风险源、环境风险源和社会风险源。

1）传染病

传染病是由各种病原体引起的能在人与人、动物与动物或人与动物之间相互传播的一类疾病。传染病暴发流行为突发公共卫生事件的主要类型。而传染病得以在某一人群中发生和传播，必须具备传染源、传播途径和易感人群三个基本环节。

（1）传染源。它是指能够导致人和动物感染致病的病原体。它们大部分是微生物，小部分为寄生虫。患传染病的病人是重要的传染源，其体内有大量的病原体。病程的各个时期，病人的传染源作用不同，这主要与病种、排出病原体的数量和病人与周围人群接触的程度及频率有关。多数传染病在有临床症状时排出大量病原体，威胁周围人群，是重要的传染源；有些传染病在潜伏期末或慢性期也排出较多病原体，具有很强的传染性；还有些传染病（如伤寒、白喉）在恢复期仍可排出病原体，继续起传染源的作用；更有病原携带者，无任何临床症状，但能排出病原体。动物也是人类传染病的传染源，人被患病动物（如狂犬病、鼠咬热病兽）咬伤或接触这类动物的排泄物、分泌物可能也会被感染。

值得注意的是，现代城市宠物喂养增多，而人和动物可患同一种病，但病理改变、临床表现和作为传染源的意义可大不相同。如患狂犬病的狗可出现攻击人和其他动物的行为，成为该病的传染源之一，而人患此病后不再成为该病的传染源，临床表现为恐水症，但致死率极高，必须及时注射狂犬疫苗。

（2）传播途径。它指病原体自传染源排出后，在传染给另一易感者之前在外界环境中所行经的途径。一种传染病的传播途径可以是单一的，也可以是多个的。传播途径可分为水平传播和垂直传播两类：前者是指人与人（或动物）之间以水平形式平行传播，包括经空气、水、食物，接触患者的分泌、排泄物（包括唾沫、气溶胶等），媒介节肢动物，土壤传播和医源性传播等；后者指母体传给子代的传播，也属于间接接触传播。另外，还有一种水平传播与垂直传播交替出现的传播方式，称为“Z”型传播。不同传播途径引起的传染病具备不同的流行病学特征，掌握病原体的传播方式有助于对传播途径进行分析判断。

（3）易感人群。它指对某种传染病病原体容易感染或免疫水平较低的人群。新生人口增加、易感者的集中或进入疫区、部队的新兵入伍，均易引起传染病流行。病后获得免疫、人群隐性感染、人工免疫，均使人群易感性降低，抑制传染病流行或终止其流行。

2）工业风险源

随着现代工业、产业快速扩张，涉及危险化学品使用、生产、储存和运输的企业增多，因工业事故引起的人员伤亡屡屡发生。2018 年中国发生了 5.1 万起生产安全事故，有 3.4 万多人失去了生命，其中部分事故也属于突发公共卫生事件。2019 年 3 月江苏盐城发生的化工厂苯爆炸事故，截至 3 月 25 日已导致 78 人死亡，不同程度受伤人数超过 600 人。此外，重大环境污染事故主要是由核事故、放射事故以及生物辐射、化学辐射、核辐射等造成。

职业中毒，指劳动者在生产劳动过程中由于接触生产性毒物而引起的中毒。生产性毒物（一般为化学物质）在一定条件下较小剂量就可引起人体暂时或永久性病理改变，甚至危及生命。职业中毒表现为急性、慢性和亚急性，急性中毒是由毒物一次或短时间内（几分钟或数小时）大量进入人体后所引起的，如急性苯中毒；慢性中毒是由毒物少量长期进入人体后所引起的，如慢性铅中毒；亚急性中毒指发病情况介于急性和慢性之间，如亚急性铅中毒。工业废水排放是水域的主要污染源，它量大、面积广、成分复杂、毒性大、不易净化和难以处理，也是重要的环境风险源。

3）环境风险源

广义环境风险源，包含自然环境变化，如近些年我国频发的地震、台风、泥石流等灾害。狭义环境风险源，主要指环境污染源。在当代废气污染源中，火电、钢铁、水泥、有色金属冶炼和化工为前五大污染行业。水污染则除工业废水以外，农业污染源和生活污染源均是其主要成因。农业污染源包括牲畜粪便、农药和化肥等。农药污水中，一是有机质、植物营养物及病原微生物含量高，二是农药、化肥含量高。在耕地和草原上频繁使用农药，将导致大量农药、化肥随表土流入江、河、湖、库，致使水质恶化。生活污染源则主要是城市生活中使用的各种洗涤剂和污水、垃圾、粪便等，多为无毒的无机盐类，生活污水中含氮、磷、硫多，致病细菌也多。现代城市污水中常见的酸、碱、氧化剂，铜、镉、汞、砷等化合物，以及苯、二氯乙烷、乙二醇等有机毒物，它们能毒死水生生物，影响饮用水源，引发公共卫生事件。

4）社会风险源

广义的社会风险可分成三种类型：政治风险、社会风险（狭义）和经济风险。经济风险与突发公共卫生事件无直接关系，这里我们主要论及政治风险和狭义的社会风险。

(1) 政治风险，包括与别国发生战争的可能性，或外力入侵、内战、恐怖事件引起的动乱，意识形态分歧，经济利益冲突或地区性冲突，以及党派纷争等因素造成的风险。其中恐怖袭击是当代突发公共卫生事件的严重风险源，它指恐怖组织或恐怖分子为了达到其政治、经济、宗教和民族等目的，通过实际使用或威胁使用放射性物质、化学毒剂和生物战剂，或通过袭击或威胁袭击化工（核）设施（包括化工厂、核设施、化学品仓库、实验室和运输槽车等）引起有毒有害物质或致病性生物释放，导致人员伤亡，或造成公众心理恐慌，从而破坏国家安定，妨碍国家经济发展。如1995年发生在日本东京地铁的沙林毒气事件，造成5 510人中毒，12人死亡。

(2) 社会风险，包括分配不均、与政府对抗、结社群斗、失业人口增加与不安定、宗教纷争以及社会各阶层对立等因素引起的风险，它们也是突发公共卫生事件的风险源之一。

2. 高危险性分析

高危险性分析始见于社会医学的健康风险因素分析，非常适用于当代突发公共卫生事件成因分析。高危险性本指发生健康不利事件的高可能性，如发生疾病和死亡的高可能性。高危险性分析是由于存在过多的危险因素或作用强烈的危险因素，需要在其中探寻重要风险因素及其促使相应风险事件发生的关键条件、诱因等。为便于分析，通常把高危险状况分为高危险环境、高危险反应和高危险人群。如地震发生后的区域地带为公共卫生事件的高危险环境，同处这种环境之下，老人、婴幼儿和儿童为危险性更高的人群；又如生物致病源对于患免疫系统疾病和免疫功能低下者，或者过敏体质者，将发生高危险反应。同时，高危险环境、高危险反应和高危险人群这三类状况又具有内在联系，如处于高危险环境之中的人群为高危险人群，具有高危险反应的人群也是高危险人群。另外，高危险反应不仅有内在的原因，还要有外在因素的作用，这种外在因素对于具有特异体质或心理素质者来说，即为一种高危险环境因素。即使是在高危险环境之中或高危险人群之中，也并非每一个体都一定会出现同一状况。同时，这三类危险状况也是动态变化的。以我国法定报告传染病①为例，尤其是甲类传染病具传播速度快、病情严重、致死率高的特性，它们也是在各种因素影响下发生着变化。如 1955 年我国第一部《传染病管理办法》将传染病分为甲、乙两类，共 18 种，其中甲类 3 种：鼠疫、霍乱、天花。1989 年第一部《中华人民共和国传染病防治法》将传染病分类扩大为甲、乙、丙三类，共 35 种，甲类为 2 种：鼠疫、霍乱（天花已通过预防接种而被消灭）。2004 年后《传染病防治法》三次修订，将传染性非典型肺炎、炭疽中的肺炭疽、人感染高致病性禽流感、甲型 H1N1 流感（原称人感染猪流感）划归为乙类传染病，但采取甲类传染病的预防、控制措施。2013 年将甲型 H1N1 流感从乙类调整为丙类，并纳入现有流行性感冒进行管理；解除对人感染高致病性禽流感采取的传染病防治法规定的甲类传染病预防、控制措施。表 7-3 为 2007 年与 2017 年我国甲、乙类法定报告传染病发病、死亡率变化情况。

表 7-3　　2007 年与 2017 年甲、乙类法定报告传染病发病、死亡率前 8 位比较

顺位	2007 年				2017 年			
	疾病名称	发病率（1/10 万）	疾病名称	死亡率（1/10 万）	疾病名称	发病率（1/10 万）	疾病名称	死亡率（1/10 万）
1	病毒性肝炎	108.44	艾滋病	0.3	病毒性肝炎	93.02	艾滋病	1.11
2	肺结核	88.55	肺结核	0.28	乙型肝炎	72.61	肺结核	0.2
3	细菌性和阿米巴性痢疾	27.99	狂犬病	0.25	肺结核	60.53	病毒性肝炎	0.04
4	梅毒	15.88	病毒性肝炎	0.09	梅毒	34.49	狂犬病	0.04
5	淋病	11.08	流行性乙型脑炎	0.02	丙型肝炎	15.51	乙型肝炎	0.03
6	麻疹	8.29	新生儿破伤风*	0.01	淋病	10.06	人感染 H7N9 禽流感	0.02
7	疟疾	3.55	流行性出血热	0.01	细菌性和阿米巴性痢疾	7.93	丙型肝炎	0.01
8	猩红热	2.55	流行性脑脊髓膜炎	0.01	猩红热	5.39	流行性乙型脑炎	0.01

数据来源：《国家卫生统计年鉴》（2000—2018），经整理。
注：* 新生儿破伤风发病率和死亡率单位为‰。

① 各政府在其传染病防治法规内，条列出特定项目的传染病发生时，医师或医疗机构需向卫生主管机关报告，并依照法律的规定进行治疗甚至隔离等措施。

7.3 突发公共卫生事件对居民健康和城市发展危害的评估

突发公共卫生事件极易造成居民健康和生命遭受直接危害,并能引起相应的社会恐慌,同时对经济、社会发展造成不同程度的损失和影响。正确评估这些危害和损失,对我们进行应急处置和风险防控均有着十分重要的意义。

7.3.1 对居民健康、生命危害的评估

1. 直接和间接危害

1) 直接危害

人类迄今为止的历史记载,除了使用核武器以外致死率最高的便是烈性传染病流行导致的突发公共卫生事件,历史上有记载的如1918年,由甲型H1N1流感病毒引发的“西班牙流感”暴发流行,全球超过5亿人感染,造成5 000万~1亿人死亡,死亡人数超过第一次世界大战和第二次世界大战死亡人数的总和。近年的烈性传染病有包括中东呼吸系统综合征(MERS)、埃博拉病毒在内的新发突发传染病,还有发现很早、但是直到最近几年才对人引起严重感染的寨卡病毒疫情(Zika Virus Disease)。当然正在经历的新冠肺炎疫情也是史上罕见的:至2021年4月11日,全球累计确诊136 122 095人,累计死亡2 941 118人,造成的危害和损失波及经济、社会,包括人们日常生活的方方面面,这些惊人的数据、事实都表明,新发、再发急性传染病的不断涌现及暴发具有不确定性,对人类健康、生命的威胁从未停止。还有一些落后和欠发达国家,鼠疫、霍乱之类的烈性传染病仍未被消灭。据世界卫生组织2018年报告,马达加斯加2017年秋季发生鼠疫流行,导致200多人死亡,它是“50年来鼠疫暴发最强年”,一度引发全球担忧。由于病原菌——鼠疫杆菌一直存在,很难被消灭掉,许多野鼠身上带有这种菌,一般先流行于鼠类及其他野生啮齿动物之间,借助鼠蚤叮咬而传给人,病原体可借飞沫传播,人普遍易感,可通过直接接触受染动物或被病兽咬伤而感染。鼠疫传染性强、死亡率高,未经治疗的腺鼠疫病死率达50%~70%,败血症型接近100%。尽管现代医学对鼠疫有了相应的治疗方法,但由于世界各国发展不均衡,又在全球开放、人和物频繁流动等复杂背景下,鼠疫对人类的威胁仍然不可小觑。另外值得一提的是,此次新冠肺炎疫情暴发之前的相当一段时间内,人们普遍认为,当今世界,尤其在发达国家的城市,急性传染病已经不再是主要的公共卫生问题,而残酷的疫情完全回击了这种“傲慢与偏见”。

2) 间接危害

突发公共卫生事件对不同群体的心理均会产生一定的影响,通常患者及亲属反应更大,因疾病所遭受的痛苦、忧虑、社会隔离等可能出现不愿工作、厌学自闭、对抗社会甚至自杀等一系列精神心理反应。由于在突发事件中所处的角色及受事件的影响程度不同,不同群体在突发事

件中产生的心理反应也各具特点，如SARS疫情期间公众和病人最突出的表现是害怕、孤独感、厌倦和愤怒。有些突发事件的幸存人群，表现出严重且持久的创伤后应激及抑郁症状，这对他们未来的健康发展都造成长远的不利影响，极端者甚至会因不堪心理重负而自杀。在疾病损失的评价中，常把精神心理损失称为无形损失。由于资料收集的困难和内容界定的模糊，精神心理影响一直是损失评估所不重视的内容。目前精神心理损失评估最常用的指标是创伤后应急障碍(Post-traumatic Stress Disorder, PTSD)，这部分损失通常用无形损失或无形成本来表示。

2. 群体危害测量指标

突发公共卫生事件首先会对群体健康、生命造成直接危害，包括死亡、伤残、功能障碍和罹患疾病等，死亡可以是突发或慢性中毒、疾病致死。通常采用流行病学及预防医学中的系列指标测评。

1) 频率测量

(1) 发病率指标。一个地区(城市)、某个时期公共卫生事件的发生率、罹患率和续发率，可以通过历年的统计资料粗略地预测。

① 发病率：是指某一地区、某一段时期(常为一年)，某特定人群(某年龄、性别、职业等)暴露于某一致病因素中而发生该疾病的频率。

$$\text{某病的发病率}=\left(\frac{\text{一年内(或某一段时期)累积报告某病发病的人数}}{\text{该年内暴露该致病因素可能发病的平均人口数}}\right)\times K(100\%\ \text{或}\ 1\ 000‰) \tag{7-1}$$

比较两个人群的发病率和死亡率时，首先应注意两个人群的年龄构成是否相同。如两个人群年龄构成不同时，可用年龄死亡专率(图7-2)或标准化率进行比较，以免导致结论错误。

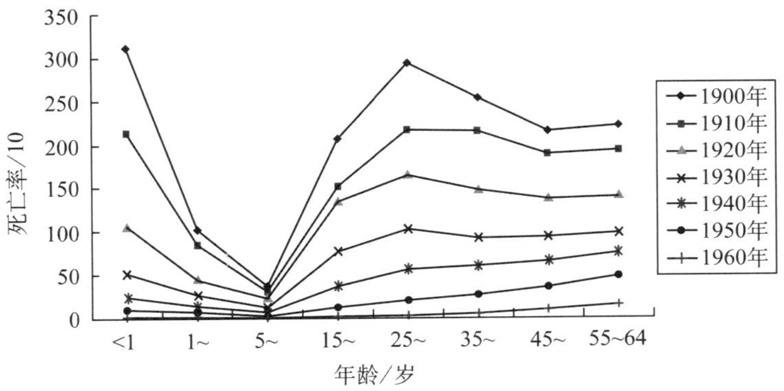

图7-2 1900—1960年间部分年份美国结核病年龄死亡专率

② 罹患率：通常多指在某一局限范围，短时间内的发病率。

$$罹患率=\left(\frac{观察期内的新病例数}{同期暴露人口数}\right)\times 100\% \quad (7-2)$$

该指标和发病率一样，也是人群新病例数的指标。观察时间可以日、周、旬、月为单位。适用于局部地区疾病的暴发以及食物中毒、传染病、职业中毒等暴发流行情况。其优点是可以根据暴露程度精确地测量发病概率。

③ 续发率：指在某些传染病最短潜伏期到最长潜伏期之间，易感接触者中发病的人数占所有易感接触者总数的百分率。

$$续发率=\left(\frac{一个潜伏期内易感接触者中发病人数}{易感接触者总人数}\right)\times 100\% \quad (7-3)$$

在一个家庭、病房、集体宿舍、托儿所、幼儿园班组中第一个病例发生后，在该病最短与最长潜伏期之间出现的病例称续发病例，有时称二代病例。

(2) 患病率指标。

① 患病率：也称现患率或流行率，指某特定时间内总人口中某病新旧病例所占比例。可按观察时间的不同按式(7-4)和式(7-5)计算：

$$期间患病率=\left[\frac{某观察期间一定人群中现患某病的新旧病例数}{同期的平均人口数(被观察人数)}\right]\times K^* \quad (7-4)$$

$$时点患病率=\left[\frac{某一时点一定人群中现患某病新旧病例数}{该时点人口数(被观察人数)}\right]\times K^* \quad (7-5)$$

式中，$K^*=100\%$，1 000‰，或 10 000/万。

期间患病率实际上等于某一特定期间开始时患病率加上该期间内的发病率。

② 感染率：是指在某个时间内检查的整个人群样本中，某病现有感染者人数所占的比例。感染率是反映某病感染水平的一项指标，也是评价人群健康状况的常用指标。

$$感染率=\left(\frac{受检者中阳性人数}{受检人数}\right)\times 100\% \quad (7-6)$$

感染者或感染状态可通过检出某病病原体的方法来发现，也可用血清学或其他方法证明。

③ 残疾率：亦称残疾流行率，是指某一人群中，在一定期间内每百(或每千、每万、每十万)人中实际存在的残疾人数，即指通过询问调查或健康检查确诊的病残人数与调查人数之比。

$$残疾率=\left(\frac{残疾人数}{调查人数}\right)\times K^* \quad (7-7)$$

式中，$K^*=100\%$，1 000‰，或 10 000/万，100 000/(10 万)等。

(3) 死亡率指标。

① 死亡率：通常指“粗死亡率”(Crude Death Rate, CDR)，指一个国家或一个地区在一定

时期(通常为一年)内死亡人数与同期平均人口数的比值。一般按每千人平均计算。

$$死亡率=\left(\frac{年内死亡人数}{年平均人口数}\right)\times 1\,000‰ \tag{7-8}$$

例如,死亡率为 9.7 的 10 万人口中,表示这一大群体每年死去 970 人。死亡率有别于发病率,发病率是指一定规模的人口在一定时间内罹患该病新增加例数。

② 病死率:表示一定时期内(通常为一年),因患某种疾病死亡的人数占患病病人总数的比例。

$$病死率=\left(\frac{某时期内因某病死亡人数}{同期患某病人数}\right)\times 100\% \tag{7-9}$$

如果某病处于稳定状态,病死率也可用死亡率和发病率推算得到:

$$病死率=\left(\frac{某病死亡率}{某病发病率}\right)\times 100\% \tag{7-10}$$

病死率的影响因素:人口年龄,饮食和居住水平,饮用水的卫生程度,医疗水平,传染病程度,暴力犯罪、冲突,等等。

③ 生存率:指个体能从起点活到时点 t 的概率,记为 $s(t)$。例如,5 年生存率是指某种疾病经过各种治疗后,生存 5 年以上的比例。它常用于评价治疗效果和疾病预后。

④ 潜在减寿年数(Potential Years of Life Lost, PYLL):是指某年龄组人群因某病死亡者的期望寿命与实际死亡年龄之差的总和,即死亡所造成的寿命损失。

$$PYLL=\sum_{i=1}^{e} a_i d_i \tag{7-11}$$

式中,e 为预期寿命(岁);i 为年龄组(通常计算其年龄组中值);d_i 为某年龄组的死亡人数;a_i 为剩余年龄,$a_i=e-(i+0.5)$,其意义为:当死亡发生于某年龄(组),至活到 e 岁时,还剩余的年龄。由于死亡年龄通常以上一个生日计算,所以尚应加上 1 个平均值 0.5 岁(粗略估计)。

PYLL 是在考虑死亡数量的基础上,以期望寿命为基准,进一步衡量死亡造成的寿命损失,强调了早亡对健康的影响。

(4) 残疾失能指标。

① 致残率:是指由于某种状态或疾病导致残疾的概率。它比较容易与残疾率混淆,但对突发公共卫生事件评估似乎更有意义。

② 伤残调整寿命年(Disability Adjusted Life Year, DALY):是指从发病到死亡所损失的全部健康生命年,包括因早死所致的寿命损失年(*YLL*)和疾病所致伤残引起的健康生命损失年(*YLD*)两部分。

$$DALY=YLL+YLD \tag{7-12}$$

DALY 是一个定量计算因各种疾病造成的早死与残疾(暂时失能和永久残疾)对健康生命

年损失的综合指标，这种方法可以科学地对发病、失能、残疾和死亡进行综合分析，是用于测算疾病负担的主要指标之一，据此也可确定严重危害健康的疾病和主要卫生问题。

2）流行强度

某种疾病在某地区一定时期内的某人群中，发病数量的变化及其病例间的联系程度常用散发、暴发和流行等表示。

（1）散发：某种疾病的发病率呈历年一般水平，各病例在发病时间和地点方面无明显联系，通常是较大范围地零星发生。

（2）暴发：在一个局部地区或集体单位中，短时间内突然有很多相同的病人出现，这些人有相同的传染源或传播途径。大多数病人常同时出现在该病的最长潜伏期内，如食物中毒、麻疹等，其特点是时间短、范围小。

（3）流行：某病在某地区显著超过该病历年的（散发）发病率水平，其特点是速度快、范围较广。

3）分布形式

流行病学中流行病的分布形式主要是“三间分布”，指的是疾病在不同时间、不同地区、不同人群中的频率和分布特征，通过从时、空、人的三方面对疾病群体现象进行全面、系统的展示，以认识疾病的分布规律和对居民健康、生命的危害及其造成的损失进行测算。

（1）时间分布。时间是研究疾病、事件分布的重要指标之一。它的分布可分为短期波动、长期变异、季节性和周期性。如季节性疾病每年在一定季节内呈现发病率升高的现象；长期变异则是对疾病动态的连续数年及至数十年的观察。

（2）地区分布。指在不同国家及一个国家内各地区的分布，如地区聚集性、地方性疾病、城乡分布等，疾病和事件发生经常受一个地区自然环境和社会环境的影响。形成地区分布差异的原因是很复杂的，地理、气候条件，物理、化学、生物环境，人群的风俗习惯和卫生水平等均可成为影响因素，分析地区分布可对研究疾病和事件原因、流行因素等提供线索依据，也可为研究居民健康、生命危害的地区特征及应急处置及其成本等提供参考。

（3）人群分布。人群可按不同的特征如年龄、性别、职业和民族等来分组分析。研究疾病或事件在不同人群组的分布有助于确定危险人群和探索致病因素。在研究疾病的人群分布中，年龄是最重要的因素，几乎每种疾病的发病率或死亡率均与此变量有关。大多数疾病或事件发生的年龄组不同，造成的危害也有区别。婴幼儿易患急性呼吸道传染病，且发生危急症的概率高；一些具有大量隐性感染的传染病，如流行性乙型脑炎、流行性脑脊髓膜炎等，在儿童中发病率高；病原体种类较多且又易发生变异的传染病，各年龄组的发病率多无差异，如流行性感冒、细菌性痢疾等，但同样的疾病或事件发生，老年人和妇女儿童总是受伤害最大的人群。

4）“危险度”指标

“危险度”指标可分为绝对危险度（性）、相对危险度（性）和特异危险度（性），它们主要对病因、人群、发病率之间的关系进行度量。

(1) 绝对危险度:是指发生比率,即疾病与某种状况的发生概率,如乙肝流行与乙肝病毒携带者的比率。

(2) 相对危险度:是指有某因素组的发病率与无该因素组的发病率之比(仅是一个比值),相对危险度也可以测量突发公共卫生事件某影响因素与结局之间的联系强度,因此,一个高的相对危险度能指出发病原因之所在,在分析研究中是十分重要的。

(3) 特异危险度:是测量某特定因素(如粉尘接触职业)所引起的绝对危险度(发病率),计算时以具有某因素组(如粉尘接触职业)的发病率减去无该因素组(如非粉尘接触职业者)的发病率,其值便是粉尘接触职业者由于粉尘接触而引起的特异危险度。

7.3.2 对城市经济社会发展的损失估测

1. 直接损失

1) 医疗救助费用

对于突发公共卫生事件中的疾病、中毒等,卫生部门必须提供医疗救助,发病或受害人数多少与医疗救助经费投入数量有关。发病和死亡人数必须根据应急报告制度要求的最近数据资料上报统计,其中发病人数包括确诊病例与疑似病例,需要进行及时治疗和抢救,均会消耗一定的医疗卫生资源,造成一定的经济损失;死亡和住院病人的抢救和治疗均会发生医疗救治费用,也是直接损失的主要来源之一。一般门诊病人的平均门诊费用可直接计算。医疗救治费用初步可用公式(7-13)计算:

$$\text{医疗救治费用} = \text{人均日救治费用} \times \text{住院人数} \times \text{天数} + \text{人均门诊治疗费用} \times \text{人次数} \tag{7-13}$$

式中,人均日救治费用是指每个住院病人治疗一天平均所需的费用,或抢救一次所需要的费用。

当然人均日救治费用与事件级别、损害程度有关,也与救治所在地区的物价、医疗救护单位的级别等均有关联。我国按照卫生部门《医院分级管理标准》,医院经过评审,确定为三级,每级再划分为甲、乙、丙三等,其中三级医院增设特等,医院共分三级十等。等级主要依床位数、执业人员要求、设备设施和承担医疗任务不同而有区别,三甲比二甲收费相对就高一些,医疗救助费用收费标准同样也有增加。

2) 事件预防控制费用

对突发事件采取的系列防控措施也称为卫生处置,所发生的费用是突发事件中的直接经济损失,也是损失的主要来源,包括指挥机关的运转费用,卫生行政管理、疾病预防控制、现场处置费用,密切接触者的管理费用,综合保障费用,以及监督执法费用等。一次卫生处置的费用、卫生处置的次数等,均与疫源地的范围有关,因此,疾病“三间分布”的确定对卫生处置费用的估计起着决定作用。突发公共卫生事件发病和死亡人数确定后,应采用流行病学方法确定疾病的

“三间分布”,计算疾病的发病率和死亡率,再根据“三间分布”判断事件波及的范围大小,以便确定如隔离之类应急处理的范围、人群、时间和防控措施实施频次、强度等。卫生处置总费用采用公式(7-14)计算:

$$卫生处置总费用=平均每次现场处置费用\times处置次数 \tag{7-14}$$

3)事后赔偿

事后赔偿主要对象是突发公共卫生事件中受到伤害的人,包括致病、致残和致死等。我国目前以政府赔偿为主,如《突发事件应对法》第六十一条“政府应当根据本地区遭受损失的情况,制定救助、补偿、抚慰、抚恤、安置等善后工作计划并组织实施,妥善解决因处置突发事件引发的矛盾和纠纷”。但迄今没有赔偿标准及实施的专门法律。由于突发公共卫生事件成因多而复杂,且地域经济水平存在差距,所以赔付水平相差较大。总体上来说,重大传染病疫情、群体性不明原因疾病,多由政府社会保障体系负担。通常国家政府部门根据事件具体情况发布赔偿政策,这些政策在免费医疗、赔偿金、基金等方面最大程度地覆盖受害者的救助范围。如2003年SARS疫情暴发后由财政部、卫生部发布了《免费救治农民和贫困非典患者的紧急通知》,事实上,所有感染和疑似患者基本实行了免费救治,由医院对患者医药费先行垫付、政府事后财政补贴。据亚洲开发银行(ADB,2003)统计,中国内地因SARS疫情的经济总损失额为179亿美元,占中国GDP的1.3%,这还不包括事后若干年对间接经济损失的估算金额。其他如重大食物和职业中毒事件,除了政府社会保险之外还有企业责任,《中华人民共和国食品安全法》第九十六条“因问题产品造成人身、财产损害或其他损害的公民”可视为赔偿对象,赔偿内容在《食品安全法》和《侵权责任法》中都专门列条,前者为“丧葬费、死亡赔偿金以及由死者生前抚养的人所必需的生活费等费用”,后者是“医疗费、护理费、交通费等治疗和康复支出的合理费用以及赔偿丧葬费和死亡赔偿金等”。

概言之,突发公共卫生事件造成的死亡,如因急性传染病造成的死亡,社会保险负责丧葬费、抚恤、安置等;意外中毒、不明原因等归于政府承担的,国际上多采用人力资本法计算人的生命价值①。

生命价值计算可以比较客观地反映个人不同年龄段的经济价值和生存期间的净收益。它直接反映了个体劳动力成本、产出和消费,并主要集中在个人的未来净收入上,加之算法也并不复杂,因而长期作为计算生命价值的主流方法。例如,美国政府对2001年“9·11”恐怖事件中受害人的赔偿,就主要沿用此法。具体做法:2002年3月,美国政府公布了对“9·11”事件中遇害家属的赔偿标准,政府将赔偿分为两部分,即以遇害者收入为基础的经济部分与非经济部分。最终,经济部分的受害者平均赔偿为208万美元,非经济部分的赔偿统一为25万美元。

涉及企业或第三方责任所致,除了责任方自愿支付之外,仍以生命价值计算和商业保险按

① 20世纪二三十年代以后,计算生命价值的主流方法是依照美国两位保险学家——杜布林和罗特卡提出的公式,他们将个体的劳动力成本、未来的净收益和维持人力资本运行的消费都统一纳入生命价值的计算中。

约给付[①],值得注意的是,商业保险的死亡给付并不替代企业或其他第三方履责,在商业保险死亡给付中遵循的是“生命无价”,不存在死亡金“重复受领”限制。

突发公共卫生事件中受到伤害致残、致病的,目前国内多因责任归属而定,如可归于工伤的,按工伤待遇;属于第三方责任的,依法鉴定后,按相应标准赔付;属于商业保险责任的,保险公司按约定标准给付。致病和后遗症的,多数是日后社会基本医疗保险或按工伤医疗待遇报销,社会保障体系给予救助、救济和帮扶服务等;参与商业保险的,多支付补充费用和相应服务。不过,这类直接损失,多数是长期支付,虽应计入社会总成本,但较难准确估算。

4) 人力物力投入

突发公共卫生事件除了事件发生现时、现场的系列防控费用外,其他涉及各级指挥、系统物资调运、信息与传媒体系管理、相关措施实施,包括加班、误餐等均产生人力、物力支出,国内主要由各级政府承担,人员加班一般按国家劳资规定计单位时间报酬,物资一般依成本加运费计算。

2. 间接损失

1) 个人、家庭间接经济损失

包括患者和患者的陪护人员在治疗疾病和康复期间的收入的损失。也有文献指出疾病的间接经济损失就是社会损失,指病人(或被隔离者)由于患病(隔离)或早亡耽误工作(劳动)时间而不能为社会和家庭创造财富所引起的损失。其衡量单位是天数,按一定经济标准折合成货币数据。先计算工作时间的损失,包括病休天数、活动受限天数等,然后再以性别、年龄别、职业别、疾病类别计算出因疾病而引起的经济收入损失量。另外,因突发公共卫生事件死亡和残疾产生的潜在损失,虽然政府、企业等给予一定的经济补偿,但对家庭、特定个体的影响是全方位的,如幼年丧失双亲,或者抚养责任人突然失去或减低劳动能力等,可导致处于成长期的少年儿童和被抚养人亲情、关爱、成长监护、安全感等的缺失,这些损失是无法计算的。

2) 生产、经营部门运行受阻的损失

重大突发公共卫生事件还会造成相关生产经营部门运行受阻,如 SARS 疫情暴发时期,人们明显减少外出购物、餐饮、交通、旅行以及其他社交活动,也导致各种商贸和投资活动的暂时中断;非洲猪瘟导致进出口贸易、餐饮业受到影响;等等。这一部分损失包括按照行业类别运行中断的持续时间和恢复正常生产后其生产能力下降导致的损失等。

3) 环境影响

突发公共卫生事件的影响,包括媒介扩散或局部意义上的生物入侵,媒介带虫、毒、菌的变化,有毒化学物、辐射对环境的污染,以及大量使用消毒剂等。这些因子通常导致生态环境的破坏,影响生态平衡,影响时间是长期的,因而也是损失评估不能忽视的内容。环境损失评估可借

---

① Kenneth R Feinberg: *What is Life Worth: The Unprecedented Effort to Compensate the Victims of 9/11*, New York: Public Affairs, 2005:202.

鉴洪灾损失中生态环境损失的评估模型，用可恢复费用与损失效益之和来表示。

$$E=\sum_{t=1}^{T_2}(C_t+G_t)(1+r)^{-t} \tag{7-16}$$

式中，C_t，G_t 分别为第 t 年生态环境的恢复费用和损失效益；r 为贴现率；T_2 是生态环境恢复到突发事件发生前水平所需年数。

4）社会损失

突发事件通常是造成一定范围人群受影响的事件，因此具有社会影响和损失，比如公众情绪波动、政府公信力遭受考验、社会骚乱、环境破坏及随后可能导致的远期经济损失等。这些影响通常难以定量计算，而精神、生命质量和数量损失的货币化，可以更准确地评估突发事件的社会影响。同时，从表面上看，事件造成的是对个体劳动者的伤害，但因这些受害者文化程度、职业技能类型等的不同，对企业、行业、社会的影响也会构成不可计算的间接损失。

此外，关于衡量突发事件引起的疾病负担，第 7.3.1 节已介绍 WHO 在 1993 年提出的伤残调整生命年(DALY)，它综合考虑了残疾和死亡两种健康损失，并赋以社会价值取向的信息，由四方面构成：死亡损失的健康生命年，疾病后伤残状态下生存的非健康生命年相对于死亡损失的健康生命年的测量和转换，健康生命年的年龄相对重要性(年龄权数)和健康生命年的时间相对重要性(贴现率)。它比较合理地表达了疾病对人群健康及社会的影响。

5）国家、地区政治影响或企业声誉、形象受损

通常来说，不同原因所致的突发公共卫生事件类型不同，具有一定的偶然性，但与环境、人为、管理等因素也有关系，因而它的发生和处置对一个国家、地区或行业、企业可带来各种影响，往往负面影响为多。重大事件影响时间较长，如 2008 年"三鹿奶粉"事件导致我国乳制品行业几乎全军覆灭。

7.3.3 案例：禽流感、人禽流感传播对居民健康和城乡发展的危害

1. 流行背景

禽流感(Avian Influenza)，通常是由高致病性 H5 和 H7 亚型流感病毒引起的鸡、鸭、鹅等禽类烈性传染病，也可感染哺乳类动物，根据禽流感病毒对鸡和火鸡致病性的不同，分为高、中、低/非致病性三级。人类常见的流行性感冒，简称流感，是由季节性流感病毒引起的急性呼吸道传染病。季节性流感病毒主要分为甲型和乙型，如甲型 H1N1 和 H3N2 亚型。基于既往流行特点，不同地区或国家流行的流感优势病株可能会存在差异，同一地区也会出现多种亚型流感病毒共同流行的特点。

人类对禽流感的研究已有 100 多年的历史，1878 年意大利首次报道，从瘟鸡中分离得到"鸡瘟病原"，1901 年证实其病原为滤过性病原体或称鸡瘟病毒(Fowl Plague Virus，FPV)，后来，又发现新城疫病毒(Newcastle Disease Virus，NDV)在禽中也可引起鸡瘟样疾病，即我国俗

称的"鸡瘟"。禽流感在全世界已经历了12次大流行,范围波及许多国家和地区,其流行特点是突然暴发、发病率高、病死率高而来源不明,被世界动物卫生组织定为A类传染病,我国农业部将其列为一类监测传染病。禽流感的扩散主要是通过粪便中大量的病毒粒子污染空气而传播,家禽中以鸡和火鸡最易感染,其次是雉鸡和孔雀,鸭、鹅和鸽则较少感染。禽流感病毒可以通过多种途径感染,如经消化道、呼吸道、皮肤损伤和眼结膜等,人员和车辆往来是病毒传播的重要因素;吸血昆虫也可传播病毒;野鸟特别是迁徙的水鸟也可传播病毒;实施人工接种也可使易感禽感染。

人禽流感(Human Avian Influenza),是指过去仅感染动物的禽流感病毒(如H5, H7, H9)越过物种界限引起人类感染的急性传染病,它被列为人类新出现的传染病,也被国际上列为反生物恐怖内容之一。由于禽流感病毒的血凝素结构等特点,一般感染禽类,只有当病毒在复制过程中发生基因重配,致使结构发生改变,获得感染人的能力,才可能造成人感染禽流感疾病的发生。至今发现能直接感染人的禽流感病毒亚型有H5N1, H7N1, H7N2, H7N3, H7N7, H9N2和H7N9亚型。其中,高致病性H5N1亚型和2013年3月在人体上首次发现的新禽流感H7N9亚型尤为引人关注,不仅造成了人类的伤亡,同时重创了家禽养殖业。

禽流感病毒属甲型流感病毒,甲型流感病毒中血凝素15个亚型(H1~H15),均能在禽中分离得到,其中高致病性H5和H7亚型流感病毒引起了鸡、鸭、鹅等禽类的烈性传染病。一般来说,流感病毒具有宿主范围的限制性,不同流感病毒感染不同的生物,越过物种界限并不容易,但有几型高致病性禽流感病毒,1997年后开始感染人类(表7-5)。

表7-5 流感病毒侵入宿主范围变化

时期	感染禽类的流感病毒	感染人类的流感病毒
1997年之前	H1~H15	H1、H2、H3、乙型、丙型
1997年以后	H1~H15	H1、H2、H3、H5、H7、H9、乙型、丙型

人感染禽流感的主要传染源仍是携带禽流感病毒的禽类,患者主要是通过接触活禽类或者活禽类的排泄物等而被感染的(图7-3)。迄今为止人类并没有完全掌握特异性的防控方法,仅能以消毒、隔离、大量宰杀禽畜的措施防止禽流感蔓延。

我们一直在经历禽流感持续不断的传播。由于候鸟全世界迁移,季节性地前往繁殖和捕食地,它们正在感染世界各地成群的家禽,从而也威胁到人类。

2. 禽流感、人禽流感传播的危害

病原学研究表明①,禽流感病毒作为禽流感致病的主要原因,它并不是一种特定的病毒,而

① Wang X, Jiang H, Wu P, et al: *Epidemiology of avian influenza A H7N9 virus in human beings across five epidemics in mainland China*, 2013-17: *an epidemiological study of aboratory-confirmed case series*, Lancet Infect Dis, 2017: 17(8):822-832.

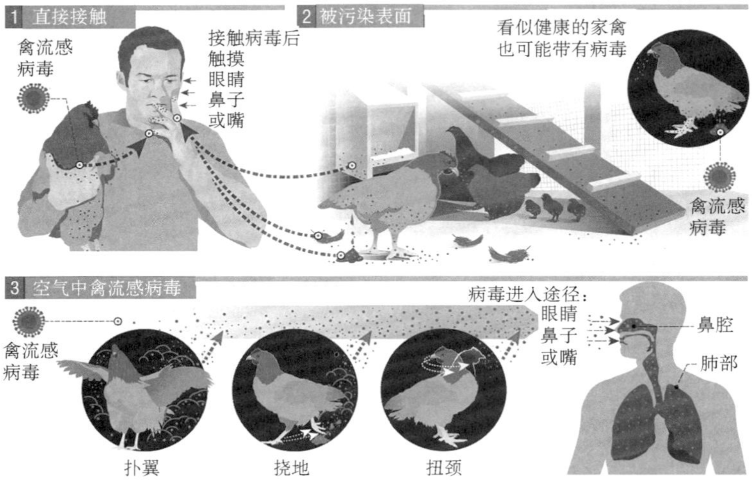

图 7-3 禽流感感染人的传播方式

是一类经常发生变异的病毒，其中高致病性禽流感致死率极高，是 SARS 的 3～9 倍，因此它导致突发公共卫生事件的危险仍然持续存在。

1）2013 年的全球流行

2013 年发生 H5N1 高致病性动物禽流感疫情的国家和地区达 13 个，主要集中在家禽养殖密度较高且多以小规模散养为主，疫病防控能力和基础设施相对比较薄弱的东南亚、南亚及中东地区的部分国家。同时，H5N1 高致病性禽流感疫情的发生表现出明显的季节性，主要暴发于寒冷季节，疫情一般从入秋开始复发，至来年 1、2 月份达到高峰，然后随着气温升高，疫情暴发逐渐减缓(图 7-4)。例如，2013 年 1—4 月期间，越南、尼泊尔、柬埔寨等国家不断暴发 H5N1 高致病性禽流感疫情，或在野禽中发现 H5N1 高致病性禽流感病毒；2013 年 5—7 月期间，除印尼、埃及疫情已呈地方性流行以及尼泊尔疫情全国蔓延外，越南、柬埔寨等国家没有暴发新的疫情；从 2013 年 8 月份开始，越南、柬埔寨等国家的疫情又相继再次复发。

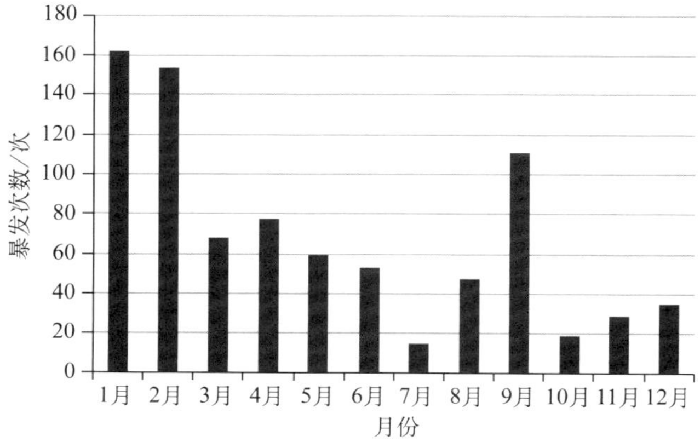

图 7-4 2013 年 H5N1 高致病性禽流感暴发次数

2013年除H5N1高致病性禽流感之外，其他型禽流感动物疫情也在全球广泛频发，血清型复杂，如H5N1(低)、H5N2、H5N3、H7N1、H7N7、H7N9和H9N2等血清型禽流感病毒相继在全球各大洲的禽鸟中被发现。非洲的南非多次发生以鸵鸟为传染源的H5N2高致病性禽流感疫情，美洲的墨西哥暴发严重的H7N3高致病性禽流感疫情，中国大陆、中国台湾、日本、越南、丹麦、荷兰、德国、西班牙、葡萄牙、英国、澳大利亚、美国等国家和地区均先后在家禽中发现H5，H7，H9亚型的低致病性禽流感病毒。

据世界卫生组织(WHO)统计①，截至2013年年底，全球累计人感染H5N1高致病性禽流感病例数量增加到649例，其中385人死亡，病例分布于15个国家。除了H5N1禽流感对人的感染威胁外，2013年还不断发现其他型禽流感病毒感染人的情况，如中国大陆出现人感染H7N9和H10N8禽流感病例，中国台湾发现全球首例人感染H6N1禽流感病例，意大利发现2名农场工人感染H7N7禽流感病毒等。

2）我国近几年人感染H7N9疫情

自2013年3月上海发现首例人感染H7N9疫情，我国内地人感染H7N9病毒至2018年共发生1 400例感染，死亡561人。2013—2017年感染曾有增长势头，但总体上人感染H7N9禽流感病例处于散发状态，2018年至今基本得到全面遏制(表7-7)。

表7-7　2013—2018年全国人感染H7N9报告疫情

时间	感染病例/人	死亡人数/人
2013年	19	1
2014年	330	135
2015年	196	92
2016年	264	73
2017年	589	259
2018年	2	1

注：据国家卫健委发布的全国法定传染病疫情概况(2013—2018)，经整理。

3. 禽流感、人禽流感造成的损失

1）全球概况

由世界卫生组织、联合国粮农组织和世界银行共同发起的全球防治禽流感会议，有600余名人类和动物健康专家、经济学家、工商业代表、政府代表参加，与会代表认为，H5N1型禽流感已经在15个亚洲和欧洲国家与地区传播，禽流感在人际间的传播“不可避免”和可能造成的损失“不可计算”。禽流感疫情带来的经济损失最直接的为大量家禽死亡或被扑杀，如2021年1月7日韩国农林畜产食品部报道，自2020年11月底发现当年首起养殖场高致病性禽流感疫

① WHO：Cumulative number of confirmed human cases for avian influenza A(H5N1) reported to WHO [EB/OL].

情，一个多月内，韩国已扑杀 1 490 万只家禽。此外，除了进行疫情防控的额外投入，还有许多潜在的损失和破坏。虽然动物疫情多发生在农村或郊县，但疫情的扩散蔓延、疫区隔离等措施的实行都会给相关上下游产业（如旅游、餐饮服务、交通运输等）带来不同程度的经济损失。据统计资料显示，美国 1978 年的禽流感流行造成经济损失 500 万美元；澳大利亚 1985 年的疫情造成经济损失 200 万美元；巴基斯坦 1998 年禽流感造成经济损失达 900 多亿卢比；意大利在 2000 年疫情中的经济损失近 1 000 亿里拉；荷兰 2003 年禽流感造成经济损失 2.21 亿欧元。世界银行预计禽流感可能给全球经济造成至少 8 000 亿美元的损失。

2）我国损失

禽流感流行也给我国带来巨大的经济损失，主要涉及家禽养殖业、快餐业、旅游业和服装业这四大行业以及粮食市场、金融市场、政府支出等。2001 年香港约损失 8 000 万港币；我国内地在 2003—2006 年疫情中损失约 600 亿人民币；2013 年疫情，上海除了关闭活禽市场、扑杀活禽，城市中的 200 多万只信鸽也全部停飞，一年一度的信鸽比赛也因此被叫停。据中国畜牧业协会初步测算，当年一次疫情预警，就造成了肉鸡鸡苗直接损失超过 37 亿元，活鸡及鸡肉产品销售损失超过 130 亿元。2019 年 2 月云南发现首例 H5N6 亚型高致病性禽流感，5 万多只鸡被扑杀（农业部，2019）。此外，疫情初始期政府还要支付受感染者化验检查和治疗费用，各地方政府为采取必要防控措施而发生的救助基金支出也是政府支出的一部分。

疫情的发生还对经济活动造成难以估算的间接影响，不仅对财政拨备有很大压力，对相关行业也造成巨大的冲击：家禽养殖业和饲料行业受影响最大，鸡鸭肉类需求短期骤降，其对饲料行业造成连带损失；旅游、餐饮之类消费减少；航空及运输业也受影响；以及由此带来的消费者消费观念变化；等等。此外，疫情还对金融业有影响，畜牧业农户由于活禽灭杀导致现金流中断，银行面临贷款无法及时收回的窘境；财产保险公司会面临大量的农业财产险赔付支出，导致其经营利润下滑等。禽流感造成禽肉价格大幅波动，短期内其价格水平下降，但随着疫情的稳定和减少，肉类食品价格的上涨也会造成 CPI 指数的蹿升；同时也使得期货市场产生剧烈波动。

综上所述，当代禽流感、人禽流感传播风险持续存在，多数时候城市虽不是“始作俑者”，但往往是重灾区。如何提升监测、预防、应对风险的能力，让积极有效的措施传递、落实到各个社区的行动领域，包括制定能够保证商业和社会连续安全运行的战略，要做的事情还有很多，城市管理者任重道远。同样重要的是，应促使全民保持警惕，以使禽流感、人禽流感传播及损失降到最低。

7.4 突发公共卫生事件管理及保险工具运用

当代中国与所有发达国家走向现代化的进程一样，正在经历“城市化”过程，如 7.1 节和 7.2 节所述，“现代化”“城市化”是系列突发公共卫生事件的环境风险因素或条件。值得注意的是，我们与发达国家“城市化”面临的环境大不相同，新世纪已发展到空前复杂的科学时代，要求我们深入探究包括突发公共卫生事件在内的城市科学管理方法，以及包括保险在内的风险管理工具运用。

7.4.1 突发公共卫生事件的应急处置

突发公共卫生事件的应急管理，对有效预防、及时控制和尽最大可能地减少突发事件及其危害，指导和规范各类突发公共卫生事件的应急处理，保障公众身心健康与生命安全以及保证经济、社会的稳定发展均有着极其重要的现实意义。

当代突发公共卫生事件风险特征变化，使得城市应急处置必须更加注重综合性和系统性。许多突发公共卫生事件不仅仅是一个短时间内的公共卫生问题，还是一个影响时间较长的社会问题，需要各有关部门和全社会共同努力参与应急处置工作。突发公共卫生事件的处理还涉及较多的专业问题，需要科学对待、系统处置。在政府的领导组织下，制订精准的、技术性强的处理方案，才能高效应对，将其危害程度降到最低。

1. 国际借鉴

发达国家20世纪初就开始进行突发事件应急管理探索，其中不乏可借鉴之处，包括事件发现、控制处理、报告监测和信息管理等，但由于人类面临的公共卫生管理风险的复杂性和不断变化性，各国对突发事件应急管理的探索也都在不断发展和完善过程之中。虽然较长时间以来，发达国家的经济发展优势使得其城市突发公共卫生事件的防控机制显得更为成熟，但瑕瑜互见，应当取长补短。

1）加拿大

突发公共卫生事件应急管理机制是该国安全应急机制的重要组成环节。它的应急行政管理框架总体上分为三个层级：第一层级，联邦政府国防部下设应急管理局作为公共卫生事件的日常管理机构，主要负责日常卫生应急协调指挥工作、卫生应急准备和动员工作；第二层级，省（地区）下设卫生应急组织，负责本辖区的整体公共卫生应急和组织工作；第三层级，地方的卫生应急运营中心负责现场的资源调配和应急管理，按照联邦政府和省（地区）的准备机制的预设内容和卫生保障计划进行直接运营操作。

为了避免职能交叉和权责不清，更好地授权地方（包括各个城市）处理突发卫生事件，按照相关法律和规范，加拿大联邦政府国防部下设的应急管理局并没有权利直接领导其下两级的突发事件的处理，只有省（地区）和地方提出支援申请和要求时才能参与其中管理。完善的三级突发公共卫生事件管理机制中，强调的是地方（城市）管理者的责权和执行力。

2）德国

面对突发公共卫生事件，德国建有一套“灾害控制与管理系统”，包含“疾病预警和通报系统”“行政组织参与系统”“应急医疗系统”“社会组织与公民参与系统”等若干子系统。

突发公共卫生事件的紧急性、不确定性和急剧扩散性等特征凸显了政府权力角色的重要性，但是在行政职能不断扩张的现代社会，如何在处理日常行政事务之余，应对突发事件所引发的紧急状态，在突发公共卫生事件处置中最大程度地发挥政府的行政职能成为各国政府面临的重要挑战。德国在完善法律框架下的多元主体治理模式颇具特色：在行政法上首创“公法人”的概念，即基于法律或法律授权，为公共任务履行的目的设立具有权利能力的组织体，让具有专业救援及灾害应对技术和管理知识及经验的非政府组织及私人救援机构等多元主体参与到灾害的预防和控制当中，来分解日益增长的灾害事件带来的行政管理压力。同时，完善公共卫生应急的“硬件”准备，如医疗救治床位、航空救援设施等。

3）美国

美国高度重视卫生网络系统和应急体系建设，特别是“9・11”和炭疽袭击事件发生后，美国进一步加强应急领域的财政投入力度，调集广泛资源应对一切突发事件，注重基础研究和利用科技力量防控，包括传染病科室的财政巨额支持；传染病防治的各类研究和应对，如疫苗和新药的早期研发等。

除了加拿大、德国、美国以外，英国从中央到地方的垂直管理体系，在应对疯牛病、猪瘟以及疯狂传播的流感和禽流感中也是得到了实践验证的。

2. 国内现状及问题

我国自 2003 年 SARS 事件以来，加快推进突发公共卫生事件相关法律法规的建设，形成了《中华人民共和国传染病防治法》《中华人民共和国食品卫生法》《中华人民共和国职业病防治法》《中华人民共和国国境卫生检疫法》《突发公共卫生事件应急条例》《国内交通卫生检疫条例》《国家突发事件应对法》《国家突发公共事件总体应急预案》《国家突发公共卫生事件应急预案》和《国家突发公共卫生事件应急条例》等较为完备的法规制度体系。

同时，我国在突发公共卫生事件的应急处置方面已构建四大支柱：第一个支柱是法律法规和应急预案体系；第二个支柱是自上而下的指挥协调机制，实现了跨部门、跨区域的协调联动和决策体系；第三个支柱是全球最大的传染病疫情和突发公共卫生事件网络快速（疫情信息 4 小时内）直报系统；第四个支柱是专业的应急处置队伍，在全国分区域设置 4 类 36 支国家级和近 2 万支、20 多万人的地方卫生应急处置队伍。在抗击 2020 年年初的突发新冠肺炎疫情过程中，我国快速启动中央人民政府层面的多部委协调工作机制平台——国务院联防联控机制（全称：国务院应对新型冠状病毒感染的肺炎疫情联防联控工作机制），由国家卫生健康委员会牵头、相关部委的 32 个部门为成员单位，工作机制平台下设疫情防控、医疗救治、科研攻关、宣传、外事、后勤保障及前方工作等多个工作组，各司其职，分工协作，从上至下，狠抓落实，形成防控疫情的有效合力，使得国内疫情在较短时间内得到控制。

但是，由于我国应急预案体系建设起步较晚，国内应急体系建设和发展还存在与应对重特大突发事件不相适应的地方，尤其是城市应急管理的能级水平还比较落后。从应急处理看，它包括主管部门迅速反应、综合评估、应急决策（包括启动突发事件应急预案的建议）、措施落实、监测报告、网络信息管理及善后等多个步骤环节，涉及上下层级和各个职能部门协同与协作。但现行我国突发公共卫生事件应急处理，由卫生行政部门领导的疾病预防控制中心主要负责，城市公共卫生危机处置"条块管理"成常态，容易形成各自为政、条块分割等碎片化问题。我国突发公共卫生事件应急工作虽然规定了"预防为主、常备不懈"的方针，但由于还未能形成持续有效的协同协作机制，地方公共卫生突发事件管理，尤其事前预防还多有漏洞。

当代突发公共卫生事件中，食品卫生安全问题频发，如食用病原微生物较多的野生动物；误食被病原微生物污染、农药残留、含重金属、含地沟油的食物；食用生产、加工、贮存环节受污染的食品；过量使用化学品、农药化肥、生长激素及食品添加剂超标的食物；滥用药物，饲养(种植)不当；等等。此外，较为严重的食品安全问题是由假冒伪劣产品猖獗造成的，2008年的"三鹿奶粉"事件，几乎毁了国内整个乳制品行业。问题的另一面则暴露出食品安全监管法制体系缺乏有效的责任追究制度。由于法律没有形成有效的失职行为责任追究制度，食品安全监管中广泛存在执法不严、违法不究的现象；还有就是政出多门、多头执法，既有监管职能交叉重叠，又存在食品安全监管漏洞，如在食品流通、储运企业缺少专业营运证件要求、动态监管等。

此外，关于"动物福利"问题，我国拥有13亿人口，有巨大的食物需求，但目前动物福利难以保障，主要是包括市郊在内的高密度饲养和运输环境，比如嘉兴毗邻上海，高密度养殖，对接上海需求，以市场经济的逻辑是合理的，甚至可以认为是进步趋势。但如果我们对这些趋势不加以反省，那么不只是"动物福利"问题，如食品安全、水污染等其他很多问题，包括许多我们在过去觉得不那么严重的问题，都会变得越来越严重。

长期以来，我国作为发展中国家，在城市突发公共卫生事件管理中，仍存在政府依赖度高，市场机制、社会组织和市民等多种力量参与不足等问题。加上当代突发公共卫生事件的复杂性和专业性较高，以及防控成本耗资巨大，给城市管理乃至国家管理带来了较大压力。可喜的是，从抗击新冠肺炎疫情的实效看，我国应对城市突发公共卫生事件的能力已经得到大幅提升：在国家层面，按照《国家突发公共卫生事件应急预案》，快速统筹各级政府、各部门机构形成了应急组织体系，统一指挥，协调行动；在地方层面，各省市的应急响应大多迅速有序，疫情防控措施涉及医疗、市场、教育、保险、旅游、出行和返工等国民生活与社会经济的各个方面。我国在新冠肺炎疫情"大考"中，不仅对防控疫情起到关键的作用，又对突发公共卫生事件的应对机制进一步完善，因此得到了世界卫生组织的高度认可，可为全球其他国家的疫情防控提供重要参考。

3. 应急处理的对策、方法

当代突发公共卫生事件成因复杂、危险性增加，我们需要包括市场机制在内的全方位制度建设和更多的、技术层面的处理方法及措施。

(1) 城市突发公共卫生事件应急处置涉及多个政府部门，依靠一个部门或行业管理是不能有效控制与处理善后的，实践经验证明，建立多部门、多领域和多层次的协同工作机制是有效和必需的。构建网络综合管理服务平台，实现数据信息的及时互联互通与共享是协同途径之一。

（2）对传染性强、传播速度快、危害严重的不明生物因子引起的急性传染病，应第一时间启动预警机制，果断采取应急措施。从我国应对新冠肺炎疫情比较成功的经验来看，一是对社会应采取统一的强制阻断隔离措施，如戴口罩、居家隔离、“封锁”重点疫区等；二是应尽快诊断，尽早隔离，对检出的感染者分类集中救治，如定点医院、“方舱医院”收治等；三是采取强制干预政策。在2020年年初抗疫中，中国在30多个省区市之间进行资源调剂，通过统一的调整、调配、动员来实现对一个地区的集中救治。所用措施围绕控制传染源、切断传播途径和保护易感人群，强调执行力，全社会动员，深入社区、家庭到个人。对于重症病人集中医疗资源施救；其他轻症和疑似病人就地隔离治疗或送隔离医院治疗，第一时间采集可疑标本，封锁病源；根据疫情发展对易感人群颁布“禁足令”；对可能被污染的环境彻底消毒、杀虫、灭鼠、通风排气等。

（3）在突发事件应对中必须注重信息传播，透明公开的政府信息公开机制，能够起到风险沟通、公共卫生知识普及、科学传播的同步和平衡作用。对外如与世界卫生组织、粮农组织和世界动物卫生组织等机构及时报告与交流，通过国际合作，共享有关信息，尽快识别风险，做出科学应对措施；对内传播公众卫生和疾病知识。通过风险沟通，把民众聚合成集体面对风险的共同体，把疾病风险的科学研究进程及时传达给公众，与公众共同面对危机。从新冠肺炎“疫情防控战”中清楚地看到，对于社会各类媒体（包括自媒体）的多种信息碰撞，政府既要建立公众的风险意识，又需要加强监管，避免居民听信谣言，出现恐慌情绪，做出对个人、社会的不利行动。

（4）针对突发公共卫生事件的特定风险源，第一时间展开流行病学调查，根据调查结果，精准应对。如确定隔离范围，提出大、小隔离圈及警戒圈的设置意见，报当地政府应急指挥部批准；严格实施消毒，谨慎处理人、畜尸体，全面搜索大隔离圈的患病动物和动物尸体，所有动物应一律圈养；病人家属和病人的密切接触者应在洗澡更衣后，送往隔离场所留验、观察，并采取预防性服药等措施；应急救援工作队进入疫区，应按要求进行防护，每天工作结束后用水彻底清洗身体，并接受医学检诊。对传染性较弱或无传染性或群体性不明原因疾病，应急处理的原则为减少发病、减少死亡、避免后遗症，主要做好危重病人救治，隔离治疗病人和疑似病人；对密切接触者进行医学观察，寻找共同暴露者，排查可疑致病源等。

（5）迅速建立与相关地区，包括毗邻城乡、水域空域、食品物资生产和物流交通、企业组织、居民社区等的全方位联防联控机制。开放流动，人流、物流将加快传染源播散或新的病原体产生，使得疫情更加复杂和难以控制，因此，在系列控制传染源、切断传播途径、保护易感人群的方法措施中，各个城市、部门包括企业单位、居民小区等需要编织一张联防联控网，及时落实到位。如上海这类常住人口超过2 000万的国际性大都市，受国内外疫情变化双承重压，得益于良好的社区管理基础，防治、隔离等一系列措施均凸现强大的执行力；控制境外输入性病例风险，则将疫情防控关口前移，专业团队进驻机场、关口等，与原有的安检部门通力合作，守住“市门”“国门”。

7.4.2 突发公共卫生事件预防

突发事件的属地管理在明确法律责任的同时，也是对城市管理的一种考验。

从某种意义上来说，风险管理的最佳绩效就是成功预防事件发生和扩展。虽然客观来看，突发公共卫生事件防不胜防，尤其在当代部分非传统风险特征变化的状况下，但是以预防为主，坚持不懈地提高预防管理水平和技术，就能最大限度地减少其发生和减少损失。

1. 应急预案

突发公共卫生事件应急预案是政府和社会为减轻突发事件造成的损失，以突发事件风险评价和事件危害结果预测为依据，预先制订的应对可能或已经突发的公共卫生事件的紧急控制和应急救护计划或方案。应急预案是应对突发事件的行动指南，完善的应急预案是缩小突发事件的影响范围、减轻事件损失的有力措施和重要保证。

我国全面推进应急预案体系建设始于2003年SARS事件，以国家突发公共事件总体应急预案为核心的全国应急预案体系已基本形成，同时明确了工作原则、应急组织体系及职责（图7-5）。

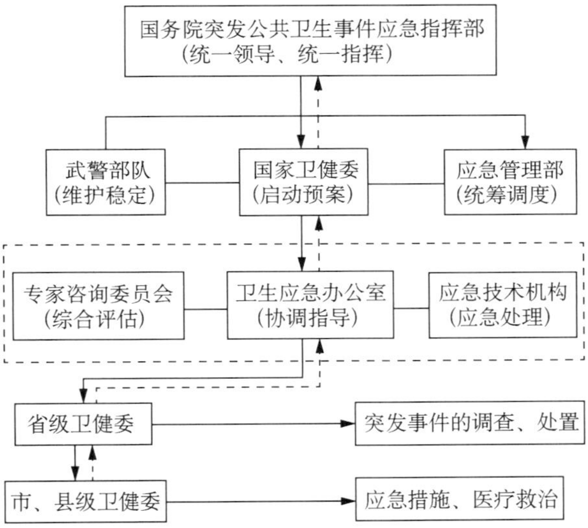

图7-5　我国突发公卫事件应急组织体系及简要职责

2. 应急信息系统

国家应完善建设城市应急信息系统。在总体设计方面，应急信息系统要具有先进性、可靠性和扩展性，在与现行卫生管理体系接轨的基础上，逐步形成标准化的应急处置工作规范。注重科学定量分析，为突发公共卫生事件完善“专业分析建模系统”，采用大量原始数据、建模因子、应急预案和应急事件处置信息等实证材料，以进行充分验证，保障系统工具使用的科学性和实用性。

在系统建设过程中，整合运用计算机网络、移动通信、地理信息系统（GIS）技术、全球定位系统（GPS）技术、数据库、人工智能（AI）、协同处理技术和软件工程等系列技术，以适用突发公共卫生事件应急处置涉及的多部门、多角色协同办公；为各类信息资源共享和在线更新提供技术支撑;实现应急管理各业务部门实时、动态、多人协同处理和并联工作等。

3. 监测预警

突发公共卫生事件监测是指持续地、系统地收集、汇总、分析和解释资料,并将结果反馈给需要的人,进而指导公共卫生实践的活动。监测应贯穿突发公共卫生事件应急管理和处置的全过程,预警是监测的目的之一,只有科学、有效地对突发公共卫生事件"苗头"进行监测,为突发公共卫生事件的预测、预报及制订应急对策与控制措施提供信息保障及科学依据,才能作出及时、有效的应对,把突发公共卫生事件控制在萌芽状态,或不致造成更大的危机,最大限度地降低危害程度。

完善食品安全预警应急机制,首先要完善食品安全评价标准,对食品生产加工的各项技术进行规范,对食品安全检验的各项指标和参数进行明确,并不断研发先进的食品安全检验技术,提升检验水平。除此之外,对食品安全应急系统的信息收集、感应系统、应急指挥、应急预案的制订和应急监测等一系列流程进行完善,提升食品安全事件的反应速度与处理成效。

目前,我国已建立统一的突发公共卫生事件监测、预警与报告网络体系,包括法定传染病、突发公共卫生事件监测报告网络,症状监测网络,实验室监测网络,出入境口岸卫生检疫,监测网络以及全国统一的举报电话等。各级医疗、疾病预防控制、卫生监督和出入境检疫机构应负责突发公共卫生事件的日常监测工作。但在科学化的预警监测体系、特异性指标、科技手段运用等方面还存在一些"短板",需要加快完善、补足。

4. 日常预防和健康管理

突发事件复杂性和频发性越加明显,需要监测预警和应急响应体系的不断升级,更需要"预防为主"观念的深入人心。

(1) 在政府统筹管理下,各职能部门应借助各类媒体,向公众发布和更新公共卫生信息和知识,开展系列健康教育,引导公众正确认识健康风险,加强传染病预防。例如,在应对新冠肺炎疫情中普及的"勤洗手、戴口罩、一米距、多通风"等个人预防措施十分奏效,因此必须进一步培养城乡居民日常良好的卫生习惯和健康的生活方式,加强全民卫生健康管理。

(2) 应强化食品安全管理,包括健全法规制度,从食品生产源头到销售全程监管,明规章,重罚则。随着我国法律体系的不断完善,食品安全问题应更多地被纳入法律范畴,无论是法律条例还是配套的行政管理和执法体系,都应紧密针对食品安全问题、食品质量问题,制定可行性高、操作性强的法律法规,并结合法律法规制定一系列食品加工标准、检验技术标准及食品监督管理制度等配套措施。应加强包括保险在内的市场机制运用,未雨绸缪地做好食品安全控制与管理。

(3) 应注重诚信社会和绿色环保建设。社会诚信一旦丧失,耗费成本不可估量,三聚氰胺奶粉事件即前车之鉴。绿色环保建设除了减少污染、改善环境之外,还需要约束我们自身行为。

SARS疫情和禽流感之类的非传统风险，表面上看似自然事件，但要反省我们的行为，有些人常吃野味，在这过程中某些病原体复杂演变，导致风险剧增。因而应从人类活动制度和文明的根源上预防当代突发公共卫生事件，而且这种知识在被广泛接受并成为信念后将有助于构建人类和谐与环境友好，以及文明与自然之间新的现实，这也就是社会科学干预和改变社会的作用。

(4) 应完善信息系统基础建设，加强部门联动、信息共享和区域协作，为突发事件与其他管理部门(公安、民政、计生、药监、安监等)的系统联动和数据交换随时做好准备。

(5) 应加大政府财政的投入。一是基础科研投入，对于一些目前仍然无法攻克的传染病难题，需要加大科研力度，提供完善的试验环境，提供足够的科研人员不断攻关；对于新型疫苗、治疗药物的开发研究给予倾斜支持，以此来积极促进公共健康政策和创新合作举措的有效施行。二是针对公共卫生系统的投入，包括公共卫生环境维护、专业人才培养、公众药品的发放以及防治药品的储备等。

(6) 应加强宠物及其他动物喂养管理。随着人们生活水平的不断提高，城市居民宠物饲养逐渐兴起，这在一定程度上满足了人们的感情需要，但宠物伤人事件时有发生，政府各职能部门必须分工合作、明晰权责，杜绝扯皮推诿，采取行之有效的控制措施，规范宠物饲养行为。有些凶禽猛兽、带病源的动物，应禁止饲养；家养的宠物也要接受包括强制免疫在内的各项规范管理，以保障全市人民的合法权益；应加强监督措施和追责制度，加大处罚力度，避免遗弃宠物、流浪宠物伤人事件发生，有效解决宠物伤人的索赔问题。同时，注重动物福利，促使经营企业、宰杀企业、运输业以及个人喂养等实施必要的动物福利措施，如动物生存空间密度、运输环境等，避免因动物福利缺乏而带来的疫情灾难和损失。

7.4.3　保险工具的运用

城市风险源的复杂多样和动态变化决定着城市风险管理绝非单一主体参与，也不是一成不变的理念及方法能够完全应对的。虽然突发公共卫生事件属于政府为主的公共管理范畴，但事实表明，应对突发重大公共卫生事件，建立政府、市场、非营利组织和家庭等共同作用的机制会效果更优，也切实可行。

商业保险作为社会保险的重要补充，从保障程度上，比基本社会医疗保险有较大的提高，保险金额也在一定范围内可自由选择，还可在保险责任上有较大的扩展，尤其团体投保有特殊需求，可以双方协议签约。商业保险参保自愿，由投保人根据自己的需要及经济条件决定是否购买以及购买的险种，这在客观上增强了个体风险的对应性，通过保险的风险管控功能减少了群体突发风险事件的可能性。商业保险注重“个人公平”，它的费率厘定依据科学的概率数理统计基础和损失分摊原理，这些都能较好地吸引个人、团体自愿加入保险保障，发达国家已有较多成功经验，且为惯用制度机制。

我国现行公共卫生医疗服务主要依赖于政府运营的社会保障体系，为居民提供基本医疗和健康服务。我国基本医疗保险制度虽历经几次改革，但商业保险(含政策性保险)在整个社会保障体系中的作用仍十分有限。而近十多年来医疗费用的增幅远远超过了GDP增幅和财政收入的增幅，单纯靠财政增长来负担医疗费增长对政府来说无疑是一个沉重的负担。根据我国国情，大力促进发展商业健康保险，不仅可以满足人们多样化和高程度的健康保障需求，从而构造完整的、多层次的社会医疗保障体系，还可以极大地缓解和改变政府独木难撑的局面，分担财政投入压力。在新冠肺炎疫情期间，国内多家保险公司推出相关服务政策，如对医疗险、重疾险、寿险等险种，取消等待期、零免赔额、开通绿色通道及提供垫付，在原有意外伤害险产品基础上新增了感染新型冠状病毒肺炎后身故或致残的赔付责任等，体现了社会责任担当；还有保险公司向医护、疾控等疫情防控的一线人员及媒体记者等赠送保险，给这些特定人群提供进一步的风险补偿。

保险工具在城市非传统风险管理中既有系统性、市场性特点，又因保险业同为金融和社会保障两个体系的重要组成，利用其产品作为政策性工具尤为合适。突发公共卫生事件的风险因素多种多样，比如生物因素、自然灾害、食品药品安全及各种事故灾难等，保险机制和产品工具可对应管理不同风险，而在应对新冠肺炎疫情这类影响经济社会方方面面的全球突发公共卫生重大事件中，保险不仅能提供传统的人身保险、财产保险产品和服务，还能对补充医疗救治、特殊时期的责任风险（如应急药品、疫苗临床试验、特定职业岗位、政府相关职能部门责任等）、出口信用、营业中断及复工复产等提供风险保障。

1. 健康保险服务机制、产品工具

健康保险，广义地说是以疾病、生育、伤害的发生或由此所致的费用损失或劳动收入损失为保障项目的一大类保险。健康保险承担的风险关系到国计民生。世界各国大多将其整体风险按发生的原因及产生的结果分为医疗、疾病、生育、伤害、残疾和收入减损等不同险类，其中一部分通过社会保险实现保障，另一部分由商业保险进行经营，还有少数属于公共卫生应该承担，但从专业和效应上需要商业保险辅助的，则采用政策性保险形式。世界多数国家商业健康保险作为社会保障体系的重要组成之一，在保障项目、范围等各方面有所倚重，有的发达国家健康保险独立经营，也颇具成效。国内健康保险主要分为医疗保险、疾病保险、生育保险和收入损失保险（含残疾、失能、护理保险等）。健康保险服务机制关注的不仅是被保险人遭受保险事故损失后的经济补偿，而且更加关注被保险人遭受保险事故损失前的预防保健和健康教育，以及被保险人生存期间的健康管理，许多健康保险包括体检、预防保健和健康服务，对被保险人在其生存期间进行着健康管理。

商业健康保险具有社会特征，主要体现在组织形式、经营管理、保险基金的筹集以及保障范围等方面。从承保方式上，为了有效防止道德风险，多采用团体承保形式。再从承保责任风险看，包括突发公共卫生事件在内的健康风险如本章7.1节和7.2节所阐述，具有较高频率的出险和损失特性，可造成居民健康危害、生命消亡、医疗服务费用耗损以及其他经济损失，且这类损失频率及幅度相对不稳定，一个地区某个时期突发、人群罹患率、住院率、医疗总经费及相关费用，虽然可从历年的统计资料中作出粗略的预测，但非传统风险尤其受到许多复杂的内、外因素影响，如新的传染病或地方病发生、气候等自然环境的急变、人的行为因素、人口老龄化以及劳动保护制度变更或改革等，表现出难以预料的变化。这种变化有时可以通过分析影响因素的改变来判断其变化的方向，但其幅度很难预计。某些情况下，某种影响因素的细微变化，可导致损失频率、幅度的较大波动，从而突破保险人预定的承受区限，因而健康风险整体上不属于商业保险标准可保风险。虽然从理论上来讲，医疗健康服务费用损失频率、幅度是呈不稳定的曲线变化，但从近 20 年国内外统计资料看，除掉物价上涨因素其变化几乎都是呈递增趋势，也就是说保险基金筹集需要连年增长。因而世界上多数国家对于健康保险给予政策扶持，在税收、费用等方面实行优惠。此外，健康保险经营管理，在控制内部风险的同时，还必须注重外部风险识别、掌控，尤其在我国，国家大，人口多，经济发展不平衡，多民族文化存在差异，老龄化和城市化过程中面临各类难题等，都要求保险人更认真地研究市场，寻求规避、化解这些特殊风险的方法和途径，而这些恰恰是从技术层面来协同政府管控非传统风险的重要补充。

(1) 补充医疗保险，指基本医疗(社会)给付限度或责任以外的一定范围和额度的医疗费用保险。它与社会保障医疗体系对接，可大大提高居民医疗健康保障。常见的如意外伤害医疗保险、门急诊费用保险、住院医疗保险和住院津贴等，商业医疗保险多以附加险或综合人身保险形式来控制超赔风险。例如，新冠肺炎疫情暴发后，我国社会医疗承担了救治费用，保险公司则对确诊之前的相关费用、住院津贴等进行补充保障。

(2) 疾病保险，主要分为患病保险和疾病预防保险。前者如重大疾病保险，即保险期内罹患某种类疾病(原未患有)，经医院诊断确立，被保险人即可得到给付，最初主要针对心肌梗死、冠状动脉搭桥术、脑血管疾病、慢性肾功能衰竭、四肢瘫痪、重大器官移植及恶性肿瘤等 7 种疾病，但随着实践发展，现包括诸如急性重型肝炎、严重烧伤、重大眼疾及肺栓塞等 30 多个种类甚至更多疾病，其中一部分也是突发公共卫生事件的风险源。新冠肺炎重症和危重症出现的一些类似“急性呼吸窘迫综合征”“肺炎造成深度昏迷或中度昏迷”等，均包含在常见的重大疾病保险中，此次国内还有不少保险公司直接扩展了新冠肺炎疾病责任。另外是疾病预防保险，如传染病预防和普通病预防(如儿童龋齿预防)保险。

(3) 综合医疗保险，是国外最常见的医疗保险产品，它能对疾病和意外伤害导致的大多数医疗费用进行补偿，它提供的医疗费用补偿无论在项目范围还是补偿程度上都远远超过基本医疗保险。综合医疗保险通常由保险人以总括方式承保，为被保险人提供全面的医疗费用保障，包括医疗、住院、手术等一切费用。该险种有四大特征：保险责任范围广、给付限额较高、规定了免赔额与费用分担、保险费较高。

(4) 失能收入损失保险，指以因保险合同约定的疾病或者意外伤害导致工作能力丧失为给付保险金条件，为被保险人在一定时期内收入减少或者中断提供保障的保险。失能收入损失保险又称为失能保险、残疾收入保险和收入补偿保险等，其主要目的是为被保险人因丧失工作能力导致收入方面的丧失或减少提供经济上的保障。按照承保对象不同，可有个人和团体失能收入损失保险。按照给付期间不同,可以有短期和长期失能收入损失保险。

(5) 护理保险,是因保险合同约定的日常生活能力障碍引发护理需要为给付保险金条件,为被保险人的护理支出提供保障的保险。护理保险是为因疾病或伤残(包括年老)而需要长期照顾的被保险人提供护理服务或费用补偿的一种制度。国外护理保险有众多品种和类型,如长期和短期,长期护理保险又可有单一责任和综合责任,后者是在一般护理责任基础上,增加生存和死亡给付责任。还可有伤残收入补偿保险的扩展,即残疾者在退休前购买的长期护理保险,在其退休后,保险公司提供给被保险人与残疾收入补偿等额的保险金。此外,疾病后遗症所产生的诊疗康复费用,也需要商业健康保险提供保障。

2. 责任保险制度嵌入

责任保险是保险人承保致害人(被保险人)对受害人(第三者)依法应承担的损害赔偿责任。以被保险人对他人依法应负的民事赔偿责任为保险人责任,它承担被保险人的过失侵权民事责任。虽然它通常对故意行为造成的损害和合同违约不负责任,但现行的公众责任保险、产品责任保险、雇主责任保险及职业责任保险等对公共卫生,特别是食品行业的风险将具有重要的风险管理和市场监督作用。责任保险的承保方式有两种,一种是作为其他保险的组成部分或附加部分承保,不作为主要险别单独承保,如汽车保险中的第三者责任险;另一种主要分为以下四种,作为主要险别单独承保。

(1) 公众责任保险。它是对机关、企事业单位及个人在经济活动过程中因疏忽或意外事故造成他人人身伤亡或财产损失进行承保的一种责任保险,适用于一切可能造成他人财产损失与人身伤亡的单位、家庭或个人。具体而言,主要包括各种公众活动场所如体育场、影剧院、市政机关以及城市各种公用设施等的所有者、经营管理者;各种产品的生产者、销售者和维修者;各类运输工具的所有者、经营管理者或驾驶员;各种需要雇用员工的法人或个人;各种提供职业技术服务的单位;城乡居民家庭或个人,只要可能导致公众的人身或财产损害,就负有相应的法定赔偿责任,从而需要且可以通过责任保险的方式向保险公司转嫁风险。公众责任保险适用范围较广,表现形式丰富,主要有普通责任、综合责任、场所责任和环境污染责任等。我国公众责任险最初以场所公众责任、承运人责任保险为主,前者如宾馆、展览会、电梯、车库和机场等;后者专门承保各种客、货运输机构或个人,在运输过程中可能发生的损害赔偿责任,如旅客责任保险。近几年国内环境污染责任保险在政府助推下也逐渐增多,它是以企业发生污染事故对第三者造成的损害依法应承担的赔偿责任为标的的保险。

(2) 产品责任保险。它是指保障因产品本身的缺陷造成他人(一般是消费者)人身或财产损失的保险。产品责任保险在国外通行,一般来说,零售商、批发商和制造商对由离开销售和生产场所的商品的使用或消费引起的伤害被认为是负有法律责任的。国外对产品责任实行的法律制度有两种,一种是以美国为代表的实行绝对责任制,另一种是以西欧、日本为代表的实行疏忽责任制,但发展趋势是实行绝对责任制。绝对责任制又称严格责任制,根据这种制度,一个人即使尽力做到适当注意以避免伤害他人，也要承担法律责任。换言之，一个人虽然没有明显的过错，但他对无辜的受害者仍需负赔偿责任。保险期我国通常为一年，国外有些有三年。产品责任保险在发达国家是一个非常成熟的险种，这些国家先后开发出适用药物和临床器械研发和生产的厂家以及药品经销服务企业的一整套生命科学(Life Science)保险产品，国内保险也加快了此类责任保险的开发和主动承保，如药物(疫苗等)临床试验责任保险，由保险人承保经过批准的药物(疫苗)临床试验，在临床试验过程中出现因试验药物(疫苗)发生不良反应，造成受试者人身伤亡的，在约定限额范围内负赔偿责任。

(3) 雇主责任保险。它是指被保险人所雇佣的员工在受雇过程中，从事与被保险人经营业务有关的工作而遭受意外或患与业务有关的国家规定的职业性疾病，所致伤、残或死亡，被保险人根据《中华人民共和国劳动法》及劳动合同应承担的医药费用及经济赔偿责任，由保险公司在规定的赔偿限额内负责赔偿的一种保险。三资企业、私人企业、国内股份制公司、国有企业、事业单位、集体企业以及集体或个人承包的企业都需要为其所聘用的员工投保雇主责任险。例如，医生工作日在医院就餐发生集体食物中毒事故，雇主责任险可以理赔。

(4) 职业责任保险。它是对特殊专业人员因工作上的疏忽或过失，造成他们的当事人或其他人的人身伤害或财产损失，需要承担经济赔偿责任而进行的责任保险。较为常见的有医师、会计师、律师、设计师、工程师等职业的责任保险。职业责任保险中占主要地位的险种，如医疗责任保险又称医生失职保险，它承保医务人员由于医疗事故而致病人死亡或伤残、病情加剧、痛苦增加等，受害人或其亲属要求赔偿的责任风险。例如，医生对一批病人用药错误导致病人出现人身伤亡，此时职业责任险可以进行理赔。

3. 保险及其服务创新

“社区综合保险”是近些年国内新兴的一种保险，属于一种政策性保险，由街道、乡镇作为投保人与保险公司签订保险合同，财政出资支付保费，为社区内的公众人身和财产安全提供保障。如发生合同约定的保险事故，则由保险公司通过街道、乡镇理赔，街道、乡镇再根据实际情况，向相关对象提供保障救助。社区综合保险与一般商业保险相比，主要是为了提高街道社区的管理能力和抗风险能力，提高社会治理水平，进而有效维护社区公共安全和公共利益。

在财产保险方面，“活动取消保险(Event Cancellation Insurance)”在这次新冠肺炎疫情中得到了人们的高度关注。特别是在体育赛事和文化旅游领域，坚持购买赛事取消险的投保人得到了很好的经济补偿，比如温布尔顿网球锦标赛(温网)，而大多数赛事活动组办方因各种原因没有购买该保险，因而承受了很大的财务压力。

2020 年 3 月，我国以北京、上海为代表的大城市，为支持新冠肺炎疫情后的复工复产，地方政府支持、引导保险公司开发了复工复产(复市)综合保险，为重点工程项目或行业、企业员工感染法定传染病(包括新型冠状病毒肺炎)导致死亡、伤残，因疫情停工停产期间的员工工资减少，因疫情停工停产期间增加的员工隔离费用，以及因疫情、自然灾害和意外事故导致的财产物质损失、营业利润损失提供保障。

此外，还可有财产与再保险制度安排。当代城市突发公共卫生事件的特征之一是危害大、损失重，财产保险和再保险制度安排可转化相当部分风险，如美国“9·11”事件60%赔款就是由世界各保险、再保险公司支付的。财产保险是保险人按保险合同的约定对所承保的财产及其有关利益因自然灾害或意外事故造成的损失承担赔偿责任。广义的财产保险，包括财产保险、农业保险、责任保险、保证保险、信用保险等以财产或利益为保险标的的各类保险。例如，国内疫情发生后，出口信用保险拓展为为外贸企业提供预付款保险，保障防疫物资进口。针对疫情防控物资的进口需求，保险公司下放承保权限、放宽承保条件、简化承保流程、提升多项保险服务；保证保险则为中小企业恢复生产和营业、为创新提供贷款保证保险，等等。

诚然，突发公共卫生事件整体上属于公共卫生管理范畴，但对于突发重大公共卫生事件，尤其是对人口众多的超大型城市，保险作为现代社会风险管理的制度安排，是一种有效的市场机制，无论是对政府、企业还是对个人均能提供全过程和全方位的风险管理服务，包括保险工具选择。从政府层面，主持管理的各类大型建设项目、经济社会市场运转、社区民生等，可运用综合财产、责任保险[如新冠肺炎疫情后的复工复产(复市)综合保险]、社区综合险等；企业机构除了财产保险(含营业中断)、责任保险外，还可以投保出口信用保证保险、员工投保团体人身保险等险种；个人则可主要选择包括医疗、疾病在内的健康保险、人寿保险作为补充风险保障。

全球新冠肺炎疫情暴发给人类留下惨痛的教训，持之以恒地探究全面风险管理制度安排和保险技术应用对城市可持续发展尤为关键。

本章参考文献

[1] BURKE S A, TROCK S C. Use of influenza risk assessment tool for prepandemic preparedness[J]. Emerging Infectious Diseases, 2018, 24(3): 471-477.

[2] GAO R, CAO B, HU Y, et al. Human infection with a novel avian-origin influenza A(H7N9) virus [J]. The New England Journal of Medicine, 2013, 368(20): 1888-1897.

[3] MORBEY R, HUGHES H, SMITH G, et al. Potential added value of the new emergency care dataset to ED-based public health surveillance in England: an initial concept analysis[J]. Emergency Medicine Journal : EMJ, 2019, 36(8).

[4] UYEKI T M. Human infection with highly pathogenic avian influenza A(H5N1) virus: Review of clinical issues[C]//Clinical Infectious Diseases: An Official Publication of the Infectious Diseases Society of America, 2009, 49(2): 279-290.

[5] TUMPEY T M, BASLER C F, AGUILAR P V, et al. Characterization of the reconstructed 1918 Spanish influenza pandemic virus[J]. Science, 2005, 310(5745): 77-80.

[6] WATANABE T, KISO M, FUKUYAMA S, et al. Characterization of H7N9 influenza a viruses isolated from humans[J]. Nature, 2013, 501(7468): 551-555.

[7] WHO. Influenza at the human-animal interface-Summary and assessment, from 28 February to 8 May 2020[R/OL]. [2021-04-18]. www.who.int/influenza/human_ animal_interface.

[8] WU Y, WU Y, TEFSEN B, et al. Bat-derived influenza-like viruses H17N10 and H18N11[J]. Trends in Microbiology, 2014, 22(4): 183-191.

[9] JIN Y H, CAI L, CHENG Z S, et al. A rapid advice guideline for the diagnosis and treatment of 2019 novel coronavirus(2019-nCoV) infected pneumonia(standard version)[J]. Military Medical Research, 2020, 7(1): 4.

[10] 中华人民共和国国务院.突发公共卫生事件应急条例[R/OL].[2021-04-18]. http://www.gov.cn/zhengce/2020-12/26/content_5574586.htm.

[11] 孙建平,秦宝华.城市安全风险防控概论[M].上海:同济大学出版社,2018.

[12] 单耀晓.城市生态环境风险防控[M].上海:同济大学出版社,2018.

[13] WHO.突发公共卫生事件快速风险评估[M].倪大新,金连梅,译.北京:人民卫生出版社,2015.

[14] 许谨良.风险管理[M].北京:中国金融出版社,2006.

[15] 汪忠,黄瑞华.国外风险管理研究的理论、方法及其进展[J].外国经济与管理,2005,27(2):25-31.

[16] 杨云,孙宏,康正,等.卫生应急风险矩阵法与 Borda 序值法评估[J].中国公共卫生,2016,32(6):815-817.

[17] 秦锐.财政公共危机管理的财政保障研究[D].北京:财政部财政科学研究所,2013.

[18] 李顺平,袁方曙.疾病的经济损失及其衡量[J].卫生经济研究,1998,10:10-11.

[19] 李本森.生命价值的法律与经济分析——中国生命赔偿法律的改革路径[J].中国社会科学,2011,6:79-84.

[20] 沈敏,熊光练,方为民,等.突发公共卫生事件损失评估指标及其影响因素[J].中国公共卫生,2008,24(2):220-221.

[21] 余雪梅,乐虹,郝敏,等.国内外突发公共卫生事件应急管理体系比较研究[J].医学与社会,2007,20(7):34-35.

[22] 胡莲翠,张晓丽.我国突发公共卫生事件中受害者的赔偿策略研究——以食品安全事件为例[J].南京医科大学学报(社会科学版),2014,6:203-206.

[23] 张文宏 . 2019 冠状病毒病——从基础到临床[M].上海:复旦大学出版社,2020.